Lesepredigten

Er ist unser Friede

Herausgegeben von Helmut Schwier

in Verbindung mit

Alexander Deeg, Wilfried Engemann,

Bischof i. R. Christoph Kähler,

Sebastian Kuhlmann, Jörg Neijenhuis,

Kathrin Oxen und Traugott Schächtele

Er ist unser Friede

Lesepredigten

1. Advent 2015 bis Pfingstmontag 2016

Textreihe II/1

EVANGELISCHE VERLAGSANSTALT
Leipzig

Bibliografische Information der Deutschen Nationalbibliothek

Die Deutsche Nationalbibliothek verzeichnet diese Publikation in der Deutschen Nationalbibliografie; detaillierte bibliografische Daten sind im Internet über http://dnb.dnb.de abrufbar.

© 2015 by Evangelische Verlagsanstalt GmbH · Leipzig
Printed in Germany · H 7936

Das Werk einschließlich aller seiner Teile ist urheberrechtlich geschützt. Jede Verwertung außerhalb der Grenzen des Urheberrechtsgesetzes ist ohne Zustimmung des Verlags unzulässig und strafbar. Das gilt insbesondere für Vervielfältigungen, Übersetzungen, Mikroverfilmungen und die Einspeicherung und Verarbeitung in elektronischen Systemen.

Das Buch wurde auf alterungsbeständigem Papier gedruckt.

Cover: behnelux gestaltung, Halle/Saale
Gesamtherstellung: Druckerei Böhlau, Leipzig

ISBN 978-3-374-04136-7
www.eva-leipzig.de

ZU DIESEM BAND

Liebe Leserinnen und Leser, liebe Predigende,

mit dem neuen Kirchenjahr beginnt die sogenannte zweite Reihe der Predigttexte – also die Reihe, die ausschließlich aus Episteltexten besteht. Bei den derzeitigen Arbeiten und Erprobungen einer revidierten Perikopenordnung war nicht zuletzt diese Reihe Gegenstand der Kritik. Ein Jahr lang über solche abstrakten, manchmal lebensfern scheinenden Texte zu predigen, war und ist eine echte Herausforderung. Ich finde die Lösungen der Perikopenrevision, durchmischte Predigttextreihen auf der Grundlage der alten Reihen vorzusehen, sehr überzeugend und hoffe auf entsprechende Entscheidungen, die vermutlich frühestens ab 2017 die neue Ordnung in Kraft setzen. Das bedeutet aber auch, dass nun zum letzten Mal mit der Epistelreihe zu predigen ist – vielleicht auch eine Chance, die Schätze dieser Reihe noch einmal neu wahrzunehmen: Bekannte Texte wie der Philipperhymnus oder die Aufforderung zur Freude aus diesem Brief, die ersten Verse des Römer- und des Hebräerbriefes, das Wettkampfmotiv aus dem 1. Korintherbrief, das neutestamentliche Hohelied der Liebe (1 Kor 13), die paulinischen Abendmahlsworte oder die das Himmelfahrts- und Pfingstfest begründenden Texte aus der Apostelgeschichte sind ebenso darunter wie weniger bekannte Texte aus dem Hebräerbrief, den Pastoralbriefen oder dem Epheserbrief, aus denen jeweils mehrere Abschnitte entnommen sind. Sie lohnen die homiletische Mühe. Wie gut, dass die meisten dieser Texte auch Teil der revidierten Ordnung sind – dann allerdings auf verschiedene Predigtjahre verteilt!

Unser Band enthält aber auch drei Predigten zu alttestamentlichen Texten: zur Jahreslosung (Jes 66,13 zu Neujahr), zu einem Hiobtext am 1. Sonntag nach Weihnachten, der dort nach der neuen Ordnung vorgesehen ist und als Abschluss der im letzten Band begonnenen Predigten zum Buch des Propheten Jona die „besondere Predigt“ von Anne Gidion zu Jona 3 und 4. Mit dem Alten Testament als Teil des christlichen Kanons der Heiligen Schrift zu predigen, gehört trotz der medialen Aufmerksamkeit auf eine professorale Verirrung in dieser Frage zu den bleibenden Einsichten und zum Reichtum der Kirche.

Im Namen der Herausgebenden danke ich allen Autorinnen und Autoren für ihre anregenden Predigten, Gebete und Liedvorschläge, Herrn Dr. Sebastian Kuhlmann für sein bewährtes und umsichtiges Wirken als Geschäftsführer und Redakteur sowie den Mitarbeitenden der Evangelischen Verlagsanstalt für die gute Zusammenarbeit.

Heidelberg, im Juni 2015 *Helmut Schwier*

Inhaltsverzeichnis

1. Sonntag im Advent

Römer 13,8–14

Der Predigttext wird erst im Verlauf der Predigt in der hier angegebenen Übersetzung verlesen.

Liebe ohne Listen

Liebe Gemeinde!
Schon Wochen vorher geht es los. In meinem Kopf kommt eins zum andern. Die Dinge, die zu bedenken sind. Was alles besorgt werden muss. Die Adventszeit beginnt nicht erst mit dem ersten Advent, sondern dann, wenn ich anfange, nach diversen Groß- und Kleinigkeiten Ausschau zu halten. Alle haben ihre Erwartungen. Ich auch. Ich möchte auch, dass es schön ist und dass alles da ist. Kerzen und Sterne, Tannengrün und Dominosteine, Plätzchenzutaten und Karten für das Weihnachtsmärchen, Päckchen und Weihnachtskarten, Wunschzettel und Einkaufslisten. In meinem Kopf kommt eins zum andern. Es ordnet sich zu kurzen und langen Listen. Wenn es gar nicht mehr geht, schreibe ich sie auf einen Zettel. Und ich weiß: So wird es weitergehen bis zum Heiligen Abend. Denn ich möchte doch nichts vergessen und niemanden.

> Seid niemandem etwas schuldig, außer dass ihr euch untereinander liebt; denn wer den andern liebt, der hat das Gesetz erfüllt. Denn was da gesagt ist: „Du sollst nicht ehebrechen; du sollst nicht töten; du sollst nicht stehlen; du sollst nicht begehren“, und was da sonst an Geboten ist, das wird in diesem Wort zusammengefasst: „Du sollst deinen Nächsten lieben wie dich selbst“ Die Liebe tut dem Nächsten nichts Böses. So ist nun die Liebe des Gesetzes Erfüllung. (Röm 13, 8–10)

Das sind Worte gegen alle meine Listen im Kopf. Worte von Paulus gegen die Angst, jemanden zu vergessen, jemandem etwas schuldig zu bleiben. Denn es ist doch schwer, allen gerecht zu werden. „Dieses Jahr schreibe ich aber mal nicht", denke ich mir – und mit ziemlicher Sicherheit kommt am 23.12. dann noch eine Karte mit dem Absender, den ich auf meiner Liste für dieses Jahr gestrichen hatte. Oder ich überreiche das von mir so liebevoll ausgesuchte Geschenk – und der Beschenkte bedankt sich nur mit dem Mund. Ich möchte anderen eine Freude machen – und ich mache die Erfahrung, dass ich gerade die Freude nicht machen kann.

Wir bleiben einander immer etwas schuldig. Das ist schon schlimm genug. Es wird aber noch viel schlimmer, wenn wir anfangen, Listen zu führen und Listen zu vergleichen. In der Adventszeit und zu Weihnachten wird uns besonders deutlich, was wir eigentlich das ganze Jahr über wissen. Dass die Liebe nicht rechnet und keine Listen führt.

Und die Worte von Paulus sagen: Hör auf mit deinen Listen. So ist doch die Liebe nicht. Du weißt doch, worum es geht. Du kannst deine Zettel wegschmeißen. Alle Gesetze und alle Listen verblassen, wo etwas mit Liebe getan wird. Und manchmal ist es viel weniger, als du denkst. Die Liebe ist bescheiden. Du sollst deinen Nächsten lieben wie dich selbst. Die Liebe fügt dem Nächsten nichts Böses zu. Mehr ist es doch gar nicht. Aber das ist mehr als genug.

Von mir selbst weiß ich ganz gut, mit welchen Erwartungen ich in die Adventszeit hinein gehe. Ich möchte mich freuen, ich möchte es schön haben in dieser Zeit. Ich bin empfindlicher als sonst gegen alle Unaufmerksamkeit und Gedankenlosigkeit. Ich bin enttäuscht, wenn ich das Gefühl habe, bloß von einer Liste abgehakt oder ganz vergessen worden zu sein. Ich bin dankbar für alles, was unerwartet kommt und mir geschenkt wird. Es soll mir keiner etwas Böses tun. Ich möchte nicht da getroffen werden, wo ich so verletzlich bin. Ich möchte nicht bloß bekommen, was mir zusteht und geben, was ich anderen schuldig bin. Ich möchte bekommen, was mir nicht zusteht und geben, was ich nicht schuldig bin. Und wenn es mir selbst so geht, dann geht es anderen wahrscheinlich auch so. Es ist leicht, mir Böses zu tun und leicht, mir Gutes zu tun, jetzt in der Adventszeit. Es ist leicht, einem Menschen Böses zu tun und leicht, ihm Gutes zu tun, wenn man liebt. Mit Listen komme da niemand nicht weiter.

Jeder weiß, wie einfach es ist, jemanden zu beschenken, den man liebt. Wer Kinder hat, weiß genau, worüber sie sich freuen würden. Da muss man manchmal sogar entscheiden, was in Frage kommt von all den Einfällen. Aber auch das erste Weihnachtsgeschenk für den Liebsten oder die Liebste war das Ergebnis eines mühsamen Auswahlprozesses aus den vielen, vielen Einfällen.

Ich glaube: Etwas davon soll bei jedem Geschenk dabei sein. Etwas, das nicht durch einen Gutschein oder Geldschein ersetzt werden kann. Das ist der Wunsch hinter all den Wünschen. Achte darauf, wie es dir geht und was du dir wünschst. Nimm an, dass es dem anderen, der anderen ganz genauso geht. Sei vorsichtig. Tu anderen nichts Böses. Dann brauchst du keine Listen. Nicht in der Liebe und nicht in der Adventszeit.

> Und das tut, weil ihr die Zeit erkennt, nämlich dass die Stunde da ist, aufzustehen vom Schlaf, denn unser Heil ist jetzt näher als zu der Zeit, da wir gläubig wurden. Die Nacht ist vorgerückt, der Tag aber nahe herbeigekommen. So lasst uns ablegen die Werke der Finsternis und anlegen die Waffen des Lichts. Lasst uns ehrbar leben wie am Tage, nicht in Fressen und Saufen, nicht in Unzucht und Ausschweifung, nicht in Hader und Eifersucht; sondern zieht an den Herrn Jesus Christus und sorgt für den Leib nicht so, dass ihr den Begierden verfallt. (Röm 13, 11–14)

Jetzt ist die Zeit da. Für alle Kinder ist das Öffnen des ersten Päckchens am Adventskalender ein ungeduldig erwarteter Moment. Sonst ist es mit dem Aufstehen am Morgen so eine Sache in der dunklen Jahreszeit. Jetzt, wo die Adventszeit da ist, fällt es leichter. Jeden Morgen ein kleines Päckchen Liebe öffnen, eine Süßigkeit auswickeln, eine Überraschung erleben. Ein Geschmack auf der Zunge und eine Freude im Herzen. Der Tag beginnt ganz anders.

Jetzt ist die Zeit da. Nicht nur für die Kinder, sondern auch für die Großen. Die Adventszeit ist doch die Zeit, in der wir uns so zeigen, wie wir auch sind: liebevoll und freundlich und großzügig. Die Zeit, in der wir es uns zuhause schön machen und irgendwie selber schöner werden dabei. Im Licht der Kerzen sehen wir anders aus als sonst. Jetzt ist die Zeit der Liebe, die nicht rechnet. Die Zeit der Liebe ohne Listen.

Die Adventszeit ist eine Vorbereitungszeit. Man kann auch sagen: Sie ist eine Übungszeit für das andere Leben, nach dem wir Sehnsucht haben. Es ist schon fast soweit, sagen die Worte von Paulus. Die Stunde ist da. Und es fängt klein an, ganz realistisch, tatsächlich machbar. *Die Liebe fügt dem Nächsten nichts Böses zu.* Das sind Worte, die hell leuchten in all das Dunkel, das uns umgibt. Worte, die immer und immer wieder gesagt werden, die uns verbinden mit allen Religionen „Was du nicht willst, das man dir tu, das füg auch keinem andern zu". Eigentlich selbstverständlich. Und offenbar so kostbar und selten, dass man diese Worte die „Goldene Regel" nennt.

In der Adventszeit, auf der Suche nach Geschenken, nach der Freude, die wir anderen machen können, üben wir genau das ein: Uns in die anderen hineinversetzen, sich überlegen, worüber er oder sie sich freuen würde. Auf der Jagd durch die Geschäfte erleben wir deswegen nicht nur Geschiebe und Stress, sondern auch Momente der Freude. Ich sehe etwas und weiß: Das passt zu ihm. Ich lasse etwas einpacken und bin sicher: Darüber werden sie sich freuen. Das wird sie überraschen.

Und ich erlebe auch, wie ich aufhöre zu rechnen. Ich verschenke die viel zitierten Kleinigkeiten, die Geschenke, deren materieller Wert ganz gering sein kann und die sehr große Freude machen können. Und ich mache auch das große und teure Geschenk. Das ist ein Ausdruck der Fülle und der Verschwendung, die zur Liebe gehören.

Nutz die Zeit, sagen die Worte des Paulus. Nimm die Wochen vor Weihnachten als Übungszeit für ein anderes Leben. *Lasst uns ablegen die Werke der Finsternis und anziehen die Waffen des Lichts.* Und lass in diesen Wochen die finsteren Berechnungen sein, diese Listen, mit denen du aufrechnest, was du anderen gibst und was sie dir dafür zurückgeben. Mit allem, was du tust, mit jedem Päckchen Liebe, das du packst und verschenkst in diesen Tagen, wird es heller um dich.

Die Stunde ist da, aufzustehen vom Schlaf, denn unser Heil ist jetzt näher.
Ich möchte so aufstehen können in diesen Tagen, wie ein Kind es tut.
Voll Neugier auf das Päckchen Liebe, das dieser Tag für mich bereithält.
Angezogen von jedem Licht in diesen dunklen Tagen.
Noch in meinen Dunkelheiten voller Hoffnung auf das Licht.
Durch die Tage gehen mit einer Klarheit, die mich sehen lässt,
wo Essen und Trinken mich nicht satt macht

und Überfluss mich nicht zufrieden,
wo ich im Streit bin mit mir selbst und mit anderen,
wo ich meine Waffen getrost ablegen kann. Ich möchte so aufstehen können.

Amen.

Vorschläge für das Predigtlied

EG 11	Wie soll ich dich empfangen
EG 16	Die Nacht ist vorgedrungen

Fürbittengebet

Gott, du bist das Licht für eine trübe gewordene Welt. Alles ziehst du zu dir. Was groß und stark ist vor der Welt, weist du in seine Schranken, damit das Kleine und Schwache groß werden und gedeihen kann. Lass uns nicht vergessen, dass dein Licht über unserem Leben steht und dass wir dir damit dienen sollen, dass wir Werke des Lichts vollbringen. Gib uns in dieser Woche die Klarheit und den Mut, etwas von deiner Barmherzigkeit zu zeigen, in allem, was uns begegnen wird.

Wir bitten dich: Lass dein Licht leuchten, wo die Finsternis tief ist, wo Menschen in Einsamkeit und ohne Hoffnung ins Dunkel sehen: in den Gefängnissen, in den Heimen, in den Krankenhäusern und an den verborgenen Orten der Einsamkeit bei uns.

Halte die auf, die den Werken der Finsternis dienen, die aus dem Leiden anderer ihren Vorteil ziehen. Stärke, die sich an die Seite der Schwachen stellen und sich einsetzen für Frieden und für Gerechtigkeit.

Hilf deiner Kirche, dass sie bei deinem Wort bleibt, dass sie Zeugin für deine Wahrheit und deinen Frieden ist. Wir sind deine Kirche, deine Gemeinde, die Menschen, die du liebst. Lass uns in dieser Adventszeit anfangen, ein anderes Leben zu üben. Das Licht deines Kommens leuchte über uns. Amen.

Kathrin Oxen

2. Sonntag im Advent

Jakobus 5,7–8

[Lesung des Predigttextes]

Liebe Gemeinde!
Wir hätten es gerne schneller, dass unsere Wünsche in Erfüllung gehen! Da sind wir nicht besser als die Kinder, die es nicht erwarten können, dass es endlich Heiligabend wird. Oder als die Kaufleute, die schon Anfang November mit dem Weihnachtsgeschäft beginnen. Was treibt uns an, dass alles ganz schnell gehen soll? Dass wir nicht warten wollen! Unsere Sehnsüchte sollen schnell gestillt, unsere Wünsche bald erfüllt werden. Wenn wir denn noch welche haben. Wenn wir nicht längst darauf eingestellt sind, dass immer alles so bleibt, wie es ist.

Freilich: Hier geht es ja nicht um irgendetwas. Es geht um das „Kommen des Herrn". Advent. Nein, das ist nicht einfach die Vor-Weihnachtszeit. Eigentlich nicht. Es geht um die Erwartung der Wiederkunft Jesu. Mindestens will es die Tradition der Kirche so. Das ist das Thema für den zweiten Sonntag im Advent. Die Wiederkunft Christi. Manche denken da ganz schnell an die Irrtümer kleiner christlicher Gemeinschaften. Die Zeugen Jehovas. Die Adventisten in ihrer Anfangszeit. Manche anderen auch, die es selbst mit zu erleben hoffen: Das Ende der Welt, das Kommen des Herrn, den Anbruch der Ewigkeit. Theologen nennen es Nah-Erwartung.

Ist unser Bibelabschnitt aus dem Jakobusbrief ein Zeugnis der Naherwartung unter den Christen der ersten Jahrhunderte? Oder spricht aus diesen Sätzen nicht doch schon die Ahnung, dass es ein wenig länger dauern wird? Ja, so höre ich den Briefschreiber, ja, ihr hättet es gern schneller. Es sind ja auch schlimme Zustände, die ihr zu beklagen habt. Aber Geduld ist angesagt! Viel Geduld.

Nun haben sich Christen schon zwei Jahrtausende lang in Geduld üben müssen. Und wir? Ist es uns wirklich ein ernstes Thema am 2. Advent, über die Wiederkunft

Christi nachzusinnen? Was fangen wir an mit dem Satz: *„das Kommen des Herrn ist nahe"*? Wir könnten es wie Martin Luther halten und den Jakobusbrief als eine „Stroherne Epistel" empfinden. Spröde und schwierig für unser Christsein. Wir könnten aber auch bei Jesus nachfragen. Auch das hat Luther uns ans Herz gelegt: Beim Betrachten der Bibel immer zu fragen „was Christum treibet". Fragen wir also, was Jesus-gemäß wäre.

Jesus hat seinen Jüngern die Nähe des Gottesreiches gepredigt. „Das Reich Gottes ist nahe herbeigekommen." Klingt das nicht so ähnlich wie: *das Kommen des Herrn ist nahe*? Und als Zeichen für die Nähe nannte Jesus ihnen Beispiele. „Blinde sehen, Lahme gehen, den Armen wird das Evangelium gepredigt."

Jesus hat wie wir voll Sehnsucht und Erwartung in die Zukunft geschaut. Und er hat dabei diejenigen in den Blick bekommen, denen der Blick in die Zukunft ganz besonders verdunkelt ist. Denen hat er die Augen geöffnet. Denen hat er Mut gemacht, die ersten Schritte zu gehen. Denen hat er Hoffnung gegeben, dass eben nicht alles so bleiben wird, wie es ist. Und seinen Freunden hat er gesagt: Wenn ihr das seht, dann seht ihr Zeichen für die Nähe des Himmelreiches. Dann seht ihr: Die Zukunft, die ersehnte, die hat schon begonnen. Das Himmelreich ist nicht dort, wo Menschen wie im Schlaraffenland leben. Nein. Bei den Reichen und Schönen ist es nicht.

Jesus sieht das Himmelreich bei den Armen, wenn sie aufatmen können, bei den Blinden (und Verblendeten), wenn ihnen die Augen aufgehen. Lichtblick! Bei den Tauben und Stummen, wenn sie zu reden beginnen. Den Armen eine Stimme geben! Und dann hat Jesus seine Jünger losgeschickt, das Gleiche zu tun. Mitten in einer Welt von Leid und Not sollt ihr dafür arbeiten und darüber predigen: „Das Himmelreich ist nahe herbeigekommen!". An manchen Stellen und zu manchen Zeiten ist ja es den Jesusjüngern auch ganz gut gelungen. Vieles wurde Wirklichkeit, das meiste ganz leise und unbemerkt in Familie und Nachbarschaft und in der Gemeinde. Bekannte Namen wären aber auch zu nennen. Friedrich von Bodelschwingh in Bethel zum Beispiel. Oder Albert Schweitzer, Martin Luther King. Wir könnten eine Liste von Namen nennen, Christen, die den Armen und Kranken, Behinderten und Benachteiligten ein Stück Himmelreich bereitet haben. In anderen Kirchen werden sie „Heilige" genannt.

An uns selbst geht die Frage: Wo spüren wir denn die Nähe des Himmelreiches? Können wir Beispiele in unserem eigenen Leben finden, vielleicht sind es nur Augenblicke – aber Augenblicke, die unvergesslich sind? Wo es uns vorkam, als wären wir dem Himmel ganz nahe. Das sind Geschichten von Liebe und Vertrauen. Erlebnisse von Barmherzigkeit. Erfahrene Vergebung nach Worten und Taten, die wir am liebsten hätten ungeschehen machen wollen. Aufatmen können nach Tagen der Ungewissheit. Oder ganz anders: Unverhofft auf die ganz einfache Lösung eines schwierigen Problems gestoßen zu sein. Dass einem plötzlich die Augen aufgegangen sind. Und dass wir dann nach zaghaftem Zögern sogar den Mut zum ersten Schritt hatten.

Das Reich Gottes ist nahe herbeigekommen. Blinde sehen, Lahme gehen, Armen wird das Evangelium gepredigt. Das Himmelreich ist nahe. Der Herr ist nahe. Die Nähe Gottes ist deutlich zu spüren. Es kann sein, dass die Adventszeit und die Weihnachtstage besonders geeignet sind, nach solchen Augenblicken Ausschau zu halten. Tun wir es doch. Und erzählen wir davon!

Aber: Der Alltag kommt bestimmt. Lichtblicke sind eher selten. Es kann sogar sein, dass sich Festtagsfreude ins Gegenteil verkehrt. Dann ist sie wieder da, die Frage: Wann wird es denn sein, dass alles gut wird? Dass Gott alles gut macht? Wann wird es sein, dass unsere Wünsche und Sehnsüchte in Erfüllung gehen? Ich darf an die drei großen Themen erinnern: Gerechtigkeit, Frieden, Bewahrung der Schöpfung. Da bleiben so viele Wünsche offen!

Es ist eine ziemlich große Spannweite zwischen den kleinen Zeichen der Nähe Gottes und der ersehnten Vollendung aller Verheißungen, von der wir in der Bibel an so manchen Stellen lesen können. Jakobus versucht in seinem Brief, eine Brücke zu schlagen zwischen dem „Schon jetzt" und dem „Noch nicht". Geduld ist angesagt. Viel Geduld.

Wie Jesus es so oft auch getan hat, so versucht es der Briefschreiber Jakobus auch. Er findet einen Vergleich aus der Natur, aus der Landwirtschaft. Der Bauer wartet auf die kostbare Frucht der Erde und ist dabei geduldig, bis sie empfange den Frühregen und Spätregen.

Wachsen lassen! Jesus hat an anderer Stelle geraten: Nicht einmal das Unkraut sollt ihr herausreißen! Wachsen lassen. Geduldig warten und wachsen lassen. Das große Problem ist unser kleines, kurzes Leben. Wir ahnen: Manches, was wir hoffnungsvoll sich entwickeln sehen, werden wir nicht mehr erleben. Vielleicht die Kinder, vielleicht erst die Enkel.

Wir hätten es gerne schneller. Besonders dann, wenn uns manches von dem ganz und gar nicht gefällt, was wir Tag für Tag erfahren und erleben. Das Unkraut ausreißen! Das Wachsen beschleunigen! Die Hindernisse beseitigen! Das Böse bekämpfen! Und wenn es nicht mit Überzeugung zu erreichen ist, dann eben mit Gewalt. Wer hätte solche Gedanken noch nicht gehabt.

Damals, zur Zeit des Jakobusbriefes, klagten Christen über die Ungerechtigkeit der Reichen oder den Unfrieden in der Gemeinde. Denen rät Jakobus: Seid geduldig. Frieden wird nicht durch ein Machtwort oder durch einen Gewaltakt. Gerechtigkeit wird nicht dadurch, dass man den Spieß herumdreht. Geduldig warten wie der Bauer auf die Erntezeit.

Alle Versuche, ganz schnell zu einem Ergebnis zu kommen, schlagen ins Gegenteil um. Das ist die Menschheitserfahrung mit Kriegen und Revolutionen. Das ist auch die Kirchenerfahrung mit gewaltsamer Christianisierung der Heiden. Zum Beispiel. Christlich, Jesus-gemäß leben die Leute dann trotzdem nicht. Oder gerade deswegen nicht. Da haben Menschen wie Bodelschwingh oder Schweitzer oder King den besseren Weg gewählt. Geduldig und beharrlich in klein-klein Jesus auf seinem Weg nachfolgen, den Bedrängten und Benachteiligten eine Heimat geben. Beharrlich den Weg weiter gehen. Trotz mancher schlimmen Rückschläge. Einen Schritt zurück zu gehen ist besser als nach vorne stürzen. Gewiss, nur ein ganz klein wenig wird dadurch die Welt friedlicher und freundlicher. Aber für die betroffenen Menschen ist es wie ein Stück Himmelreich.

Ich will schließen mit einer oft schon erzählten Episode aus dem 18. Jahrhundert: Während einer Versammlung ereignete sich eine Sonnenfinsternis. Die Leute wurden dadurch in Panik versetzt und glaubten, die Welt würde untergehen und der Herr Jesus wiederkommen. Nur einer von ihnen behielt die Ruhe und sagte: „Meine Herren, beruhigen sie sich. Wenn der Herr jetzt wirklich kommt, dann soll er uns doch wenigsten bei der Arbeit finden. Wenn er aber noch nicht kommt, dann besteht auch kein Grund die Arbeit zu unterbrechen."

Geduld und Beharrlichkeit. Aktives Warten. Mit Jesus denen ein Stück Himmelreich bereiten, die am weitesten davon entfernt sind. Zeichen setzen auf dem Weg bis zum Kommen des Herrn. Gott schenke uns solche tätige Geduld. Amen.

Vorschläge für das Predigtlied

EG 7	O Heiland, reiß die Himmel auf
EG 450	Morgenglanz der Ewigkeit

Fürbittengebet

Gott, Geduld ist nicht meine Stärke. Ich lebe in einer Welt, in der alles verfügbar ist. Jeden Tag. Immer. Unser reiches Land bietet mir so viele Möglichkeiten. Danke, Gott, für die Fülle deiner guten Gaben. Vergib mir, wenn ich alles für selbstverständlich halte.

Gott, neben mir gibt es nicht wenige Menschen, denen es schlechter geht als mir. Manchmal empfinde ich Mitleid. Bitte, Gott, hilf mir, dass aus meinen Gefühlen Taten der Liebe und Zuwendung wachsen. Hilf den Verantwortlichen in Politik und Wirtschaft, dass sie Schritte zu mehr Gerechtigkeit wagen.

Gott, täglich höre ich von gewaltsamen Auseinandersetzungen und Krieg, von Armut und Ungerechtigkeit, von Menschen auf der Flucht, von unsagbaren Leiden. Ich bin so ratlos. Bitte, Gott, bewahre mich davor, dass ich mutlos und gleichgültig werde. Hilf den Regierungen, dass sie Wege zum Frieden finden und mutige Schritte gehen.

Gott, unsere Kirchen und Gemeinden versuchen in der Nachfolge des Herrn Jesus Zeichen zu setzen für die Nähe des Himmelreiches. Bitte schenke uns Geduld und Beharrlichkeit. Amen.

Manfred Bauer

3. Sonntag im Advent

1. Korinther 4,1–5

Der Predigttext wird erst im Verlauf der Predigt in der hier angegebenen Übersetzung (möglichst von mehreren Personen) verlesen.

I

Liebe Gemeinde!

Adventliche Zeiten – turbulente Zeiten! Keinen Tag gibt es, an dem uns der Blick auf die großen Turbulenzen erspart bleibt. Keine abendliche Nachrichtensendung, ohne dass die Kamera gegen Ende die große Anzeigetafel an der Börse in Frankfurt in den Blick nimmt. Mit ihren aufsteigenden und absteigenden Kurven. Und nicht selten erscheint dann auch ein sogenannter Analyst. Einer, der es vorgeblich ganz genau weiß. Warum die einen Kurse sich so bewegen. Warum die einen zu den Gewinnern gehören. Und die anderen zu den Verlierern. Wie es gewiss nicht weitergeht. Und wie sich alles zum Besseren wenden kann. Manchmal frage ich mich schon, warum wir von einer Krise in die nächste schlittern, wenn die Analysten an den Börsen und die Berater in den Chefetagen der Unternehmen die Auswege anscheinend doch so gut kennen.

Ökonomen sind auch wir. Darum soll's gehen in dieser Predigt zum Dritten Advent. Ökonomen der Geheimnisse Gottes. Paulus bezieht diese Beschreibung zunächst auf sich selber. Aber er nimmt die Empfänger seines Briefes keineswegs aus. Er schreibt an die Gemeinde in Korinth:

> Dafür halte uns jedermann: für Diener Christi und Haushalter über Gottes Geheimnisse. Nun fordert man nicht mehr von den Haushaltern, als dass sie für treu befunden werden.

II

Adventliche Zeiten – bilanzierende Zeiten! Ganz sachlich beschreibt Paulus hier das Profil eines Christenmenschen. Und setzt mit einem Vorbild aus der Welt der Wirtschaft ein. Paulus erinnert an das Bild des Haushalters. Im griechischen steht da das Wort Ökonom.

Treu sollen diese Ökonomen der göttlichen Geheimnisse sein. Zuverlässig nicht nur in ihrem Handeln. Sondern auch in dem, was sie erreichen. Zielorientiert fügen wir heute gerne noch dazu. Die Analysten der Geheimnisse an der Börse – sie reden von den Geheimnissen der Märkte. Sie versuchen, den Menschen einen Einblick zu verleihen in diese meist unübersichtlichen Abläufe. Darüber, ob ihre Aussagen zutreffen oder nicht, kann sich jeder sein eigenes Urteil bilden. Am Ende müssen sie sich unserem Bewerten stellen. Weil wir wissen wollen, ob sie Recht haben.

Ganz ähnlich verhält es sich mit diesen Ökonomen von denen Paulus spricht. Ihnen ist aufgetragen, Analysten der Geheimnisse Gottes zu sein. Diese Geheimnisse durchschaubarer zu machen. Das Auf und Ab eines Menschenlebens mit Gott in Verbindung zu bringen. Dem Gelingen und Scheitern womöglich irgendwie einen Sinn zu entlocken. Wege aufzuzeigen, wie rechtes Leben möglich wird. Wie wir von neuem zu den Quellen finden. Und dürre Zeiten durchstehen können.

Ökonomen zu sein, in diesem Sinne, diese Aufgabe weist Paulus uns Christenmenschen zu. Ökonomen, dem ursprünglichen Wortsinne nach sind das Haushalter. Im Kleinen, im Netz der menschlichen Beziehungen. Und im Großen, wenn Menschen an Grenzen stoßen. Wenn es um Leben und Tod geht. Wenn es gelingt, Gott im Spiel des Lebens zu halten, wenn Antworten weiterhelfen und sich Perspektiven aufzeigen, dann haben die Ökonomen des Lebens ihre Aufgabe gut wahrgenommen. Wenn die Bilanz unterm Strich positiv bleibt, dann hat sich das adventliche Warten gelohnt.

Advent, das ist die Zeit, in der vieles auf dem Prüfstand steht. Auch unser Wirken als Ökonomen der göttlichen Geheimnisse. *Adventliche Zeiten – eben auch bilanzierende Zeiten.*

Der Text verwendet aber noch einen zweiten Begriff aus dem Bereich der Wirtschaft. Nicht nur Ökonomen sollen wir sein. Sondern auch Diener. Von Dienern reden wir heute nicht mehr so gern. Dienerinnen oder Diener hatten die Mächtigen und Reichen vergangener Zeiten. Aber von Dienstleistungen ist auch bei uns an allen Ecken und Enden die Rede. Wir seien eine Dienstleistungsgesellschaft – das kann man immer wieder lesen. Dienstleistung und Service – das sind Schlüsselbegriffe unserer Zeit. In der Wirtschaft. In der Verwaltung. Auch in der Kirche.

Wir müssen nicht mehr sein als eben dies: Dienstleisterin oder Dienstleister Christi. Ökonomin oder Ökonom Gottes. Dieses Anforderungsprofil für einen Christenmenschen klingt durchaus modern. Aber Paulus geht es mehr um die Sache als um Titel oder Profile. Mit diesen beiden Anforderungen sind zugleich auch die Kriterien umschrieben. Ist der Maßstab angelegt, an dem sich unser Einsatz messen lässt.

Ob wir uns bewähren in dieser Herausforderung, ob wir diese Aufgabe erfolgreich wahrnehmen, das entscheiden wir meist nicht selber. Und können doch oft spüren, wie dieses Urteil ausfällt. Stehen unter Beobachtung, als ob es in unseren Händen steht, ob es gelingt, was Menschen sich vorgenommen haben. Dass Gott noch Platz hat in einem Menschenleben – wir können's nicht machen. Und werden doch dafür in die Pflicht genommen.

Am Ende ist es Gott, der mein Wirken, meine Dienstleistungen bewertet. Nicht als eine Überforderung versteht das Paulus. Er meint das eher entlastend. Er will sich schützend vor uns stellen. Denn nicht ohne Grund schreibt er in seinem Brief nach Korinth weiter:

> Mir aber ist's ein Geringes, dass ich von euch gerichtet werde oder von einem menschlichen Gericht; auch richte ich mich selbst nicht. Ich bin mir zwar nichts bewusst, aber darin bin ich nicht gerechtfertigt; der Herr ist's aber, der mich richtet.

III

Adventliche Zeiten – befreiende Zeiten! Dem Urteilen der anderen kann ich nicht entgehen. Auch Paulus war sich dessen bewusst. Aber Paulus findet einen Weg mit diesem Anspruch umzugehen. Es sind nicht einfach die anderen. Es sind nicht meine Mitmenschen, deren Wünschen und Sehnen ich entsprechen muss. Als Dienstleister Christi bin ich einem anderen verantwortlich. Bin ich diesem Christus verantwortlich. Das befreit. Zumindest vom Urteil der vielen Lebensanalysten, die mich tagtäglich beurteilen. Und nicht selten verurteilen.

Vom Richten spricht Paulus in diesem Zusammenhang. Um diesem Richten Stand zu halten, braucht es Mut. Braucht es die Bereitschaft, mein Denken zu verändern. Und mein Verhalten. Aber wenn es dieser Christus ist, der mich richtet, dann nimmt mir dieses Richten nicht die Luft. Dieses Richten verschafft mir Raum. Lebensraum. Dieses Richten Christi ist der Ausweg aus der Überforderung. Darum kommt der Advent nicht ohne die Erinnerung an dieses Richten aus. Und nicht ohne die Aufforderung, adventliche Geduld zu üben. Uns dem Richten unserer Mitmenschen zu entziehen. Und auf eigenes Richten zu verzichten. Dass es Christus ist, auf den wir warten, das rückt die Aussicht auf die Menschenfreundlichkeit Gottes in den adventlichen Blick. Und umfängt den Advent mit einem Schimmer der Barmherzigkeit.

In seinem Brief nach Korinth beschreibt Paulus, wie lange dieses adventliche Warten denn am Ende dauert:

Darum richtet nicht vor der Zeit, bis der Herr kommt, der auch ans Licht bringen wird, was im Finstern verborgen ist, und wird das Trachten der Herzen offenbar machen. Dann wird einem jeden von Gott sein Lob zuteilwerden.

IV

Adventliche Zeiten – abwartende Zeiten! „Bis der Herr kommt!“ Den Überforderungen seiner Kritiker stellt Paulus sein adventliches Programm des Abwartens entgegen. „Richtet doch nicht vor der Zeit“, schreibt er ihnen. „Und urteilt nicht vorschnell und mit unangemessenen Vorgaben. Geurteilt und beurteilt wird erst am Ende.“ Und das Ende, wie Paulus es versteht, das beginnt mit dem Kommen Christi. Und genau darum ist dieser Briefausschnitt eben auch ein adventlicher Text.

Er bringt zur Sprache, was wir zu erwarten haben. Und wen wir zu erwarten haben. Zu erwarten haben wir, dass Gott am Ende ins Licht rückt, was wir selber gar nicht haben sehen können. Selten spricht Paulus derart positiv von der Erwartung des Gerichts. Am Ende steht nicht die große Verdammung. Am Ende steht das Lob Gottes. Aber dieses Mal Gottes Lob für uns. Gottes „Ja“ zu uns. Gottes

Richten, das nicht niedermacht, sondern aufrichtet. Gottes Zusage, dass ich nicht tiefer fallen kann als in seine Hände. Dies zu wissen, macht den Advent möglich. Dies zu wissen, macht frei. Frei auch, um all das abzuwarten, was noch aussteht. In meinem Leben. Und für unsere Welt. Adventliche Zeiten – eben auch abwartende Zeiten!

V

Zugleich sind diese abwartenden Zeiten des Advents auch Zeiten der Umkehr. Denn Mitten in unserem adventlichen Warten taucht Johannes der Täufer auf. Der dritte Advent ist in der Tradition des Kirchenjahres der Sonntag Johannes des Täufers. Das Evangelium dieses Sonntags hat uns das vorhin in Erinnerung gerufen. *Adventliche Zeiten – Umkehrzeiten.*

Johannes gilt als der Prototyp des Bußpredigers. „Kehrt um! Denn das Himmelreich ist nahe herbeigekommen." Diese Botschaft, die dann bald ja auch die Botschaft Jesu wird – wir hören sie zuerst aus dem Mund des Johannes.

Der Bußcharakter des Advents ist heute in den Hintergrund gerückt. Manchmal ist er fast gänzlich verloren gegangen. Statt Advent feiern wir allenthalben eher die Vorweihnachtszeit. Dabei soll der Übergang vom Advent zum Weihnachtsfest einen richtigen Umschwung zum Ausdruck bringen. Wie der vom Karfreitag zum Ostermorgen.

In der Liturgie unserer Gottesdienste kann man das noch spüren. In der Passionszeit entfällt das österliche „Halleluja". In den Gottesdiensten des Advents entfällt das „Ehre sei Gott in der Höhe". Es erklingt erst wieder von neuem in der Christnacht. Im Lobgesang der Engel bei den Hirten auf dem Feld.

Die Kirchenjahresfarbe des Advents ist das Violett. Violett – das ist die Farbe der Erwartung. Das ist die Farbe der Umkehr. Die Farbe der Buße. Darum sind unsere Altar- und Kanzelbehänge auch in der Passionszeit violett. Und genauso am Buß- und Bettag. Violett wird es in den Kirchen immer dann, wenn wir zum Nachdenken aufgefordert sind. Über uns selbst. Und über die Wege, auf denen wir in die Zukunft gehen wollen.

Der Weg vom Advent zur Weihnacht ist ein Weg der Erwartung. Diese weihnachtliche Erwartung ist aber nicht einfach nur auf rührselige Geburt irgendeines

Kindes gerichtet. Das Besondere an diesem Kind – es besteht darin, dass dieses Kind uns neue Lebensmöglichkeiten eröffnet. Dass es uns Mut machen will, noch einmal ganz neu anzufangen. Mut, immer wieder umzukehren. Umzukehren von der Erwartung zur Erfüllung. Von der Hoffnung zur Realität. Auch wenn diese Realität nur Fragment bleibt. Und die Fülle des Erhofften noch aussteht. Und bis zu dieser Erfahrung der weihnachtlichen Fülle bleibt uns zu sagen: *Adventliche Zeiten – Umkehrzeiten.*

VI

Unsere menschliche Gewohnheit kommt da an ihre Grenzen. Mitten im belastenden, im überfordernden Alten, mitten im Trott des Alltags die hereinbrechende Zukunft Gottes zu erwarten, das sprengt unsere Vorstellungen. Grenzt an Verrücktheit. Da sind tatsächlich die Maßstäbe des Lebens verrückt. *Adventliche Zeiten, das sind zuletzt auch närrische Zeiten.*

Die Narren und nicht die Weisen sind die Fachleute dieses Denkens, schreibt Paulus in den Versen, die dem Predigttext vorausgehen. Oder Paulus im Originalton: „Wer unter euch meint, weise zu sein, der werde ein Narr, dass er weise werde." Kein Wunder, dass die Saison der Narren bereits vor knapp zwei Wochen begonnen hat. Und im Grunde den ganzen Advent über dauert. An ihrem Violett kann man darum im Advent die Närrinnen und Narren Gottes erkennen. Gott schenke uns die Geduld, dieses Warten auszuhalten, ehe im Licht der Weihnacht das Violett am Altar abgelöst wird vom strahlenden Weiß. Weiß – so strahlend wie das Licht, das die Hirten aus dem Schlaf herausgerissen hat. Und so gleißend hell, dass es den Weisen den Weg zum Stall zeigt.

Doch so weit sind wir noch nicht. Denn heute und an den Tagen vor Weihnachten ist eben erst einmal noch Advent. Bis dahin üben wir uns noch im närrischen adventlichen Warten. Bis dahin sind wir noch dem Richten unserer Mitmenschen ausgesetzt. Bis dahin müssen wir uns als Ökonomin und als Ökonom Gottes bewähren. Gottseidank folgt Gottes Ökonomie anderen Gesetzen als die unsere. Gottseidank fragt sie nicht zuerst nach Geld und nach Macht. Gottseidank fordert sie keine Erfolgsbilanzen von uns. Und rechnet nicht ununterbrochen gegeneinander auf.

Wie ein Schonraum öffnen sich darum diese Wochen des Advents in unserem Leben. Ein Ort des Schutzes mitten in den alltäglichen Anforderungen und Überforderungen. Paulus hat sich diesem adventlichen Schutz anvertraut. „Der Herr ist's der mich richtet. Und der mir am Ende sein Lob zukommen lässt." Wir müssen nicht immer Großes, gar Großartiges auf die Beine stellen. Wir sind gute Ökonomen, wenn wir uns auf das beschränken, was wesentlich ist im Leben. Auf das, was wir leisten können. Das eine Mal mehr. Das andere Mal eben weniger. Und sei's nur, wenn wir uns üben im adventlichen Warten.

VII

Wenn es das ist, worauf wir warten im Advent, dann kann ich nur sagen: *Adventliche Zeiten, gute Zeiten!* Wir sind Dienstleister der Guten Nachricht, dass Gott es gut mit uns meint. Und sich nicht zu schade ist, sich in Christus in das todbringende Spiel dieser Welt einzumischen. Wir sind Ökonomen der Geheimnisse Gottes. Nichts anderes heißt das im Advent, als dass wir uns darauf besinnen, dass Gott gut ist. Und uns mit anderen in der Einsicht üben, dass Gott es gut mit uns meint. Damit am Ende alles ein gutes Ende nehmen wird. Amen.

Vorschläge für das Predigtlied

EG 10	Mit Ernst, o Menschenkinder
EG 646 (Baden)	Wag's und sei doch, was du in Christus bist

Fürbittengebet [mit Gebetsruf aus EG 19 Freut euch, freut euch]

[Liturg(in):] Gott, Haushalterinnen und Haushalter deiner Geheimnisse sollen wir sein. In diesen Tagen des Advent ist es längst kein Geheimnis mehr: Du kommst! Du kommst in diese Welt, die immer wieder aus den Fugen zu geraten droht. In der wir entscheidende Fragen nicht im Vertrauen auf die Kraft des Wortes zu lösen vermögen. In der wir den Reichtum deiner Gaben nicht konfliktfrei und gerecht miteinander teilen. Wir bleiben oft weit unter unseren Möglichkeiten. Darum bitten wir dich um deine alles verwandelnde Gegenwart.

Weil wir wissen, dass Gott uns hört, lasst uns singen:

[Liturg(in) und Gemeinde:] *Freut euch, freut euch*

[Liturg(in):] Gott, Haushalterinnen und Haushalter deiner Geheimnisse sollen wir sein. In diesen Tagen des Advent ist es längst kein Geheimnis mehr: Du kommst! Du kommst auch in diese Gemeinde und all die anderen Gemeinden, in denen Menschen auf deine Ankunft warten. Immer wieder fragen wir uns: Was ist jetzt für uns wichtig? Wozu sollen wir den Menschen Mut machen? Wo machen wir uns schuldig durch unser Tun oder durch unser Schweigen? Wir bleiben oft weiter unter unseren Möglichkeiten. Darum bitten wir dich um deine alles verwandelnde Gegenwart.
Weil wir wissen, dass Gott uns hört, lasst uns singen:
[Liturg(in) und Gemeinde:] *Freut euch, freut euch*

[Liturg(in):] Gott, Haushalterinnen und Haushalter deiner Geheimnisse sollen wir sein. In diesen Tagen des Advent ist es längst kein Geheimnis mehr: Du kommst! Du kommst! Nahbar, doch ohne dass wir dich vereinnahmen könnten. Verborgen, doch ohne dass wir dich übersehen müssten. Gebrochen in vielen Facetten, doch in deiner Vielgestaltigkeit deine Fülle andeutend. Wir bitten dich für alle, die dich in besonderer Weise nötig haben. Für alle, die uns am Herzen liegen. Wir bleiben oft weiter unter unseren Möglichkeiten. Darum bitten wir dich um deine alles verwandelnde Gegenwart.
Weil wir wissen, dass Gott uns hört, lasst uns singen:
[Liturg(in) und Gemeinde:] *Freut euch, freut euch*

Traugott Schächtele

4. Sonntag im Advent

Philipper 4,4–7

Der Predigttext wird erst im Verlauf der Predigt verlesen.
Die Zwischenüberschriften gliedern den Text, werden aber nicht vorgelesen.

[1. Weihnachtsstimmung]

Liebe Gemeinde!

Nun ist es wieder so weit. Sie kommen. Die Deutschen, die im Ausland leben, kehren in Scharen in ihre Heimat zurück, um hier Weihnachten zu feiern. Alle Jahre wieder. Warum eigentlich gerade an Weihnachten? „Weihnachten ist nirgendwo auf der Welt so schön, wie in Deutschland" – meinen einige. Und die Schweizer und die Österreicher fügen vielleicht noch hinzu: „Oder in Österreich und in der Schweiz". Ob das wohl stimmt?

Wer in Deutschland lebt, neigt dazu, ein alljährliches Klagelied anzustimmen: Vom Konsum und Kaufzwang, von der Hektik, vom Stress der vielen Weihnachtsfeiern, manchmal auch vom faulen Frieden dieses Festes. Und doch genießen wir diese besondere Zeit: die vielen Lichter, das Plätzchen-Backen, den Adventsschmuck. In den letzten Jahren werden außerdem einige etwas aufmerksamer. Sie merken, dass dort, wo ein großer Teil der Bevölkerung zugewandert ist, auch einiges vom Glanz dieser Festzeit verloren geht. Die besonderen Bräuche der Advents- und Weihnachtszeit, wie sie eben in unserer Region gepflegt werden, sind für Menschen mit anderem kulturellen Hintergrund zunächst nicht unbedingt selbstverständlich. Dagegen beteiligen sich bis heute (fast) alle Menschen, die in Deutschland aufgewachsen sind an solchen Bräuchen. Sogar, wenn es um den Weihnachtsgottesdienst geht. Auf eine eigene Weise ist unser Land in dieser Zeit „durchtränkt" mit Freude. Daran kann sogar der Konsumzwang nichts ändern.

Ob es das ist, was der Apostel Paulus in seinem Schreiben an die Gemeinde von Philippi meint? Hört selbst:

[Lesung des Predigttextes]

[2. Die Entdeckung der Weihnachtsfreude]

Alle Jahre wieder Freude. Weihnachtsfreude breitet sich über das ganze Land aus. Man mag darüber streiten, wie ehrlich und wahrhaftig sie gemeint ist und wer von denen, die mitmachen noch wissen, worum es geht. Aber erst mal gibt es in dieser Zeit eine besondere Wärme und Fröhlichkeit. Auch das Bewusstsein, dass jemand oder etwas vor der Türe steht, der die Freude weiter steigern wird. Und sogar die Bereitschaft, „Güte" zu zeigen oder anderen eine Freude zu machen – etwa, indem für Menschen in Not gespendet wird – wächst. Man wendet sich anderen zu – zum Beispiel, indem Geschichten vorgelesen oder erzählt werden. Geschichten, in denen die besondere Freude dieser Zeit zum Ausdruck kommt. Dietrich Mendt[1] erzählt, wie es zur Erfindung der Weihnachtsfreude kam:

Einst fand im Himmel ein großer Ratschlag darüber statt, wie man den Menschen etwas Gutes tun könnte. Wie sollte der verheißene Messias aussehen und welche Botschaft sollte er mitbringen? „Gott Vater war mit keiner der vorgebrachten Ideen einverstanden.

‚Zu wenig Freude!' sagte er. ‚Zu wenig Freude! Wenn der Messias kommt, sollen sich alle Menschen freuen. Gleich wenn sie ihn zum ersten Mal sehen, sollen sie sich freuen. Lachen sollen sie!' (…)

Der Engel Gabriel kaute an seinen Fingernägeln. Das tat er immer, wenn er scharf nachdachte, obwohl sich das auch im Himmel nicht gehört.

‚Schmeckt's?' fragte Gott Vater.

‚Nein', sagte Gabriel und wurde rot dabei, ‚ich werd' lieber eine Schere nehmen.' Alles lachte, aber Gabriel war noch nicht fertig. ‚Vielleicht wie ein Kind?' sagte er. ‚Über ein Kind freut man sich immer.'

‚Ein Kind?' Gott Vater stemmte die Arme in die Seiten. ‚Ein Kind? Natürlich, ein Kind! Habt ihr schon ein einziges Mal einen Menschen gesehen, der sich fürchtet, wenn er ein Kind sieht, einen Säugling? Ich nicht. Das gibt's auf der ganzen

---

1 Dietrich Mendt: Von der Erfindung der Weihnachtsfreude. Evangelische Verlagsanstalt 2012.

Erde nicht und im Himmel erst recht nicht. Ein Kind macht immer Freude.‘ Gott Vater legte die Stirn ein wenig in Falten. Dann fügte er hinzu: ‚Wenigstens, wenn es noch klein ist.‘

Jetzt hatten sie's: Ein Kind!

Der Messias musste als Kind auf die Welt kommen.

Und Gabriel sollte es den Menschen bekanntgeben, weil es seine Idee gewesen war, das heißt, er sollte es dem Menschen bekanntgeben, den Gott als Mutter bestimmt hatte, Maria aus Nazareth.

Aber Gabriel war nicht zu finden. ‚Und wer spielt das Kind? Wen nehmen wir da? Das Kind von König Herodes? Das geht doch wohl nicht. Oder von einem Propheten? Oder von einem Rabbi aus Jerusalem? Das Kind wird erwachsen, daran muss man denken, und es soll doch ein tüchtiger Erwachsener werden. Wer weiß, was ihm alles noch bevorsteht.‘

Alle dachten wieder angestrengt nach. ‚Wer spielt das Kind?‘

‚Ich‘ sagte Gott Vater.

Jetzt hätte es im Himmel beinahe eine richtige weltliche Diskussion gegeben. ‚Du? Das geht doch nicht‘, sagte der eine ‚Ein richtiger Mensch? Gott als Kind? Da lachen ja die Menschen.‘

‚Sie sollen doch lachen‘, sagte Gott Vater. ‚Natürlich, lachen sollen sie.‘

‚Aber sie sollen doch Gott nicht auslachen! Das ist doch was ganz anderes.‘

Gott Vater lächelte. ‚Vielleicht nicht. Ist es nicht besser, alle lachen, wenn sie mich sehen, auch wenn ein paar darunter sind, die mich auslachen?‘

‚Und der Himmel? Der soll wohl leer stehen?‘

‚Ja‘ sagte Gott Vater.

‚Und wenn etwas schiefgeht, unten auf der Erde?‘

‚Es geht schief‘, sagte Gott Vater, ‚aber das versteht ihr jetzt noch nicht.‘

Im Himmel war es ganz still geworden. Gabriel kaute wieder an seinen Fingernägeln, aber diesmal bemerkte es keiner, außer vielleicht Gott, aber er tat so, als merke er nichts.

‚Es geht schief! Das sagst du so! Und wir? Denkst du gar nicht an uns?‘ Gabriel war nahe am Weinen. (…)

‚Natürlich denke ich an euch. Aber ich denke auch an die Menschen. Schließlich kann mit Engeln nicht mehr viel passieren. Aber mit den Menschen, mit denen kann sehr, sehr viel passieren. Und deswegen geht es schief mit mir.‘

‚Warum? Warum nur?‘ Das fragten mindestens sieben Engel gleichzeitig.

‚Damit es gutgeht!‘ sagte Gott Vater. ‚Aber da reden wir in vierunddreißig Jahren wieder drüber. Jedenfalls fängt es mit Freude an, weil es mit einem Kind anfängt. Und das verspreche ich euch: Zuletzt wird wieder Freude sein, und sie wird bleiben!‘ “

[3. Allewege]

„Freut euch im Herrn allewege“ – sagt Paulus. Ja: Die Freude wird bleiben. Obwohl zu ihr etwas gehört, was „schiefgeht“. Diese Freude geht weiter, führt tiefer und ist von größerer Dauer, als das „alle Jahre wieder“ des weihnachtlichen Brauchtums. Ganz egal, in welchem kulturellen Mäntelchen es daher kommt. Allewege meint allewege. Und doch ist das, was wir in diesen Tagen feiern ein guter Anfang. Ein Geschenk, das Gott uns macht, damit wir uns auf allen Wegen freuen können.

Paulus sitzt, als er seinen Lobgesang auf die Freude an die Gemeinde in Philippi aufs Papier bringt, in Ephesus im Gefängnis. Vor ihm liegt ein Prozess, der mit einem Todesurteil enden könnte (Phil 1,20f; 2,17). Da ist also wieder mal einiges schiefgegangen. Und Paulus hat nicht gerade Grund, sich zu freuen. Oberflächlich betrachtet. Doch schon der Anlass des Briefes gibt ihm Grund zur Freude: Die kleine Gemeinde in Philippi ist ihm besonders ans Herz gewachsen. Sie unterstützt ihn und gibt ihm Kraft. Er schreibt diesen Brief, um den Schwestern und Brüdern zu danken und ihnen selbst Mut zuzusprechen. Die Gemeinde in Philippi wird bald schon von den Wogen der Christenverfolgung erfasst werden. Auch hier geht also „etwas schief“ und dennoch ist die Freude stärker.

Getragen von dieser Freude ruft Paulus zu Güte und Nachsicht auf. Sogar gegenüber den Verfolgern. Güte weitergeben macht frei und fröhlich. An Nachsicht und Güte erkennt man den Menschen, der sich von Christus getragen weiß. Auch dort, wo andere uns mit einer ganz anderen Haltung begegnen. „Allen Menschen lasst kund werden eure Güte“. Wie das gehen kann? Indem ich meine Umwelt wach und aufmerksam wahrnehme. Nicht wegschaue, wo andere das tun. Beistehe, wo jemand Unterstützung braucht. Freundlich und liebevoll antworte, wo jemand garstig und kratzbürstig ist. Nicht nur an Weihnachten, sondern auch danach. Das Fest gibt einen guten Anlass, diese Haltung aufzupolieren und einzuüben.

Freude, weiß Paulus, ist mehr als lustig sein oder sich amüsieren. Es ist eine Haltung, die den ganzen Menschen prägt. Sie braucht keinen äußeren Anlass, keine geschmückten Straßen und keine Geschenke. Sie ist gerade im „dennoch" stark und strahlkräftig. Auch, wo „etwas schiefgeht". Sie wirkt, weil wir in Christus weihnachtsfröhliche Menschen werden. Und irgendwie heißt das wohl auch: Wo wir in uns das Kind leben lassen, vor dem sich niemand fürchtet.

[4. Der Herr ist nahe]

In seinem Gefängnis, am seidenen Faden zwischen Leben und Tod bindet Paulus seine Freude an einen Pfeiler, der ihm Sicherheit gibt: Das Vertrauen auf den, der kommt. „Der Herr ist nahe". In Damaskus ist Paulus Christus selbst begegnet. Er weiß, dass er lebt. Er weiß, dass Gott uns nicht im Stich lässt. In dieser Zuversicht wird aus den vielen Aufforderungen seiner Zeilen eine Aussage: All das, wozu ich euch aufrufe, geschieht, weil ihr Euch sicher sein dürft. „Sorgt euch um nichts!" oder auch „Ihr braucht euch nicht zu sorgen." Wer frei ist von Sorgen, ist frei für die Freude. „All eure Sorge werft auf ihn, denn er sorgt für euch!" (1. Petr 5,7). „Der Herr ist nahe". Er kommt auf uns zu. „Advent". In dieser Gewissheit konnten Christen aller Zeiten vieles ertragen und erdulden. Wir denken darum in diesen Tagen besonders an jene Schwestern und Brüder, die die Festtage in einer Situation der Bedrohung und Verfolgung verbringen. Für die vieles schiefgeht in unserer Zeit und auf dieser Welt. Wir beten für sie: Dass sie wie ein Kind in den Armen der Mutter bei Gott Trost und Zuversicht finden. Dass das Kind, das viele lachen macht, auch in ihnen Weihnachtsfreude und Jubel wecken kann.

„In allen Dingen" dürfen sie und wir wissen, dass wir ein Gegenüber haben, dem wir das vorlegen können, was uns beschwert. Im frohen Wissen, dass wir unendlich viel geschenkt bekommen haben, woraus wir schöpfen können. „Mit Danksagung" bringen wir unsere Anliegen vor Gott. Christenmenschen sind dankbare Wesen. Ihre Freude nährt sich aus dem Wissen um das, was ihnen voraus geht. Was wir geschenkt bekommen. Wofür wir dankbar sind. Aus diesem Wissen können wir beten. Für uns selbst und für andere. Unsere „Bitten werden in Gebet und Flehen mit Danksagung vor Gott kund“: Wo wir mit unserem Latein am Ende sind, schöpfen wir aus dem, was uns geschenkt wurde. Dazu rufen wir in dieser Zeit und übers Jahr: Erbarme dich. Kyrie eleison!

Die Advents- und Weihnachtszeit ist eine gute Gelegenheit, solch urchristliche Zuversicht und Freude aufzufrischen. So wie wir die Häuser schmücken, putzen und schmücken wir die Seelen mit dieser Freude. Der Freude des „dennoch“ und „trotzdem“, auch wenn vieles schiefgeht. Einer Freude, die tiefer reicht und weiter trägt, als alle festliche Dekoration.

[5. Bewacht vom Frieden Gottes]

Die frohen Zeilen aus dem Gefängnis von Ephesus enden mit einer großen Zusage. Wir kennen sie als Abschluss von Predigten. Dort ist sie in die Form von Bitte und Möglichkeit gekleidet. Was Paulus hier verspricht, ist allerdings mehr als das, was wir kennen: Der Friede Gottes, schreibt er, wird eure Herzen und Sinne beschützen wie ein Wächter. Dieser Friede bewacht euch wie ein Soldat.

Der Herr kommt. Die Freude ist groß. Das Kind in uns darf leben. Und so wacht der Friede Gottes, der höher ist, als alle Vernunft, über uns, unsere Herzen und Sinne in Christus Jesus, den kommenden. So sei es. Amen.

Vorschläge für das Predigtlied

EG 13	Tochter Zion
EG 18	Seht, die gute Zeit ist nah

Fürbittengebet [mit Gebetsruf 178.9, 178.11 oder 178.14]

[Liturg(in):] Du bist nahe! Du kommst! Welch ein Glück.

Wir danken dir für dieses Versprechen. In diesem Dank bringen wir unser Bitten und Flehen vor dich: Für alle Menschen, die in diesen Tagen Konsum mit Freude verwechseln: Schenk ihnen tiefe und erfüllende Augenblicke, schenk ihnen Herzenswege zu echter Freude.

[Liturg(in) und Gemeinde:] Höre uns, erbarme dich! – Kyrie eleison

[Liturg(in):] Für diejenigen, die an Leid und Traurigkeit tragen: Lass sie entdecken, wo lichte Momente ihr Leben erhellen, schicke Menschen, die Freude in ihr Leben tragen.

[Liturg(in) und Gemeinde:] Höre uns, erbarme dich! – Kyrie eleison

[Liturg(in):] Für die Menschen in den Not- und Krisengebieten der Erde: Erfülle diejenigen, die Verantwortung tragen mit Weisheit, um den Weg für Frieden und Gerechtigkeit zu bahnen.

[Liturg(in) und Gemeinde:] Höre uns, erbarme dich! – Kyrie eleison

[Liturg(in):] Für unsere christlichen Geschwister, die unter Bedrohung und Verfolgung leiden: Stärke sie im Glauben, lass ihre Hoffnung und Zuversicht wachsen, gib ihnen Trost und Geduld in Bedrängnis.

[Liturg(in) und Gemeinde:] Höre uns, erbarme dich! – Kyrie eleison

[Liturg(in):] Für uns, unsere Gemeinde, unsere Kirchen in Deutschland: Erneure uns in dieser weihnachtlichen Zeit durch dein Kommen, auf dass die Freude des Weihnachtsfestes aus uns strahle.

[Liturg(in) und Gemeinde:] Höre uns, erbarme dich! – Kyrie eleison

[Liturg(in):] Für alles, was wir persönlich auf dem Herzen tragen und was wir nun in der Stille vor dich bringen (Kurze Stille): Nimm unsere Sehnsucht auf und verwandle sie in Freude.

[Liturg(in) und Gemeinde:] Höre uns, erbarme dich! – Kyrie eleison

Annette Mehlhorn

Christvesper

Titus 2,11–14

Der Predigttext wird erst im Verlauf der Predigt in der hier angegebenen Übersetzung (Zürcher 1945) verlesen.

I

Liebe Gemeinde!
Der Predigttext der Christvesper steht in einem kleinen neutestamentlichen Brief, der viele Ermahnungen enthält und dann auch Warnungen vor Unzucht und Irrlehrern und dann plötzlich ein kleines Lied anstimmt, das ganz andere Töne anschlägt. Hören Sie selbst, ich lese aus dem zweiten Kapitel des Titusbriefs:

> Denn erschienen ist die Gnade Gottes, die allen Menschen zum Heil dient, indem sie uns [dazu] erzieht, dass wir die Gottlosigkeit und die weltlichen Begierden verleugnen und besonnen und gerecht und fromm leben in der jetzigen Welt und warten auf die selige Hoffnung und auf die Erscheinung der Herrlichkeit unsres großen Gottes und des Heilandes Jesus Christus, der sich für uns dahingegeben hat, um uns von allem gesetzwidrigen Wesen zu erlösen und für sich selbst ein Volk zum Eigentum zu reinigen, das eifrig wäre in guten Werken.

II

Der Himmel über Bethlehem war schwarz. Kein Stern war zu sehen. Nur das Wachfeuer brannte. Viel Wärme verbreitete es nicht. Aber es hielt die wilden Tiere ab. Benjamin, der kleinste der Hirten, hatte das Gefühl, genau da, wo der Lichtkegel aufhörte, lauerten die Monster der Nacht mit großen Ohren und schrecklichen Zähnen. Er hatte einmal einen Wolf gesehen. Und Simson, der stärkste der Hirten, hatte ihn verjagt, indem er seinen Stock hob und einen Schritt auf ihn zu trat.

Simson schnarchte neben ihm. Und Benjamin hatte das Gefühl, die wilden Tiere hörten das und kamen näher heran. Er hatte auch einen Hirtenstock, aber der war kleiner, und ob die Wölfe vor dem Angst hatten? Simson und Methusalem schliefen fest ...

Die beiden älteren Hirten waren sich nicht einig gewesen, ob sie Benjamin eine Nachtwache halten lassen sollten. Schließlich hatte Simson gesagt: „Besser er bleibt wach und weckt uns, als einer von uns schläft ein. Er wird Angst haben. Das hält ihn wach." Und das stimmte. Benjamin blieb wach.

Als Simson den Wolf vertrieben hatte, hatte Benjamin sich nachts zu Methusalem gelegt und der hatte ihm eine Geschichte erzählt. War es überhaupt eine Geschichte? Er hatte ihm gesagt: „Auch du hast einen Wolf in dir, sogar zwei, einen weißen und einen schwarzen. Der weiße ist der Wolf der Hoffnung und der Zuversicht, der schwarze der Wolf der Traurigkeit und der Verzweiflung." – Und welcher ist stärker?" hatte Benjamin gefragt. „Der, den du fütterst", hatte der alte Hirte gesagt. Dann hatte Benjamin aufgehört zu fragen und überlegt, wie er den weißen Wolf in sich füttern konnte. Darüber war er eingeschlafen.

Jetzt war er hellwach und hatte Angst. Die Luft war komisch, ein Wind strich übers Gras, das Feuer schien kleiner zu werden. Etwas lag in der Luft. Dann sah er den leuchtenden Krieger. Er stand mitten im Feuer und verbrannte sich nicht. Vielleicht war er aus Feuer. Mächtige Flügel erhoben sich über seinen Schultern. Sie bewegten sich, ein Luftstoß ließ die Funken fliegen. Die Wiese wurde heller. Die Schafe drängten sich zusammen. Benjamin griff neben sich und zog die beiden Hirten an den Gewändern. Sie waren sofort wach und starrten wie er auf die Erscheinung.

„Fürchtet euch nicht!", sagte der Engel, und seine Stimme war ebenso durchdringend wie sein Licht. Sie hallte in Benjamin nach. Er spürte, dass Simson neben ihm zitterte. Selbst der fürchtete sich. Methusalem zog ihn an sich. „Fürchtet euch nicht!" Das war leichter gesagt als getan. Der schwarze Wolf in ihm fletschte die Zähne. Was war da erschienen?

III

Der Himmel über Ypern, Westflandern, war sternenklar. Es war kalt, aber kein Feuer durfte brennen, um die eigene Position nicht zu verraten. Kaum 50 Meter Niemandsland trennte den Obergefreiten Benjamin vom Feind, den Engländern, die wie er in ihren Schützengräben kauerten und darauf warteten, dass sich etwas regt. „Weihnachten sind wir wieder zu Hause“, hieß es im Sommer noch, als alle mit einem schnellen Sieg rechneten. Nun war der 24. Dezember 1914, zu Hause so weit weg wie ein Ende des Krieges, und der Feind so nah, dass Benjamin manchmal meinte, ihn atmen zu hören.

Meistens war er für die Nachtwachen zuständig, da er vor Angst sowieso nicht schlafen konnte. Wenn es ans Schießen ging, war er keine große Hilfe, da seine Hände dann immer so zitterten, dass ans Zielen nicht zu denken war. Sein Regiment hatte den Spitznamen „Die Wölfe“, aber er fühlte sich wie ein Schaf. Schafe haben in Kriegen keine Chance. Einmal nahm ihn ein Kamerad an die Seite, und versuchte ihm Mut zu machen, indem er sagte: „Auch du hast einen Wolf in dir, sogar zwei, einen weißen und einen schwarzen. Der weiße ist der Wolf der Hoffnung und der Zuversicht, der schwarze der Wolf der Traurigkeit und der Verzweiflung.“ – „Und welcher ist stärker?“ hatte Benjamin gefragt. „Der, den du fütterst“, hatte der alte Soldat gesagt. Dann hatte Benjamin aufgehört zu fragen und überlegt, wie er den weißen Wolf in sich füttern konnte.

Jetzt hatte er eine Idee. Per Feldpost kam eine Kiste von der Obersten Heeresleitung in Berlin, adressiert an die Wolfs-Kompanie, Westflandern. Darin befand sich ein geschmückter Tannenbaum. Das Bild, das dieser Tannenbaum im Dreck des Schützengrabens bot, war gleichzeitig absurd und tröstlich, fast ein Stück Normalität. Als sie ihn gestern aufstellten, hatten nicht wenige Tränen in den Augen.

Der Obergefreite Benjamin ging jetzt zu diesem Baum, und unter den staunenden Augen seiner Kameraden nahm er ihn, hievte ihn über die Kante des Schützengrabens und stellte ihn auf das Niemandsland, das tödliche Niemandsland.

Im Schützengraben der Engländer, 50 Meter weiter, kam Unruhe auf, Stimmengewirr, und schließlich: Pfeifen und Beifallklatschen. Dann fing der Feind an zu singen: „Silent night, holy night“, und bald darauf die Deutschen auch, in ihrer Sprache, „Stille Nacht, heilige Nacht.“ Dann stieg ein Engländer mit erhobenen Händen aus seinem Graben und näherte sich vorsichtig. Benjamin tat es ihm gleich. Auf halbem Weg trafen sie sich, Benjamin konnte kein Englisch, aber „Merry Christmas“, das verstand er. Ebenso wie die Geschenke, die der andere dabei hatte: Alkohol und Tabak.

Als es hinter ihm heftig rumpelte, sah Benjamin sein Leben an sich vorüberziehen und dachte, dass er gleich im Kugelhagel sterben müsse. Ursache des Lärms waren aber nur drei Fässer Bier, die seine Kameraden nun auf die andere Seite rollten. Von dort kamen ebenfalls mehr und mehr Soldaten, und wenige Augenblicke später entstand das unwahrscheinlichste aller möglichen Weihnachtsfeste, auf blutgetränktem Boden. Familienfotos wurden gezeigt, Adressen ausgetauscht.

Als der Feldgeistliche gefragt wurde, ob er nicht einen Weihnachtsgottesdienst halten könne, zögerte er mit den Worten: „Wir kommen alle vors Kriegsgericht!" Das machte Benjamin wütend und er raunzte ihn an: „Pastor, lies dein Buch. Dort steht: ‚Denn erschienen ist die Gnade Gottes, die allen Menschen zum Heil dient, indem sie uns erzieht.' Meine Lektion heute: Ohne Feinde kein Krieg, ohne Krieg kein Kriegsgericht."

IV

Ein paar Wochen später spielten sich in Berlin bei der Obersten Heeresleitung und in London beim High Command fast identische Szenen ab. Es ist egal, ob die Geschichte, die sich tatsächlich zugetragen hat und nicht einfach Weihnachts-Wunschdenken war, hier oder dort weitererzählt wird. Beide Seiten waren bemüht, den Schaden klein zu halten. Man war beruhigt, dass die Kämpfe nach den Feiertagen ganz automatisch weitergingen und der so sorgfältig geplante und organisierte Krieg nicht einfach aufhörte, aber Verbrüderungen wie beim Weihnachtsfrieden 1914 durften nicht wieder vorkommen, ehe ein Soldat die falschen Schlüsse daraus zieht. Denn die Gnade Gottes ist erschienen, die allen Menschen zum Heil dient, indem sie sie erzieht, und damit läuft den Mächtigen die Zeit davon. Die Gnade Gottes arbeitet in den Menschen – und sie füttert den weißen Wolf. Amen.

Vorschläge für das Predigtlied

EG 52	Wisst ihr noch, wie es geschehen
EG 421	Verleih uns Frieden

Fürbittengebet

Herr, unser Gott,

Unfriede herrscht auf der Erde, zwischen Völkern, in Familien. Doch deine Gnade ist uns an Weihnachten erschienen, um uns in dem Guten, das wir tun, zu stärken. Dafür danken wir dir. Gib uns die Kraft, die richtigen Entscheidungen zu treffen, den Mut, Feindbilder abzubauen, Fantasie für den Frieden und die Hoffnung auf dein Reich. Wir bitten dich für alle Menschen, die in diesem Moment den Frieden der Weihnacht nicht spüren können, weil sie um ihr Überleben kämpfen müssen, in Kriegen, in Hungersnöten. Stoppe du den Hass, die Gleichgültigkeit und die Gewalt, indem du uns in Herrlichkeit erscheinst. Was wir brauchen legen wir in das Gebet, das Jesus Christus, unser Heiland, uns gelehrt hat:

Vater unser

Frank Hiddemann und Sebastian Kuhlmann

Christnacht

Römer 1,1–7

[Lesung des Predigttextes]

Liebe Gemeinde!
Die Adventszeit ist verflogen. Unsere Vorspiele sind verrauscht. Nun sind wir ins Fest gefallen. „Stille Nacht, heilige Nacht.“ Gesucht haben wir sie vielleicht, diese Stille, heute, am späten Abend. Nach der „Fröhlichen Weihnacht“ und allen Friedenswünschen, den guten. Nach der Bescherung und dem Festgewirbel. Und vielleicht auch nach heruntergeschluckten Spannungen und dem Getöse der unruhigen Welt und vielleicht auch bewegt von einer schlingenden Furcht vor der Einsamkeit. Es ist still geworden. „Nacht. Heilige Nacht.“

Und hier ist Paulus zu hören. Es ist der Anfang des Briefes an die christliche Gemeinde in der Welthauptstadt Rom. Nüchtern die Stimme, mit einer Neigung zum Pathetischen, auf jeden Fall jedoch hochkonzentriert, wie ein Nachrichtensprecher. Jedes Wort mit Gewicht. Paulus stellt sich vor. Er weist sich aus: Hier bin ich. Ich, der Diener Jesu Christi. Ausgesondert. Aus der Menge und ihrem Schutz herausgerufen, das Evangelium Gottes zu verkünden. Und er wird uns in dieser heiligen Nacht sagen, was ihn nimmermehr loslässt: Jesus Christus ist angekündigt, seit alters, in den Rufen der Propheten, voll Sehnsucht und Klarheit. Generationen über Generationen haben nach dieser Heiligen Nacht Ausschau gehalten. Und die Schrift hat davon geredet. Nun ist es geschehen. Und er wurde geboren. Jesus Christus, in der Familie des Königs David. Und er wurde eingesetzt zum Sohne Gottes in der Auferstehung von den Toten. Von ihm kommt der Auftrag, aufzurichten den Glauben, der aus dem Hören des Wortes Gottes kommt. Geboren ist er, Jesus, „aus dem Geschlecht Davids nach dem Fleisch“.

Gott erfüllt sein Versprechen. Er zaubert nicht, wie wenn ein Kaninchen aus dem Hut springt. Sondern er ist sozusagen lesbar in seinen Absichten, in der

„Schrift". Zuverlässig ist er, der alte Gott. Auch in Jesu Ahnentafel, von oben und von unten. Herkunft. Woher-Kunft. Meine Mutter sagte zuweilen: „Vergiss nie, woher Du kommst." Sie sagte das in ihrer mütterlichen Für-Sorge und Für-Furcht: Dass ich denn dem Ansehen der Familie vielleicht schaden könnte, wenn ich etwa öffentlich in der Nase bohrte oder an der falschen Stelle laut lachte oder im Ganzen überhaupt nicht höflich und brav erschiene, polternd die Treppe hinunter, im Zug etwa nicht aufstünde, wenn da ein älterer Mensch nach einem Platz suchte. Manches hat sich in diesen Sitten ja geändert heutzutage und es gibt ja auch weit drastischere Mütterfurchten.

Unabweislich und frisch aber meldet sich diese Ermahnung: „Vergiss nie, wo Du herkommst." Natürlich mischte sich hier vielleicht auch Stolz und so etwas wie ein Familienmythos hinein. „Vergiss nie, wo Du herkommst und wo du hingehörst." Meine Mutter sagte das in guter Absicht und zudem mit relativ genauen Vorstellungen, aber auch, weil sie wohl einen Traum hatte!

Wie alle Mütter und Väter einen Traum von ihren Kindern haben, denke ich. Ich weiß natürlich, dass Kinder auch unter den Träumen ihrer Eltern leiden können, eingeengt von ihnen ein Leben lang. Wahrhaftig! Und doch ist diese Erinnerung, das Herkommen nicht zu vergessen, nicht ohne eine Sehnsucht nach der Vollendung. Eine Sehnsucht, die innen glüht und wärmt und aufrichten und eben auch verbrennen kann. Und so hatte Gott einen Traum von sich in seinem Sohn, glühend bis zum Verbrennen. Jesus. Geboren. „Vergesst nicht ..."

Vergesst nicht, der Traum Gottes, heilige Familie mit euch zu sein, ist Wirklichkeit geworden. Und vergesst nicht, woher er kommt. Jesus vergaß nicht, dass er Jude ist. Er vergaß nicht, dass Gott Israel zum Frieden und zur Gerechtigkeit für alle Welt bestimmt hat. Und er weitete dieses Erbarmen Gottes, auf alle, alle Menschen aus. Ohne Pass und ohne Grenzen. Vergesst nicht, dass er euer Herz weit macht. Über alles hinaus, was nur bei sich selbst bleiben will und in den Kammern seine Besitztümer und Kleidungsmarken pflegt und was dabei auf eigentümliche Weise klein und immer karierter wird in den Dünsten der Angst um sich selber. Pegida und Pharisäer und Abendländler allzumal ...

„Vergesst nicht ..." Woher Er kommt: „Und es begab sich zu der Zeit." Auf der Flucht wird das Kind geboren. Wie Millionen anderer Kinder. So „wird Gott

Mensch", sagt das Evangelium. Von Anfang an auf der Flucht – Gott. In einer gefährdeten Geburt. Unter Gefahren, wie viele Geburten. Auch aber eine gewöhnliche Geburt, doch keine selbstverständliche, weil doch keine Geburt selbstverständlich ist. Wir wissen das heute wieder neu. „Und es begab sich zu der Zeit ..." Da ist diese Geschichte.

Weihnachten ist eigentlich zugleich auch ein stockkonservatives Fest. Wenn die Kinder nach Hause kommen, sagen sie: „Es soll alles wie immer sein!" Alles wie immer. „Es begab sich aber zu der Zeit ...", dass wir die Weihnachtslieder anstimmten ... Und da ist der Baum und da sind die Sterne und die Krippe und da ist dieser unverkennbare Duft. Und ist alles wie immer! Ist alles wie immer? Denn es reiben da lauernd und grell unter duftenden Weihnachtsschwaden, es klopfen da die Bilder der Flucht des Kindes und der Kinder Gottes, und es atmet eine Sehnsucht, eine unbändige, eine flatternde und flüchtige und zähe sich streckende Sehnsucht: Nach dem Leben, dem behüteten und dem bleibenden, endlich nach der Herberge für den Menschen.

Vergesst nicht. „Geboren aus der Familie Davids." Und so hat Gott seinen Traum von sich in seinem Sohn verwirklicht. Jesus. Vergesst nicht, dass in dieser Geburt Leben anfangen wird, neu und Leben zu sich selber kommt. Wie Leben ja mit jeder Geburt zu sich selber kommt. Jesus, der kleine Gottesknabe. Und Leben wird heilig, und mit ihm werden alle Geschwister des Himmlischen. Seine Kinder. Wir. Nicht ein Engel wird Jesus, nicht der Superstar oder ein Roboter mit dem optimalen Zukunftsprogramm, sondern ein kleiner Mensch, winzig und gefährdet für alle zum Guten. Und Weihnachten ist die „Eselsbrücke" dafür, wie Gott kommt. Hosianna.

Imre Kertész spricht einmal von einem tiefliegenden Groll, den wir auf unsere Eltern haben. Ein Groll, der darin liegt, dass die Eltern uns in die Welt setzen, damit aber zugleich dem Tod ausliefern. So ist das. Und die Geburt Jesu gehört als die Botschaft Gottes in diesen Groll hinein. Jesus ist eingesetzt zum Sohne Gottes durch die Auferstehung von den Toten, sagt Paulus. Und er nimmt uns in seine Arme. Hier. Und da wird der liebliche Weihnachtsglaube nochmals radikal. Um es schroff und konsequent zu sagen: Nicht darum geht es am Ende, dass das Leben ein bisschen wohliger und richtiger oder anständiger und besser würde, sondern dass Gott uns aus dem Tod herausruft. Jetzt. Aus dem Tod der Mutlosigkeit, dem Tod durch Ersticken in der dicken Haut, dem Tod der Angst um uns selber, dem Tod der gnadenlosen Erfolgssucht, dem Tod der Gier, dem Tod der Geringschätzung des Nächsten, dem Tod, der kommt, uns zu lähmen und zu zerfressen, wie er es längst schon jetzt auf feine Weise tut.

Man mag viel Gutes am christlichen Glauben finden, Anstand und ordentliches Leben und Nächstenliebe und Altenpflege und Engagement für Flüchtlinge und ... Das aber ist sein Kern: Es ist der irrwitzige und kühne Glaube gegen den Tod und gegen alle Todeswelten mit ihren unzähligen Larven und Mäulern, in uns und um uns herum! Jetzt und einst. Dem Tod, der längst und immer wieder mit seinen fauligen Wassern in uns einzudringen auf dem Wege ist. Nein. Glauben ist Glauben an den lebendigen Gott.

Manchmal frage ich mich, was wäre, wenn wir als Christen diese Erinnerung verlören, die Erinnerung an die Weihnachtsgeschichte und ihre Eselsbrücke? Wenn Glaube sich auflöste hinein in allgemeine Werte und ein bisschen Überzeugung und eine Erfolgs- und Wohlfühlkultur, „soft" bis zum Ende, wer weiß wohin? Was wäre, wenn die Erinnerung an die Eselsbrücke verlorenginge?

Der Apostel Paulus schreibt uns ins Merkheft. In kurzen Sätzen. Jesus Christus. Geboren in der Familie des David. Eingesetzt zum Kind des Lebens in der Auferstehung von den Toten. Aufgerichtet zur Erinnerung daran, dass er der Traum Gottes für uns alle sei. Vergesst nicht, woher ihr kommt!

Deshalb feiern wir heute Weihnachten. Die unendliche Geschichte zu hören und zu erzählen und festzuhalten und zu singen und zu beten und zu verschenken, die Geschichte von der Liebe Gottes, dem Kind. In der Stillen, der Heiligen Nacht: Unser Glaube lauscht und ruft und singt und schreit und lobt und betet und preist und klagt und jubelt und pfeift und tanzt und weint und lacht, Gott zu ehren und Menschen zum Leben zu trösten. Uns. „Es begab sich aber zu der Zeit ..." „Stille Nacht, heilige Nacht ..." Amen.

Vorschläge für das Predigtlied

EG 46	Stille Nacht, heilige Nacht
EG 56	Weil Gott in tiefster Nacht erschienen

Fürbittengebet

In dieser Nacht erscheinst du, Gott, uns zum Licht und uns zur Klarheit für unser Leben. Wir danken dir dafür. Wir danken dir für dieses Fest, wie wir alle Jahre wieder danken können. Du kommst zu uns, zu lieben und zärtlich zu sein, du kommst zu uns, damit wir Leben spüren und die Nähe unserer Nächsten. Du lässt uns deine Weihnachtsgeschichte hören und singen und beten und anschauen dich, Kind in der Krippe. So kommst du zu uns in der Heiligen Nacht, so kommst du zu uns in deiner Armut.

Hilf, dass wir dich bei uns und in uns finden können, hilf, dass wir zu uns selber finden und nicht mit uns allein bleiben müssen. Du kommst zu uns in die Armut unserer mutlosen Herzen, dass wir geweckt werden durch die Herrlichkeit der Botschaft deiner Engel am Himmel wie auf Erden, geweckt, zu sehen was du uns schenkst, zum Leben und zum Frieden, dass wir barmherzig werden können aus Glück und Dankbarkeit. Dass wir sehen und erreichen können die, die verlassen sind in dieser Zeit, dass wir sehen und erreichen können, die auf der Flucht sind und Herberge suchen, dass wir sehen und erreichen können, die Mut und Schutz und Trost und die Brot brauchen.

Du kommst zu uns in unsere Armut und in die Armut aller deiner Kinder. Gott, wir danken dir und wir loben dich in dieser stillen, in dieser Heiligen Nacht.

Vater unser

Michael Dorsch

Christfest I

Titus 3,4–7

Der Predigttext wird erst im Verlauf der Predigt in der hier angegebenen Übersetzung (Gute Nachricht) verlesen

Liebe Gemeinde!
Umtausch ausgeschlossen. Diese beiden Worte haben in den letzten 24 Stunden für Entsetzen gesorgt. War es zunächst nur eine dunkle Ahnung, so ist es dann doch zur schrecklichen Gewissheit geworden: Erbtante Dorothea hat ihren ohnehin fragwürdigen Geschmack nochmals unterboten und nun steht sie da, die Skulptur im Vorgarten, ein Delphin mit zwei Engeln. Groß und wuchtig, Umtausch ausgeschlossen. Der Laden, in dem sie sie gekauft hat, ist heilfroh, sie los zu sein und nimmt sie bestimmt nicht zurück. Aber selbst wenn, ginge das trotzdem nicht, denn Erbtante Dorothea hat ein ganz genaues Auge darauf, wo welche Geschenke aus den letzten Jahren untergebracht sind. Alltägliches vergisst sie mittlerweile mehr und mehr, aber wo die Lampe in Marmoroptik – hässlich wie die Nacht und etwa genauso hell – aufgehängt ist, die es 1986 zur Hochzeit gab, weiß sie für jede bisherige Wohnung noch ganz genau. Das einzige, was sie nicht ist, ist zerbrechlich – wie wohl auch Delphin und Engel, so ergaben erste Tests mit dem Spaten –, so dass die Problemlösungsstrategie wie bei der Bowle-Schüssel mit Schwanenapplikationen, die sich leider nicht als spülmaschinenfest erwies, nicht greift.

„Erbtante" ist ein wenig übertrieben, so viel gibt es da nicht zu holen, Reichtümer sind nicht der Grund, all die Scheußlichkeiten aufzubewahren und einen Umtausch auszuschließen. Das Problem ist: Dorothea ist wirklich sehr nett, sie gibt sich Mühe, und wenn man mal was mit ihr zu tun hat – was nicht so sehr häufig vorkommt, eigentlich nur zu Weihnachten –, dann ist es auch immer ganz schön. Bevor sie erscheint, beginnen die Umbaumaßnahmen, und so, wie andere Menschen Adventskranz und Tannenbaum aufstellen, um sich auf die Ankunft des

Christkindes vorzubereiten, kommen für Dorothea Lampen, die fiesen Kunstdrucke und Häkelkissen aus dem Keller. Das gehört zu Weihnachten dazu, und ohne würde wohl auch was fehlen. Weihnachten ohne Dorothea ist irgendwie nicht Weihnachten. Aber wenn sie dann weg ist, bleibt eben nur noch eins: Umtausch ausgeschlossen.

„Umtausch ausgeschlossen" ist ja traditionell der Fall bei abgeschnittenen Meterwaren, Grünpflanzen, preisreduzierten Waren, Hygieneartikeln, DVDs, deren Verpackung geöffnet wurde, und bei der Weihnachtsbotschaft. Freundlich, aber bestimmt werden Sie abgewiesen, wenn Sie eine benutzte Zahnbürste oder verwelkte Blumen in den Laden zurückbringen wollen, und ebenso freundlich wie bestimmt würde Gott Ihnen mitteilen, dass er nicht zurücknehmen kann, was er uns gegeben hat. Im dritten Kapitel des Titusbriefs heißt es:

> Doch dann zeigte Gott, unser Retter, uns seine Freundlichkeit und Liebe. Er rettete uns, nicht wegen unserer guten Taten, sondern aufgrund seiner Barmherzigkeit. Er wusch unsere Schuld ab und schenkte uns durch den Heiligen Geist ein neues Leben. Durch das, was Jesus Christus, unser Retter, für uns getan hat, schenkte er uns den Heiligen Geist. In seiner großen Güte sprach er uns los von unserer Schuld. Nun wissen wir, dass wir das ewige Leben erben werden.

Weihnachten ist vom Umtausch ausgeschlossen. Es gibt kein 14-tägiges Rückgaberecht, auch, wenn in zwei Wochen ganz andere Sachen dran sind und der Weihnachtsglanz Geschichte, bis er alle Jahre wieder kommt. Ich wüsste auch gar nicht, wie man Gott etwas zurückgeben sollte. Geschenkt ist geschenkt. Und die Sachen, die der Titusbrief aufzählt, sind auch weniger zum Anfassen, es geht eher um Erkenntnis. Man kann sich bemühen, eine Erkenntnis zu vergessen oder zu ignorieren, aber zurückgeben kann man sie nicht. Gott „rettet uns, nicht wegen unserer guten Taten, sondern aufgrund seiner Barmherzigkeit", aus „Freundlichkeit und Liebe". Alles gratis, „für umsonst", geschenkt, offensichtlich eine sehr, sehr wichtige Antwort – aber wie war noch mal die Frage?

Für manche Menschen hat diese Erkenntnis genau so viel praktischen Nutzwert wie der Delphin mit Engeln im Vorgarten. Das ist nicht zu übersehen und irgendwie da und es lohnt sich auch gar nicht, darüber zu streiten, aber was um Himmels Willen macht man damit?! Was macht man mit Lösungen, für die man kein passendes Problem hat? Diese Form von Geschenk gibt es immer wieder mal im Leben. Im Mathematikunterricht, in der Kirche, unter dem Tannenbaum. Danke, Tante Dorothea, für diesen Plastikstiel mit Gummiklinge – wie heißt denn das Teil und was macht man damit? Aha: Ein Ketchupflaschenauskratzer, ich verstehe … Endlich kriege ich die Reste aus der Pulle und kann wieder ruhig schlafen. Ich lege den Ketchupflaschenauskratzer dann einstweilen zum Eierschalensollbruchstellenverursacher vom letzten Jahr, bis ich ihn brauche.

Auf welche Frage ist Weihnachten die Antwort, für welches Problem ist Weihnachten die Lösung? Wie bei allen Erkenntnissen ist es schwer bis unmöglich, sich in die Zeit zurückzuversetzen, als man sie noch nicht hatte. Gott ist Mensch geworden, in der Krippe in Bethlehem – damit sind die allermeisten, wenn nicht sogar alle von uns, groß geworden. Es ist schwer sich vorzustellen, was für eine spektakuläre Nachricht das gewesen sein muss, als man Gott noch für unerreichbar, oft abwesend und der Welt abgewandt hielt. Aber vielleicht ist das doch nicht ganz so fern, wie es auf den ersten Blick scheint.

Es ist ein ebenso beliebter wie nachvollziehbarer Vorwurf an Gott, dass er sich ungöttlich verhält. Das Gefühl der Gottverlassenheit hatte sogar Jesus selbst; noch nicht als Kind in der Krippe, aber später, auf seinem Weg ans Kreuz. Es ist nach menschlichem Ermessen auch nicht zu verstehen, wie Gott manche Dinge zulassen kann. Da ist dann der Verzweiflungsschrei „Gott, verhalte dich wie Gott!“ nachvollziehbar. Auch der Zweifel, ob es ihn denn tatsächlich gibt – ähnlich wie Erkenntnisse lassen sich auch Gedanken nicht einfach wieder aus der Welt schaffen.

Auf diese Frage ist Weihnachten die Antwort. Gott ist Mensch geworden. Er kam nicht einfach in Menschen-Verkleidung, um sich hier bei uns umzusehen, sondern er ist wirklich ein Mensch geworden, so dass ihm nichts Menschliches je fremd sein kann. Das hat er nicht getan, weil wir uns das gewünscht haben, und schon gar nicht, weil wir es und in irgendeiner Weise verdient hätten. Das macht Geschenke ja aus, dass sie unverdient sind – sonst wären es reine Tauschgeschäfte.

Ob das eine echte, eine funktionierende Antwort auf die Frage „Wo ist Gott, wenn ich ihn brauche“ ist, müssen Sie für sich selbst entscheiden, immer wieder. Aber eines steht fest: Diese Liebe Gottes ist vom Umtausch ausgeschlossen. Die gemeinsame Geschichte Gottes mit den Menschen ist da und lässt sich nicht rückgängig machen. Gott hat sich völlig ungöttlich verhalten und ist Mensch geworden, oder, wie es im Predigttext hieß:

> Doch dann zeigte Gott, unser Retter, uns seine Freundlichkeit und Liebe. Er rettete uns, nicht wegen unserer guten Taten, sondern aufgrund seiner Barmherzigkeit. Er wusch unsere Schuld ab und schenkte uns durch den Heiligen Geist ein neues Leben. Durch das, was Jesus Christus, unser Retter, für uns getan hat, schenkte er uns den Heiligen Geist. In seiner großen Güte sprach er uns los von unserer Schuld. Nun wissen wir, dass wir das ewige Leben erben werden.

Amen.

Vorschläge für das Predigtlied

EG 52	Wisst ihr noch, wie es geschehen
EG 37	Ich steh an deiner Krippen hier

Fürbittengebet

Herr, unser Gott,
du hast Himmel und Erde geschaffen und alles, was darauf ist. Du hast uns das Leben geschenkt und begleitest uns, dafür danken wir dir. Wir bitten dich für die, die sich dir fern fühlen, für die, die auf der Suche nach dir sind, für die, die in den Krisengebieten dieser Welt nicht an Weihnachten denken können, sondern um ihr Überleben kämpfen müssen, für die Hungernden, Kranken, Einsamen, Ängstlichen und Mutlosen: Schenke ihnen den Frieden der Weihnacht.
Amen.

Sebastian Kuhlmann

Christfest II

Hebräer 1,1–4

Der Predigttext wird erst im Verlauf der Predigt in der hier angegebenen Übersetzung verlesen. Die Zwischenüberschriften gliedern den Text, werden aber nicht vorgelesen. Als Antwort auf die Predigt kann als Glaubensbekenntnis das Nicaenum gesprochen werden.

[Der Himmel geht auf]
Liebe Gemeinde!
Zu Weihnachten geht der Himmel auf. Die Weihnachtsgeschichte erzählt von den Engeln bei den Hirten. Der Himmel geht auf, öffnet sich. Die Hirten hören die Botschaft: Euch ist der Heiland, der Retter und Befreier, geboren. Der Himmel öffnet sich. Die Hirten hören himmlische Musik: Ehre sei Gott in der Höhe und Friede auf Erden und den Menschen Gottes Wohlgefallen. Der Himmel öffnet sich für Maria und Josef. Unter ärmlichsten Bedingungen kommt das Kind zur Welt, und es lebt, ist gesund. Dem Himmel sei Dank! Der Himmel öffnet sich für alle drei, als die Hirten kommen. Sie erzählen von den Engeln und bringen so den offenen Himmel mit – auch in den erbärmlichen Stall von Bethlehem.

Der Himmel öffnet sich, weil Gott aus der Höhe nach unten kommt. „Weil Gott in tiefster Nacht erschienen, kann unsere Nacht nicht traurig sein." Dies ist Weihnachtsbotschaft – aber es ist nur die eine Hälfte der Botschaft. Am heutigen 2. Weihnachtstag hören wir die zweite Hälfte: Der Himmel geht auf, und wir können hinaufschauen, einen Blick in den geöffneten Himmel werfen und Gottes Geheimnis erkennen. So hören wir es zu Beginn des Hebräerbriefes. Ich lese zunächst die ersten eineinhalb Verse:

> „Nachdem Gott vor Zeiten vielfach und auf vielerlei Weise zu den Vätern geredet hatte durch die Propheten, hat er am Ende dieser Tage zu uns geredet durch den Sohn."

Gott erscheint uns nicht in Wolken und Wundern. Er redet. Sein Wort, für uns zugänglich in der Bibel, ist entscheidend für Gottes Beziehung zu uns und für unsere Beziehung zu Gott. Gott redet durch seine Propheten und Boten zu Israel, vielfältig und vielgestaltig. Innerhalb dieser Vielfalt ist die wichtigste Ausrichtung des Glaubens schon im Alten Testament gesagt und geschrieben: Gott ist der Herr dein Gott, er befreit und rettet von allen anderen Göttern; Ihn sollen wir lieben und unseren Nächsten wie uns selbst.

Diese Ausrichtung des Glaubens verkörpert für uns und alle Menschen Jesus Christus, der Sohn. Er verkörpert die Liebe zu Gott und den Menschen wie kein anderer. Er befreit und rettet aus den gottlosen Bindungen im Leben. Er rettet von selbstgemachten Idolen, vermeintlichen Vorbildern, unseren eigenen zwanghaften Weltbildern.

Was immer wir von Jesus denken, ob wir das Bild des Kindes in der Krippe, des Bergpredigers, des Heilenden, des Freundes von Zöllnern und Sündern oder des Gekreuzigten vor unserem inneren Auge haben – darin und vor allem ist er der Sohn. Jesus – Gottes Sohn.

Im Hebräerbrief führt dies zu Lobpreis und Theologie, also zum lobenden Nachdenken und nachdenklichen Loben des Sohnes. Über ihn heißt es in dichter Sprache weiter:

> „Ihn hat Gott eingesetzt zum Erben aller Dinge, durch Ihn hat er die Welten geschaffen. Er, Abglanz seiner Herrlichkeit und Abdruck seines Wesens, trägt das All durch das Wort seiner Macht, hat Reinigung von den Sünden vollzogen, hat sich zur Rechten der Majestät in den Höhen gesetzt, weit erhabener geworden als die Engel, wie er auch einen Namen geerbt hat, der sie weit überragt."

[Der Sohn als Erbe]

Mit nicht weniger als sieben Eigenschaften wird hier der Sohn beschrieben und gepriesen. Zuerst ist der Sohn der Erbe.

Der Erbe ist er, weil der Vater ihn zum Erben eingesetzt hat. Um diese Einsetzung und Beziehung geht es. Wie ein Alleinerbe ist der Sohn aufs Engste verbunden mit dem Vater. Er erbt die Herrschaft über alle Dinge im Himmel und auf Erden.

Deshalb loben ihn die Gläubigen, zum Beispiel mit den Worten der Psalmen: „Herr, unser Herrscher, wie herrlich ist dein Name in allen Landen“ (Ps 8).

In den orthodoxen Kirchen ist die zentrale Christus-Ikone die des Herrschers über Himmel und Erde – meist in der hohen Kuppel der Kirchen dargestellt. In der Kirche, vor allem im Gottesdienst öffnet sich der Himmel und wir können zu Christus, dem Erben und Herrscher, hinaufschauen.

[Gottes Charakter]

Der Sohn und Erbe zeigt, wie Gott ist. Er ist herrlich wie Gott. Er ist der Abdruck, griechisch: der Charakter, von Gottes Wesen. Niemand kann Gott sehen. Anschaulich wird er jedoch in dem Sohn, dem genauen Abdruck, ein Abbild Gottes.

Das Wort „Charakter“ zeigt vor allem die innere Seite. Jesus verkörpert Gott, erschließt dessen Charakter: Arm und hilflos wie ein neugeborenes Kind – das ist Gottes Charakter. Die Liebe zu Gott, den Nächsten, sogar gegenüber den Feinden – das ist Gottes zentrale Botschaft. Dass Krankheit und Tod überwunden werden – das ist Gottes Ziel. Dass Menschen barmherzig werden und einander helfen und vergeben – das soll unser Charakter werden. Dass Gott an der Seite der Getöteten bleibt, auf Golgatha, auch heute im Nahen Osten und an allen Orten des Krieges und Terrors – das ist seine Leidenschaft, seine Passion für die Menschen.

Wer dagegen Gott für eigene Zwecke einspannt, andere einschüchtert, Gewalt rechtfertigt oder die jüdisch-christliche Tradition politisch instrumentalisiert und Fremdenfeindlichkeit verkündet, der hat Gott verloren, missbraucht seinen Namen, ist Gottes Charakter los.

[Der Sohn trägt und erhält die Schöpfung]

Gottes Ziel mit uns und dem ganzen Kosmos ist nicht Tod, sondern Leben. Deshalb loben wir den Schöpfer und den Sohn. Der Sohn ist nicht ein Teil der Schöpfung wie wir. Er steht der Schöpfung gegenüber. Der Sohn trägt das All durch das Wort. Er erhält die Schöpfung.

Martin Luther hat in seiner Auslegung hervorgehoben: Das Tragen ist liebenswürdige und mütterliche Sorge. Mütter und heute sicher auch Väter tragen ihre Kinder: wenn sie nicht mehr weiter können, wenn sie müde sind oder der Weg gefährlich scheint – so trägt der Sohn die Schöpfung, behutsam, vorsichtig, liebevoll.

Er trägt die Schöpfung durch sein Wort. Die kirchliche und theologische Tradition hat dieses Wort verstanden als das Schöpfungswort am Anfang. „Am Anfang war das Wort und das Wort war bei Gott und Gott war das Wort. Dasselbe war im Anfang bei Gott" (Joh 1,1 f). Ich möchte es einfacher verstehen: Christus erhält die Schöpfung, das Leben durch sein Wort, nämlich durch seine Botschaft von der Gottes- und Menschenliebe. Sich daran zu orientieren, verbündet mit Gottes Charakter; und es zeigt gleichzeitig die Art und Weise, wie mein Leben sinnvoll wird und gelingt.

Ich hörte neulich eine Anekdote von einem erfahrenen und humorvollen Therapeuten. Einem Menschen, der nur für seine Arbeit lebte, empfahl er, sich einmal probehalber das eigene Ende vorzustellen. „Was werden Sie dann auf dem Sterbebett sagen?" Bestimmt nicht: „Ach, hätte ich doch noch mehr gearbeitet in meinem Leben."

Was hätten wir Christinnen und Christen stattdessen mehr zu tun? „Ach hätte ich doch mehr dem Wort des Sohnes vertraut! Du sollst Gott, deinen Herrn, lieben und deinen Nächsten wie dich selbst. Ich bin bei euch alle Tage bis zum Ende der Welt."

Im Kern geht es also nicht um Leistung, sondern um Vertrauen: Vertrauen, dass diese Schöpfung trotz aller Bedrohungen und Gefährdungen Bestand hat! Vertrauen, dass mein Leben durch den Sohn getragen wird: behutsam, vorsichtig, liebevoll – mitten im Leben und darüber hinaus.

[Der Sohn reinigt und vergibt]

Und wenn ich scheitere? Der Sohn rettet aus der Gottesferne: er reinigt von Sünden, heißt es im Hebräerbrief weiter.

Dass ich durch meine Schwächen und Fehler von den Menschen, von mir selbst und von Gott getrennt bin, sieht jeder einigermaßen gegenüber sich selbst ehrlicher Mensch ein. Mit dieser Einsicht wird man aber nicht abgewiesen, sondern vom Sohn willkommen geheißen. „Du hast einen Fehler gemacht, hau ab!" – Das ist das Gegenteil des Evangeliums. „Du hast einen Fehler gemacht, komm her, herzlich willkommen!“ – So geht Christentum. Sünde wird vergeben und beseitigt. Was war, soll mich nicht weiter belasten. Was kommt, soll mich nicht schrecken.

„Ach, hätte ich doch mehr dem Wort des Sohnes vertraut: Dir sind deine Sünden vergeben, du bist frei!“

[Zu Gott erhöht]

Der Lobpreis des Hebräerbriefs kommt zu seinem Höhepunkt: Der Sohn ist zu Gott erhöht, thront zu seiner Rechten. Er überragt alle Engel durch seinen ererbten Namen. Dieser Name ist wiederum: der Sohn.

„Der Sohn zu Gott erhöht“ – das ist in weniger geläufigen Worten das Osterbekenntnis. Der Sohn am Kreuz ist von Gott auferweckt worden. Am Ende behält nicht der Tod das letzte Wort. Gottes Ziel heißt Leben, auch durch den Tod hindurch. „Ach, hätte ich doch mehr dem Wort des Sohnes vertraut: ‚Lass dich nicht ängstigen durch den Tod und die Todesmächte mitten im Leben. Ich lebe, und ihr sollt auch leben‘ (Joh 14,19). ‚Ich bin die Auferstehung und das Leben. Wer an mich glaubt, der wird leben, auch wenn er stirbt; und wer da lebt und glaubt an mich, der wird nimmermehr sterben‘ (Joh 11,25f)!“

[Der offene Himmel mit unserem Vater und unserem Bruder]

Der Himmel geht auf, und wir können hinaufschauen, einen Blick in den geöffneten Himmel werfen. Der Himmel öffnet sich, und Gott zeigt uns sein Geheimnis: Der Sohn ist stets bei Gott, der Getötete ist lebendig, er hält und trägt die Schöpfung.

Warum ist dies so entscheidend? Weil der Sohn ganz Mensch ist und das Menschsein bei und in Gott verkörpert! Deshalb müssen wir nicht göttlich werden. Es reicht, wenn wir menschlich werden. Mach's wie Gott, werde Mensch! Christus, der Erbe, ist gegen den ersten Augenschein auch kein Alleinerbe; sein Erbe wird geteilt, und zwar mit uns. Als Gottes Kinder, schreibt Paulus, „sind wir auch Erben, nämlich Gottes Erben und Miterben Christi“ (Röm 8,17). Wir sind als Gottes Kinder, als seine Töchter und Söhne, Miterben – am Ende der Zeit und wenn wir ihm vertrauen, schon jetzt.

Im geöffneten Himmel zeigt sich Gott und der Sohn. Und wir erkennen nichts anderes als: unseren Vater und unseren Bruder.

Und der Friede Gottes, des Vaters, der höher ist als alle Vernunft, bewahre eure Herzen und Sinne in Christus Jesus, Gottes Sohn, unserem Bruder. Amen.

Vorschläge für das Predigtlied

EG 56	Weil Gott in tiefster Nacht erschienen
EG 27	Lobt Gott ihr Christen

Fürbittengebet

[Liturg(in):] Gott, unser Vater,
wir danken dir für den offenen Himmel. Du kommst zu uns Menschen und du zeigst uns dein Geheimnis. Im Vertrauen auf dich beten wir für die Menschen und die Welt:
Für die Menschen in den Kriegs- und Krisengebieten. Wie bringen dir die Konfliktherde dieser Welt, die Orte die scheinbar vergeblich auf Frieden hoffen: Nigeria, Libyen, den Nahen Osten, den Iran, den Irak. Der Winter bricht herein und weltweit sind Menschen auf der Flucht. Es fehlt ihnen am nötigsten.
Wir bitten für die Generationen von Kindern und jungen Menschen, denen dadurch der Zugang zu Bildung verwehrt wird. Eröffne Zukunft, wo die Gegenwart zum Gefängnis wird. Gott des Lebens, brich Bahn der Hoffnung und Veränderung. Wir rufen gemeinsam:
[Liturg(in) und Gemeinde:] Herr, erbarme dich.

[Liturg(in):] Wir bitten für die Menschen, die an Körper oder Seele krank sind, deren Alltag vom Leiden bestimmt wird, die keinen Ausweg für sich sehen. Wir bitten um Genesung und um Linderung von Schmerz und Leid. Sei bei den Schwerkranken und Sterbenden, lass sie deine tröstende Nähe spüren.
Wir bitten auch für Ärztinnen und Ärzte, die Pflegenden, für Psychologen und Seelsorger, für Angehörige und ehrenamtliche Helfer, gib ihnen Kraft, damit sie anderen eine Stütze sein können. Wir rufen gemeinsam:
[Liturg(in) und Gemeinde:] Herr, erbarme dich.

[Liturg(in):] Wir bitten dich für die weltweite Kirche und die Gemeinden unserer Stadt.
Für die Ökumene: dass sie gute Früchte trage und das Verständnis untereinander fördere.

Für die Diakonie: dass sie in deinem Geist Gutes tue und dich mit der Tat bezeuge.
Für die kirchlichen Mitarbeiterinnen und Mitarbeiter: dass sie sich von dir leiten lassen.
Für unser Auftreten außerhalb der eigenen Mauern: dass es friedenstiftend sei.
Für unseren Stillstand: dass Du uns den Geist der Erneuerung schenkst.
Wir rufen gemeinsam:
[Liturg(in) und Gemeinde:] Herr, erbarme dich.

[Liturg(in):] Du bist, der da ist, der da war, der da kommt. Komm zu uns und erfülle uns mit deinem Frieden. Das bitten wir durch Christus, deinen Sohn, unseren Bruder.
Amen.

Helmut Schwier

1. Sonntag nach dem Christfest

Hiob 42,1–6

Der Predigttext wird erst im Verlauf der Predigt in der hier angegebenen Übersetzung verlesen.

I

Liebe Gemeinde!
Wenn heute das Telefon klingelt, muss ich es sicher noch einmal sagen: *Wie es an Weihnachten denn war,* wie gefeiert wurde, wer bei wem zu Besuch war, worüber sich die Kinder am meisten gefreut haben und so weiter. Und ich werde erzählen, wie es in diesem Jahr genauso war wie alle Jahre wieder: Wir hatten wieder zu wenig Zeit vor dem Fest; ich habe wieder den Christbaum zu spät gekauft, im Gottesdienst erneut ein Krippenspiel gesehen und wie jedes Jahr „O du fröhliche" gesungen; wieder Geschenke verschenkt und bekommen, wieder mich über das eine gefreut und beim anderen ein fröhliches Gesicht gemacht; wir haben später am Abend wie üblich die Eltern angerufen. Dasselbe Ritual am Heiligabend, das gleiche Essen, eine ähnliche mehr oder weniger harmonische Stimmung, jeder bekommt, was er sich gewünscht hat.

Machen wir uns nichts vor: Weihnachten soll *für Kinder* ein Fest der Überraschungen sein, und dafür treiben wir viel Aufwand mit Adventskalender und klammheimlichen Einkäufen, die versteckt und später mit Papier verhüllt werden. Weihnachten soll aber *für uns Erwachsene* nach Plan verlaufen, möglichst ohne Pannen und böse Überraschungen; Weihnachten, in Routinen und Traditionen eingewickelt wie ein Rollbraten, hat es ziemlich schwer, uns zu überraschen. „Weihnachten", werde ich am Telefon sagen, „Weihnachten war wie alle Jahre wieder."

Oder *erzählen* wir von Christfest nur deshalb so brav und traditionell und ein wenig langweilig, weil wir eben diese Geschichte beherrschen und auf Knopfdruck wie ein Anrufbeantworter abspulen können? Vielleicht ist ja noch mehr passiert, als ich am Telefon berichte. Vielleicht war Weihnachten doch aufregender, als es meine gezähmte Erinnerung zulässt. Vielleicht gibt es Grund, die eine oder andere Geschichte seit der vergangenen Woche anders zu erzählen.

II

Im heutigen Predigttext begegnet uns ein ausgesprochen routinierter Erzähler, einer, der sich längst seinen Reim auf sein Schicksal und seinen Gott gemacht hat und der – so stelle ich ihn mir vor – nur ein Stichwort braucht, um seine Geschichte noch ein weiteres Mal zu erzählen. Jetzt aber scheint diesem Erzähler, Hiob mit Namen, etwas begegnet zu sein, was ihn stottern lässt, etwas, was in dem Repertoire aller seiner Geschichten und Deutungen nicht vorgesehen war. Ich lese aus Hiob 42:

> Und Hiob antwortete dem Herrn und sprach: Ich erkenne, dass du alles vermagst, und nichts, das du dir vorgenommen hast, ist dir zu schwer. „Wer ist der, der den Ratschluss verhüllt mit Worten ohne Verstand?" Darum habe ich unweise geredet, was mir zu hoch ist und ich nicht verstehe. „So höre nun, lass mich reden; ich will dich fragen, lehre mich!" Ich hatte von dir nur vom Hörensagen vernommen; aber nun hat mein Auge dich gesehen. Darum spreche ich mich schuldig und tue Buße in Staub und Asche.

Sie werden Hiobs Geschichte kennen: Einer, der einst sehr vermögend war und wie aus heiterem Himmel in einem jähen Absturz alles verloren hat: seinen Besitz, seine Kinder, seine Gesundheit. Einer, dem schließlich nichts geblieben ist außer seinem Verstand und seinem Gott, mit dem er streiten kann. Und daran, an seinem Glauben und an seinen Vorstellungen von Gott, klammert er sich fortan eisern fest, davon bringen ihn die Freunde so wenig ab wie seine eigene Frau. Wenn er auch nicht weiß, wovon er am nächsten Tag leben soll, das jedenfalls weiß er genau, wie es um Gott steht und was von ihm zu erwarten ist.

Oder besser: Das *wusste* er genau. Denn seit ihm Gott begegnet ist, passen die alten Erzählungen nicht mehr; seit er, wie er sagt, Gott geschaut hat, gerät er mit seinen alten Geschichten ins Stottern: *Ach, ich habe unweise geredet, was mir zu hoch ist und ich nicht verstehe.* Hiob, dem schon fast alles genommen war: Am

Ende hat er selbst sein Gotteswissen verloren. Aber das ist nun der erste glückliche Verlust der Geschichte: Denn Hiob weiß weniger – aber er versteht mehr. Im Abschied von altvertrauten Gottesdeutungen, im Verzicht auf das Klischee gewinnt Hiob einen neuen Reichtum. *Ich hatte von dir nur vom Hörensagen vernommen; aber nun hat mein Auge dich gesehen.*

III

„Weihnachten war eigentlich wie immer“: Was unterbricht *unsere* Erzählroutinen? *Nun hat mein Auge dich gesehen,* sagt Hiob. Was immer er gesehen hat: Das klingt mehr nach Ausnahmeereignis als nach durchschnittlichem Christfest; das wäre für ein normales Weihnachten wohl ein bisschen viel des Guten. *Meine Augen haben deinen Heiland gesehen,* sagt Simeon, als er das Christkind auf dem Arm hat. Was er sieht, wissen wir: Ein ungefähr sechs Wochen altes Menschenkind. Hier, in einem kleinen Bündel Mensch auf seinem Arm, entdeckt er Gottes Herrlichkeit. Hier, im Gesicht eines schlichten Menschenkindes, schaut er Gottes wahres Gesicht. Hier, am Kleinkind aus Bethlehem, lernt er, der Alte, mit neuen Augen zu sehen. Und hier, am Gotteskind, zerbricht jedes Klischee von göttlicher Pracht.

„Weihnachten war eigentlich wie immer“: Routiniert wie ein Anrufbeantworter erzähle ich die Festgeschichten, weil die großen Überraschungen mal wieder ausgeblieben sind. „Weihnachten war wie immer“: Routiniert breitet sich die übliche Erzählung wie eine bleierne Decke über alles, was meine Augen eben doch gesehen haben in den letzten Tagen: Eine Geste vielleicht, die mich überrascht hat. Ein Gruß, der nicht zu erwarten war. Ein fröhliches Menschenkindergesicht, wie ich es lange nicht gesehen habe. Oder ein Lied, das mit einem Mal beim Singen klingt wie für mich geschrieben. Gründe genug, den einen oder anderen Menschen neu wahrzunehmen; Gründe, das eine Klischee zu verabschieden und die andere Geschichte neu zu erzählen. Vielleicht sogar Gründe, künftig von Gott oder von anderen Menschen ein wenig weniger zu wissen und ein wenig mehr zu verstehen.

Nein, ganz so wie immer war Weihnachten sicher nicht. Lasst uns nichts davon vergessen, was unsere Augen gesehen haben neben und trotz aller Festtagsroutine. Und dann lasst uns, ob anderen Menschen oder Gott gegenüber, fröhlich aufräumen mit den alten Klischees: *Ich hatte von dir nur vom Hörensagen vernommen;*

aber nun hat mein Auge dich gesehen. Darum spreche ich mich schuldig und tue Buße in Staub und Asche – ach, vielleicht wäre eine andere Buße produktiver: „tue Buße, indem ich von neuem gespannt bin auf dich." Amen.

Vorschläge für das Predigtlied

EG 70,1.4	Wie schön leuchtet der Morgenstern
EG 16,4.5	Noch manche Nacht wird fallen

Fürbittengebet

Gott, himmlischer Vater,
noch steht der Baum in unserer Kirche, noch sind die Lieder nicht zu Ende gesungen, noch haben wir das Fest im Herzen. Wir bringen dir unseren Dank für alles, was unser Leben in dieser Woche reicher gemacht hat, für jeden Gruß, für jede Begegnung, für jedes Geschenk. Wir bringen dir unseren Dank für alles, was wir anderen geben konnten in den vergangenen Tagen. Wir kommen zu dir mit unserer Freude, dass du dich nicht fern von uns hältst, sondern Mensch unter uns Menschen geworden bist.
Wir bitten dich: Erhalte den Glanz dieser Tage in uns, dass wir nicht vergessen, was unsere Augen gesehen haben, und fröhlich die erfahrene Güte weitergeben. Dir, dem ewig reichen Gott, sei Ehre in Ewigkeit.
Amen.

Frank M. Lütze

Altjahresabend

Römer 8,31b–39

Der Predigttext wird erst im Verlauf der Predigt verlesen.
Die Zwischenüberschriften gliedern den Text, werden aber nicht vorgelesen.

[1. „Same procedure as every year"]
Liebe Gemeinde!
Es ist Silvester. Der letzte Tag des Jahres. Schon wieder ist ein Jahr vergangen. Es ging schnell vorbei, so im Rückblick.

„Same procedure as last year?" (zu Deutsch: „Wieder so wie letztes Jahr?") fragt der Butler James seine Miss Sophie bei dem Silvester-Klassiker „Dinner for One". Und sie erinnert ihn mit leicht mahnender Stimme: „Same procedure as *every* year, James" (also zu Deutsch: „So wie jedes Jahr, James").

Die liebevolle Inszenierung eines Rituals, eine Illusion. Wer die Sendung kennt, weiß: Die Freunde, mit denen Miss Sophie diesen Abend feiern will, sind längst tot. Die gemeinsame Runde beruht auf der Schauspielerei des treuen Dieners, der so tut, als wären alle noch beisammen, und sorgsam ihre Rollen ausfüllt. Sie ist schreiend komisch, diese Illusion. Sie ist zutiefst berührend. Und tief drin ist sie von einer leisen Trauer erfüllt.

Die Zeit verrinnt, unaufhaltsam, Verluste sind unvermeidbar. Und doch, so das unausgesprochene Gesetz, tun wir so, als wäre nichts geschehen, als wären wir noch die Alten, ungetrübt, unverletzt, ungealtert. Die Frage wiederholt sich bald, immer schneller: „Same procedure as last year?" Wie viele solcher Jahre habe ich schon erlebt? Wie viele solcher Jahre habe ich noch?

[2. Zeit der guten Vorsätze]
Es ist Silvester. Draußen werden Raketen gezündet. Zu Hause wartet bei vielen ein Fondue oder Raclette. Viele bleiben lange wach, um das neue Jahr zu begrüßen.

Viele fassen „gute Vorsätze“ für das neue Jahr. Sie nutzen den Jahreswechsel, um zu fragen: Was soll anders werden? Was will ich in meinem Leben ändern? Tun Sie das auch?

Die Struktur „ein neues Jahr“ gibt Kraft und Schwung, im Lauf der Tage und Gewohnheiten einen Neuanfang zu setzen. Wir sehnen uns nach Veränderungen, aber es ist schwer, sie herbeizuführen. Das neue Jahr ist ein Anhaltspunkt, um neu anzufangen.

Viele Vorsätze drehen sich darum, sich selbst zu verbessern. Oft denken wir da vor allem an Aussehen und Gesundheit: „Ich fange mit einem Fitnessprogramm an“ oder „keine Schokolade mehr, außer sonntags“ oder „früher ins Bett gehen“. Oder wir denken an unsere Beziehungen: „Mehr Zeit für meinen Partner“ oder „jede Woche mit Oma telefonieren“, oder: „gelassener mit meinem Sohn umgehen“ sind solche Vorsätze.

Können Sie sich noch erinnern, was Sie sich zu Beginn dieses Jahres vorgenommen haben? Wie lange halten Sie Ihre guten Vorsätze durch? Sind es jedes Jahr wieder die gleichen?

[3. Zeit des Rückblicks]

Es ist Silvester. Kassenschluss. Der letzte Tag des Jahres lädt dazu ein, Rückschau zu halten. War es ein gutes Jahr, dieses vergangene Jahr? Woran würde ich das festmachen? Überwiegt im Rückblick Freude, Ärger oder Resignation? Gab es persönliche Erfolge oder Misserfolge, die besonders hervorstehen? Intensive Zeiten mit Freunden und Familie? Habe ich Gottes Nähe gespürt in diesem Jahr? Gab es etwas, was mir in diesem Jahr besonders wertvoll geworden ist?

Habe ich liebe Menschen verloren in diesem Jahr? Worüber habe ich mir in diesem Jahr am meisten Sorgen gemacht? Worüber habe ich mich am meisten gefreut? Habe ich das Gefühl, dass ich dieses Jahr ganz erlebt habe – oder ist es einfach so an mir vorbeigehuscht? Würde ich meine Entscheidungen in diesem Jahr wieder so treffen? Ein Jahr ist eine lange Zeit. Ein Jahr geht schnell vorbei. Alles, was uns darin bewegt und beschäftigt, mit Stolz und Freude erfüllt oder schmerzt und traurig macht: Bei Gott ist es gut aufgehoben. Wir können es abgeben.

[4. Zwischen den Zeiten]

Es ist Silvester, eine Zeit des Rückblicks und der Vorahnung. Diese Tage zwischen Weihnachten und Neujahr, im Volksmund heißen sie „die Tage zwischen den Jahren". Gefühlt ist das alte Jahr mit dem Trubel der Weihnachtstage zu Ende gegangen. Wir haben von ihm Abschied genommen. Das neue Jahr hat noch nicht angefangen. Diese „Tage zwischen den Jahren" sind ein bisschen wie der Moment zwischen Ausatmen und Einatmen. Einen Augenblick lang passiert einfach gar nichts. Ausatmen – Warten – Einatmen. Der neue Atem kommt von ganz allein, aber er lässt sich einen Moment Zeit, einen Moment, dem wir zuhören können. Wir müssen nichts tun, wir können einfach ruhig werden und warten, bis – von ganz allein – der neue Atem einströmt. Ausatmen – Warten – Einatmen.

Zwischen Weihnachten und Neujahr, wenn die Welt ausgeatmet hat und noch nicht wieder einatmet, liegen ein paar versteckte Tage, stille Tage, Tage, die nicht mitgezählt werden. Für manche sind das geschenkte Tage voller Familienglück. Für manche sind sie mit leiser Trauer begleitet. Manche fühlen sich in diesen Tagen besonders einsam.

Ganz verlassen sind sie aber nicht, diese Tage. Etwas Neues hat schon angefangen, mitten im Alten, und wartet darauf, zu uns zu kommen. Das Kirchenjahr beginnt nicht an Neujahr, sondern am Ersten Advent. Diesen großen Neuanfang haben wir ganz unbemerkt schon hinter uns: Gott wird unter den Menschen Mensch. Gott kommt mitten hinein in den Trubel und den Stress des Alten, in die Verwirrungen und Verstrickungen des Alten, in die Sorgen und Frustrationen des Alten, in die Resignation und Trauer des Alten. Er geht ein in unser Altes, um uns von dort in etwas Neues zu führen. Er geht mit uns in diese offene Zukunft. Seine Zusage begleitet uns bei diesem Übergang.

[5. Die große Zusage]

So schreibt der Apostel Paulus an die Gemeinde in Rom:

[Lesung des Predigttextes]

Was auch immer das alte Jahr aufgehäuft hat, an Entwicklungen und Erfolgen, an Enttäuschungen und Verletzungen, an Gewohnheit und Müdigkeit, Gott hält es in seiner liebenden Hand. Was auch immer das neue Jahr bringt, an Veränderungen und Gleichbleibendem, an Befürchtetem, Erhofftem und Unerwartetem, all dies hat seinen Platz bei Gott. In Jesus Christus ist seine feste Zusage an uns: all dieses gelebte Leben, wie großartig oder fürchterlich, wie langweilig und anstrengend, wie wunderbar oder schrecklich es auch sein mag, ist Teil der von ihm geschaffenen Welt. Nichts darin geht verloren. Nichts darin kann uns von seiner Liebe trennen.

Wenn wir mit unseren Sorgen oder unserem Erfolg, mit unseren Mitmenschen oder uns selbst beschäftigt sind: Er lässt uns nicht los.

Wenn wir ihn vergessen: Er geht dem Verlorenen hinterher.
Wenn wir uns angefeindet fühlen: Er steht uns bei.
Wenn wir müde und kraftlos sind: Er schenkt uns neuen Lebensatem.
Wenn wir einsam sind: Er bleibt bei uns.
Wenn wir schwere Schicksalsschläge erleiden müssen: Er trägt sie mit uns.
Wenn wir uns freuen: Er gibt ein Lied in unsere Herzen.

Gottes bedingungslose Zusage ist ein großer Trost. Sie heißt zwar nicht, dass Gott uns das Leben leicht macht. „Der auch seinen eigenen Sohn nicht verschont hat" – das Leben in der Gotteskindschaft, das von Gott geschenkte Leben geht durch Höhen und Tiefen. Auch Gewalt, Leid und Tod sind ihm nicht fern.

Aber, das ist die Zusage, auch Gewalt, Leid und Tod können uns nicht von ihm trennen. Seine Zusage gilt über alles hinaus, was uns passieren kann. Paulus saß für das Vertrauen auf Gottes Zusage im Gefängnis, hat Verfolgungen und Demütigungen erlebt. Dietrich Bonhoeffer hat diese Gewissheit einmal so formuliert:

„Ich glaube, dass Gott aus allem, auch aus dem Bösesten, Gutes entstehen lassen kann und will. Dafür braucht er Menschen, die sich alle Dinge zum Besten dienen lassen. Ich glaube, dass Gott uns in jeder Notlage so viel Widerstandskraft geben will, wie wir brauchen. Aber er gibt sie nicht im Voraus, damit wir uns nicht auf uns selbst, sondern allein auf ihn verlassen. In solchem Glauben müsste alle Angst vor der Zukunft überwunden sein."

Mutig und getrost können wir also das alte Jahr abschließen und zurücklassen; mutig und getrost können wir dem neuen Jahr entgegengehen. Schon scheint über diesem Jahr auch die neue Jahreslosung auf: „Gott spricht: Ich will euch trösten, wie einen seine Mutter tröstet.“ (Jes 66,13) Wohin auch immer wir gehen, was auch immer auf uns zukommt, wir sind auf dem Heimweg zu Gott.

[6. Ein guter Vor-Satz]

Es ist Silvester. Schon wieder ist ein Jahr vergangen. Wie viele solcher Jahre habe ich schon erlebt? Wie viele solcher Jahre bleiben mir noch? Was wünsche ich mir für das neue Jahr?

Ich wünsche Ihnen heute, dass Sie sich aus der Gewissheit von Paulus und von Dietrich Bonhoeffer einen Satz für das neue Jahr mitnehmen können. Vorsätze müssen ja nicht nur Dinge sein, die wir meinen, selbst tun zu müssen – und sie dann oft genug doch nicht erfüllen. Dieser Satz ist ein wirklicher guter Vor-Satz, ein Satz vor das neue Jahr. Es ist Gottes Zusage, die unabhängig von allem gilt, was wir tun oder nicht tun, was wir erreichen und woran wir scheitern. Dieser Vorsatz lautet: „Nichts kann uns von der Liebe Christi trennen. Ich bin gewiss, dass weder Tod noch Leben, weder Engel noch Mächte noch Gewalten, weder Gegenwärtiges noch Zukünftiges, weder Hohes noch Tiefes noch eine andere Kreatur uns scheiden kann von der Liebe Gottes, die in Christus Jesus ist, unserm Herrn.“ Amen.

Vorschläge für das Predigtlied

EG 65,1–7 Von guten Mächten treu und still umgeben

EG 58,1–5.7 Nun lasst uns gehn und treten

Fürbittengebet

[Liturg(in):] Gott, guter Vater,

aus deinen Händen haben wir dieses Jahr empfangen, in deine Hände legen wir dieses Jahr zurück. Bewahre du in deiner Erinnerung: die guten und die schweren Tage, die Freuden und Enttäuschungen, Momente der Liebe und des Streites. Bedenke besonders diejenigen, die Abschied nehmen mussten und geliebte Menschen verloren haben. Zu dir rufen wir:

[Liturg(in) und Gemeinde:] Herr, erhöre uns.

[Liturg(in):] Jesus Christus, der du gekreuzigt wurdest und auferstanden bist, in dir ist das Neue schon angebrochen, das uns verheißen ist. Begleite im neuen Jahr unsere Familie, unsere Freunde, unsere Nachbarn.
Geh mit allen, die uns nahe sind, in allem was kommt. Geh mit allen, die uns ferne sind, deren Schicksal dem unserem fremd scheint. Sei besonders bei allen, bei denen im neuen Jahr große Veränderungen anstehen, die sich vor dem neuen Jahr fürchten. Zu dir rufen wir:
[Liturg(in) und Gemeinde:] Herr, erhöre uns.

[Liturg(in):] Gott, Tröster, Heiliger Geist, immer wieder neu überwindest du den Tod und schenkst Kraft zum Leben. Erfülle die Welt mit deinem Brausen, brich Verhärtungen auf, überwinde Grenzen auf dem Boden, auf dem Papier und in den Köpfen, schenke Neuanfänge, wo wir sie brauchen. Schenke besonders denen Trost, die trauern und einsam sind, die sich von der Welt verlassen fühlen. Zu dir rufen wir:
[Liturg(in) und Gemeinde:] Herr, erhöre uns.

[Liturg(in):] Alles, was unser Herz noch bewegt, legen wir in das Gebet, das Jesus Christus uns selbst gelehrt hat:

Vater unser

Hanna Reichel

Neujahrstag (Jahreslosung)

Jesaja 66,13

Die Zwischenüberschriften gliedern den Text, werden aber nicht vorgelesen.

[Willkommen]
Liebe Gemeinde!
Willkommen im neuen Jahr! Und das beginnt bei uns gleich mit einem Trost. Ein warmer tröstlicher Vers aus dem Alten Testament wird uns begleiten. „Ich will euch trösten." sagt Gott. Wunderbar, trösten will mich Gott. Dann wird ja alles gut. Allerdings – eigentlich will ich heute gar nicht getröstet werden, denn trösten setzt ja voraus, dass ich weine. Dass es mir nicht gut geht, ich krank bin, oder mir etwas widerfährt. Oder meinen Lieben etwas geschieht. Da werden wir doch alle fast abergläubisch, lieber nicht nachdenken heute, dass etwas kommt im begonnenen Jahr, wo Gott uns trösten müsste. Alles wird gut.

Und wenn nicht? Dann ist so ein „Trostversprechen" vielleicht doch nicht so schlecht. So wie ein Kind hoffentlich weiß, wenn ich weine, ist jemand da, der oder die mich tröstet.

[Zuständig für das Trösten]
Wer ist bei Ihnen zu Hause für das Trösten zuständig gewesen? Gab es überhaupt jemanden? Hat Sie jemand in den Arm genommen, über das aufgeschlagene Knie gepustet und „Heile, heile Segen" gesungen? In wessen Armen wurde alles wieder gut? War es die Mutter? Oder der Vater? Oder die Oma oder der große Bruder?

Und: gibt es heute jemanden, zu dem Sie gehen, wenn Sie Trost brauchen? Die Sie anrufen können oder bei dem Sie klingeln? Jemanden, von dem oder von der Sie sich in die Arme nehmen lassen? Ja, darf jemand Ihre Tränen sehen? Solche Gedanken gehen uns ganz schön nahe. Sie gehen an die Substanz. Es ist gar nicht einfach, sich trösten zu lassen! Weil wir eigentlich lieber stark sind und nicht schwach. Und weil es gar nicht so selbstverständlich ist, dass jede und jeder von uns jemanden hat, der oder die tröstet. Zum Trösten braucht es das Gegenüber. Und wir schaffen doch lieber alles allein. Oder? So viel Nähe gleich zu Beginn des neuen Jahres!

[Gott tröstet]

Ja, soviel Nähe für ein ganzes neues Jahr kommt uns da von Gott entgegen. Getrost sollen wir die ersten Schritte hinein gehen. Sorget nicht. Wachet nicht. Gott weiß, was ihr braucht.

Und wir wissen es auch. Tief in uns drinnen sehnt es sich, manchmal oder oft, es sehnt sich da etwas. In die Arme genommen werden, sich auf einen Schoß kuscheln. Einschlafen können in einer großen warmen Geborgenheit. Tränen abgewischt bekommen. Gehoben und getragen werden, über den Kopf gestreichelt und gut zugeredet bekommen – das alles können wir uns nicht selbst tun. Hier angekommen brauchen wir das Gegenüber, den anderen, die andere. Und nun hören wir zugesprochen: Das alles tut Gott. Gott tröstet. „Ich will euch trösten, wie einen seine Mutter tröstet." So heißt unsere Jahreslosung.

[Wie eine Mutter]

Natürlich, für das Trösten sind die Frauen zuständig. Ganz natürlich. Und war es nicht eher die Mutter, die tröstete früher? So sind unsere Bilder. Obwohl ja gar nicht jede Mutter eine gute Trösterin war. Aber doch sind sie in unserem Kopf, die Bilder. Weil das Trösten etwas mit Berühren, mit Wärme, mit weicher Haut, mit einer leisen Stimme zu tun hat. Weibliche Attribute sind das in unserer Tradition. Niemand denkt darüber nach.

Auf den Mutterschoß genommen zu werden, aus dem wir alle mal gekommen sind. Etwas Großes, Breites, Warmes, Weiches stellen wir uns vor, oder? Auch wenn das so gar nicht dem Schönheitsideal von Frauen und für Frauen entspricht heutzutage. Aber Bilder sind hartnäckig.

Kann nicht auch ein Vater trösten? Kann er. Kann er lernen! Kann dazu stehen. Schließlich fahren immer mehr Väter stolz die Kinderwagen und lernen junge Männer Kindergärtner. Wie gut, dass sich etwas verändert in unseren Bildern.

Auch Patentanten, Nachbarinnen können trösten. Kinder umarmen einander. Männer tun sich noch schwer, sie boxen sich mal freundschaftlich. Aber vielleicht könnte es auch irgendwann gehen, dass einer den anderen ganz fest in den Arm nimmt.

Die Jahreslosung hat es in sich. Sie lässt uns Grenzen überschreiten. Männer, die sich in die Arme nehmen oder starke, die sich trösten lassen. Unsere Bilder voneinander und von uns selbst werden ganz schön durcheinander geworfen.

[Gott eine Frau?]

Und nun heißt es in unserer Jahreslosung, in einem Vers, den wir am Ende des Buches Jesaja im Alten Testament finden, Gott tröstet wie eine Mutter. „Wie eine Mutter tröstet, will ich euch trösten." Wie eine Mutter. Ist Gott eine Frau? Natürlich nicht. Gott ist ja auch kein Mann. Aber „wie ein Vater sich über Kinder erbarmt, so erbarmt sich Gott über die, die ihn fürchten" (Ps 103,13). Ebenso nun wie eine Mutter. Wie eine Mutter tröstet, so tröstet Gott die, die sich von ihr trösten lassen.

Mit warmen wunderbaren Tönen komponierte Johannes Brahms in den Tagen, als er den Tod seiner eigenen Mutter betrauerte, diesen Satz in seinem Requiem. „Ich will euch trösten, wie einen seine Mutter tröstet."

[Viele Bilder für Erfahrungen mit Gott]

Wie eine Mutter tröstet, so tröstet Gott. Weibliche Bilder für Gott kommen gar nicht selten in der Bibel vor. Das große Buch Jesaja mit seinen 66 Kapiteln ist voller weiblicher Bilder. Da wird von Jerusalem und anderen Städten erzählt wie von Ehefrauen Jahwes, der Gottheit Israels. Mal wird Schlechtes über sie geredet, dann heißen sie „Dirne", mal Gutes, dann heißen sie „Braut". Oft ist der männliche Blick eines Zuschauers zu erkennen. Da schauen Männer auf die Anstrengung der Frauen in Wehen, hören ihr Schreie, sind erschrocken und erzählen in diesen Bildern von dem, was das Volk Israel vor sich hat, wenn Neues sich ankündigt.

Und auffallend häufig – wenn Gott selbst zu sprechen beginnt – tauchen im Jesajabuch weibliche Bilder auf. Wenige Verse vor unserer Jahreslosung redet Gott als Hebamme, die Kindern ins Leben hilft.

Nicht jeder Mann muss Kinder zeugen und nicht jede Frau Mutter werden! Aber alle haben wir den Anfang unseres Lebens in einer Frau verbracht und wurden von ihr in die Welt geboren. Da ist es doch das Natürlichste dieser Welt, von Gott zu reden, als die, die uns immer neu ins Leben bringt, die uns tröstet, sich unserer erbarmt. Das Wort Erbarmen heißt sogar zugleich „Mutterschoß". Was ist dann schon dabei, froh und getrost zu sagen: „Ja, Gott, sie tröstet, wie eine Mutter tröstet."? Und dann natürlich auch: Sie erzieht uns. Sie ist zornig. Sie scheint nicht da zu sein, wenn wir sie brauchen. All das, was das Leben eben ausmacht. Denn das, was das Leben und unsere Beziehungen zu anderen ausmacht, wird zu Bildern, die wir brauchen, um von Gott zu reden. Wie auch sonst, als in Bildern. Nicht in einem einzigen Bild, dafür steht am Anfang: „Du sollst dir kein Bildnis machen." Aber Bilder brauchen wir schon, um zu beschreiben, wie Gott für uns ist. Gott ist wie ein Fels, auf dem ich stehen kann, wie eine Bärenmutter, die für ihre Jungen kämpft, wie eine Glucke, die ihre Küken um sich sammelt. Wie das Licht, das den Weg zeigt, die Kraft, die herausholt. All diese biblischen Bilder beschreiben die Vielfalt der Erfahrungen mit Gott. Und damit zugleich die unendliche Fülle Gottes. Wie erstaunlich! Wie schön! Und wie tröstlich!

[Sich von IHR trösten lassen und selber trösten]

Lassen wir uns also von IHR trösten, wenn etwas auf uns zukommt, wo wir IHREN Trost brauchen. Nehmen wir IHR Erbarmen an. Auch wenn danach nicht alles wieder gut ist. Manchmal ist gar nichts wieder gut im Leben. Dann kann es nur anders werden. Immerhin. Aber – wie eine Mutter –, SIE bleibt an unserer Seite in guten und in schweren Zeiten.

Wie eine Mutter. Mit der Jahreslosung bekommen wir Gelegenheit, den mütterlichen Zügen Gottes auf die Spur zu kommen, und mit ihnen unserer Sehnsucht von Kindesbeinen an, seit wir vom Schoß unserer Mütter gekrabbelt sind. „Ich will euch trösten, wie eine Mutter tröstet."

Vielleicht auch sollten wir es mit dem angebotenen Trost versuchen, wenn uns die Welt mit ihrem Irrsinn verzweifeln lässt. Wenn uns das Leid der Welt auf den Leib rückt, unser Land sich verändert und viel ängstliches Reden zu hören ist. Dann sich an IHREN Trost erinnern übers Jahr, das wird uns ruhiger machen. Nicht wahr? Vielleicht sogar macht uns IHRE Kraft stark und wir werden selber zu Tröstenden, väterlich und mütterlich, geschwisterlich, freundschaftlich und nachbarschaftlich? Das wird eine große Hoffnung, eine Vision für unser neues Jahr.

Getrost können wir uns beim Hinausgehen noch einmal die Hände schütteln und wünschen: „happy new year", „rosch haschanah tov"[1], „ein gutes getrostes Jahr mit Gott". Amen.

Vorschläge für das Predigtlied[2]

EG 165	Gott ist gegenwärtig
EG 408	Meinem Gott gehört die Welt

Fürbittengebet

Gott, wie eine Mutter hast du uns ins Leben gesetzt. Du erhältst und trägst uns. Hab Dank für alles, was uns zum Leben geschenkt ist.
Wir denken an unsere Lieben. Wir denken an das, was uns Sorgen bereitet, an Krankheit und Streit unter ihnen. Dir legen wir alles in deinen Schoß. Auch die Ängste um uns selbst.
Wir denken an die Nöte dieser Welt. Wir denken an unser Land. An unseren Ort. Wir wollen nicht müde werden, dich immer neu um Frieden zu bitten.
Mit deiner Kraft gehen wir getrost die ersten Schritte ins neue Jahr. Dein Segen begleitet uns.
Danke Gott.
Amen.

Ruth-Elisabeth Schlemmer

1 Gruß zum jüdischen Neujahrsfest.
2 Aus dem Kindergesangbuch (11/2011 Claudius Verlag): 155 Sanfter Gott, wir loben dich; 157 Nun danket alle Gott.

2. Sonntag nach dem Christfest

1. Johannes 5,11–13

Der Predigttext wird erst im Verlauf der Predigt verlesen.

I

Liebe Gemeinde!
Es gibt Momente, in denen alle Ausflüchte peinlich werden. Es gibt Situationen, in denen es gilt, Farbe zu bekennen. Genau so war es jetzt: Muslime, Juden und Christen waren zusammengekommen zum Gespräch über den eigenen und den fremden Glauben, an einem Tisch. Dampfendes, würziges Essen, Tee in den kleinen Gläsern, es wurde gelacht. Und doch: Über der Szene lag eine kribbelige Spannung: Wie das zusammengehen würde, die Liebe zur eigenen Tradition und der Respekt für das Andere, das Fremde.

Da hat man vielleicht gemischte Gefühle: Einerseits neugierig, angetan von der warmherzigen Atmosphäre, dem guten Essen. Andererseits nervös: Wie den eigenen Glauben ausdrücken, ohne andere zu verletzen, auszuschließen? Schnell noch einmal den Teller gefüllt, neuer Tee ins Glas, Zeit gewinnen. Die Reflexe der Toleranz meldeten sich: Ja das typisch Christliche nicht zu hoch hängen. Ja niemanden ausgrenzen, verletzen. Erst einmal kleine Brötchen backen.

Da ergriffen nacheinander zwei andere das Wort: Von der Geschichte Gottes mit seinem auserwählten Volk erzählte stolz ein Jude; von Abraham, Isaak und Jakob und dem Gott der Väter; vom Sabbat und von der Freude an der Torah. Von Allah, dem Erbarmer, vom Islam als Religion des Friedens, von Ismael und Ibrahim und den fünf Säulen berichtete begeistert der Muslim. Und dann war der Christ dran. Was nun sagen? Und wie?

II

Andere Szenen, andere Menschen. Die gleiche Herausforderung: Ob das nicht alles überholt sei mit dem Glauben an Gott, mit dem Kind in der Krippe, dem Kreuz und der Auferstehung. Ob alle Religionen nicht immer nur für Unfrieden sorgen würden und das Christentum erst recht, man kenne das ja, Kreuzzüge, Hexenverbrennungen und überhaupt. Und ob der Glaube spätestens heute nicht etwas sei für Leute, die mit ihrem Leben nicht zurechtkommen, eine Krücke für Alte, ein Märchen für Kinder. Ob ich das nötig hätte, ich könne doch anderswo mehr Geld verdienen als bei der Kirche, und nur mit Nächstenliebe käme heute ohnehin niemand mehr weit.

Sie meinen es nicht einmal böse. Da wäre es leichter zu kontern. Sie verstehen es einfach nicht, wie ein aufgeklärter, halbwegs erfolgreicher Mensch sich mehr für die Bibel und diesen Jesus interessieren kann als für die Höhe des Monatsgehaltes und die gängigen Symbole des Erfolges. Sie wollen es manchmal wirklich wissen. Sie kennen kaum noch die Geschichten: Die Schöpfungsberichte scheinen ihnen durch Darwins Evolutionslehre widerlegt. Die Arche Noah ist eine hübsche, aber blasse Erinnerung an den Kindergarten. Die Psalmen? Ach ja, der Herr ist mein Hirte, und sonst? Eine Krippe haben sie noch zu Hause auf dem Fensterbrett, draußen hinterm Fenster sieht man einen Coca-Cola-farbenen Weihnachtsmann die Hausfassade erklimmen. Ist doch schön weihnachtlich, oder?

Sie spüren: Ich überzeichne die Dinge. Aber nur leicht. Da ist ein größer werdender Abstand zwischen Menschen wie Ihnen, die nach so vielen Advents- und Weihnachtsgottesdiensten auch heute zur Kirche gekommen sind, um die alten und neuen Lieder zu singen, die alten und doch immer wieder neuen Worte für das frische Jahr zu hören. Ein Abstand zu den vielen Menschen, die nur glauben mögen, was sie sehen oder zählen oder messen können – und die vom Reichtum des Glaubens, der Bibel, gar des Kirchenjahres kaum einen Schimmer haben. Da geht eine Schere immer weiter auf. Wie damit umgehen?

III

Resignation ist eine Möglichkeit. Aber keine gute und schon gar keine christliche. Es bleiben am Ende Glaube, Liebe, Hoffnung, hat Paulus gesagt. Nicht Trauer, Sprachlosigkeit und Selbstmitleid.

Die Wagenburg ist auch eine Möglichkeit. Die wenigen verbliebenen Frommen schließen sich eng zusammen, wärmen sich an ihrem Glauben – und gern auch am Gefühl der eigenen Überlegenheit. Wenn schon die Welt da draußen nicht sehen will, dass wir die Kinder Gottes sind, wenn sie uns belächeln – Gott weiß schon, auf wen er zählen kann. Auf uns, klar. Auf die da draußen nicht. Nach dem Tod werden sie es zu spüren bekommen, spätestens. Die Muslime sowieso. Bei den Juden halten wir uns besser zurück, Jesus war ja auch einer, aber irgendwie fehlt denen was, nicht wahr?

Aber waren wir nicht durch den Sohn Gottes, dessen Namen wir so gern im Mund führen, zur Nächsten- und Fernstenliebe gewiesen, zur Predigt auf den Dächern und zu den Enden der Welt?

Und sind wir nicht ein später Zweig am Ölbaum des Judentums? Und müssen wir nicht schon deswegen den Muslimen ihrerseits das Recht zugestehen, unseren Glauben in ihrer Sprache neu zu durchzubuchstabieren, auch wenn uns das oft reichlich fremd bleibt?

Oder der verzweifelte Versuch, den eigenen Glauben irgendwie passend zu machen mit dem Denken und Fühlen der modernen Menschen, wer immer die auch genau sein mögen. Weg mit dem ganzen Sündenkram, weg mit den alten Liedern und den sperrigen Geschichten, dem leeren Grab; ein bisschen Nächstenliebe, ein bisschen Frieden, ein bisschen Gerechtigkeit, ein bisschen Öko, alles ganz modern, bloß nicht anecken. Jesus war doch auch irgendwie sanft und ganz o.k., oder?

Solche Versuche enden meistens in Peinlichkeit. Kein Verkäufer würde seine Marke bis zur Unkenntlichkeit reduzieren – der Kunde soll doch gerade wissen, dass das, was er da kauft, einzigartig und ganz besonders ist. Die Medien lieben klare Worte und authentische Bekenntnisse, nicht Allerweltsgeschwafel. Und Juden wie Muslime wollen von uns wissen, wofür wir stehen, was unser Eigenes, Unverwechselbares ist – und nicht, warum es uns irgendwie peinlich ist, Christen zu sein. Denn das ist öde. Dafür braucht man kein Gespräch am Tisch und kein gutes Essen.

IV

Vor beinahe 2000 Jahren standen die ersten Christen vor ähnlichen Herausforderungen: Das spiegelt sich in unserem Predigttext aus dem 1. Johannesbrief: Auch hier sind die Christen herausgefordert, Farbe zu bekennen; das Zeugnis Gottes für seinen

Sohn muss zum eigenen Zeugnis in der Welt werden. Hier geht es nicht um das Gespräch mit dem Judentum und auch nicht zuerst um das Verhältnis zum jüdischen Glauben – der Religion, dem die Leser des Briefes direkt oder indirekt verwandt sind. Den Islam gab es noch nicht. Was es aber gab: Eine bunte Vielfalt auf dem Markt der Religionen, Kulte, Heilsversprechen – wie heute, nur anders. Und es gab massive Konflikte innerhalb der Gemeinde, an die sich der Brief richtet, zugespitzt in der Frage: Ist Jesus als Gottes Sohn ganz und gar in die Welt gekommen? Gekommen, um uns zu erlösen, den Himmel aufzuschließen, das ewige Leben zu schenken?

Der Schreiber des 1. Johannesbriefes will Klarheit für die Gemeinde stiften – die war damals wie heute ein knappes Gut. Er hat ein Zeugnis von Gott empfangen und gibt es weiter, auf seine Weise, in seiner Zeit und für seine Welt:

[Lesung des Predigttextes]

Starke Worte, klare Kante: Das ist das Zeugnis – und kein anderes. Gott hat uns das ewige Leben gegeben. In seinem Sohn. Wer ihn hat, hat das Leben. Wer ihn nicht hat, hat es nicht. Und wir sollen wissen: Wir haben es. Denn wir glauben. An den Namen des Sohnes.

Klarheit kann verstören. Gerade dann, wenn es eine fremde Klarheit aus anderer Zeit ist. Wie kann sie unser Leben, unseren Glauben erhellen?

Erst einmal: Gott ist hier am Werk. Nicht wir. Wir sind nur die Beschenkten. Davon lässt sich erzählen, das lässt sich feiern, loben, weitersagen. Für Triumphgeschrei aber ist kein Raum: Wir haben das ewige Leben empfangen. Nicht erarbeitet, verdient schon gar nicht. Danke, Gott. Wir vertrauen darauf, dass du es anderen anders gibst, sagst, schenkst, in ihrer Sprache, in ihrer Welt. Wir sind alle deine Geschöpfe. Wenn wir Beschenkte sind, dann darf man uns das auch ansehen, abspüren. Schon in diesem Leben.

Aber zieht unser Text hier nicht eine scharfe Grenze zwischen denen, die es haben, und denen, die es nicht haben? Mag sein. Fragt sich nur, wo diese Grenze verläuft. Und wer das festlegt. Wir jedenfalls nicht. Ich glaube: Die Grenze zwischen Habenden und Habenichtsen in Sachen Glauben und Leben verläuft nicht zwischen Menschen. Sie verläuft mitten durch uns hindurch. Gerechter und Sünder zugleich, das sind wir, so hat es uns Martin Luther ins Stammbuch geschrieben. Wir haben vielleicht das ewige Leben, aber gewiss nicht ein Vorrecht bei Gott. Und schon gar nicht die Weisheit des Glaubens mit Löffeln gefressen.

Wir wissen, spüren, ahnen: Wir sind beschenkt. Mehr nicht. Weniger auch nicht. Sein Sohn ist das Geschenk, in ihm ist das Leben. Wer ihn hat, der hat es gut.

Stimmt. Aber ist es nicht eher so, dass er uns hat. Bestrickt, betört, überzeugt, umarmt? Er war der Handelnde. Nicht wir. Haben heißt nicht besitzen. Den Sohn haben heißt mit ihm leben und für ihn. Das will immer neu gelernt sein. In der Liebe zum Nächsten gewinnt das Gestalt, wird es konkret. Der Dichter Novalis weiß davon, wenn er schreibt:

Wo ich ihn nur habe,
Ist mein Vaterland;
Und es fällt mir jede Gabe,
Wie ein Erbteil in die Hand:
Längst vermisste Brüder
Find ich nun in seinen Jüngern wieder.

Wir glauben. An ihn. Glauben heißt Vertrauen, heißt In-Beziehung-Sein mit diesem Jesus, dem Christus. Und es heißt Handeln. Ausreden gibt es nicht. Wir glauben an seinen Namen. An den Namen des Sohnes Gottes. Keine Glücksformel ist hier gemeint, kein Sesam-öffne-dich. Das Geheimnis bleibt, das „Ich bin, der ich bin." Geheimisse kann man anbeten. Und ihre Fülle bestaunen: Der Name ist der Mensch in Kurzform. Die Marke. Das Versprechen. Der Sohn Gottes. Gott ruft ihn bei seinem Namen. Er ruft uns bei unserem Namen, Wir sind sein. Verstrickt in seine Geschichte, in Brand gesetzt von der Flamme seiner Liebe. Ausreden gelten nicht, Bangemachen auch nicht. ER ist da. Er ruft uns beim Namen, wie er die ersten Jünger am See gerufen hat. Das muss genügen. Und es genügt.

V

Ich habe beide Situationen immer wieder erlebt: Die Fragen der Nachbarn, der Freunde, der Mannschaftskollegen, warum ich denn ein Christ sei. Und die Fragen der Muslime, der Juden: Warum wir Schweinefleisch essen. Warum wir am Karfreitag nicht Fußball spielen wollen. Und warum wir von diesem Jesus nicht lassen wollen, diesem Sohn Gottes. Von seinem Vater und vom Heiligen Geist, das seien doch drei Götter, nicht einer.

Anfragen der anderen Religionen, Anfragen von Menschen aus der Nachbarschaft, offen oder versteckt. Wir sind gefragt, nach unserem Glauben. Wie antworten? Der Schreiber des 1. Johannesbriefes hat in seiner bewegten Zeit seinen Weg gefunden: Gottes Zeugnis von seinem Sohn gilt. Diesem Zeugnis schenkt er Glauben. Und ist deshalb gewiss: Er hat das ewige Leben. In Gottes Namen.

Ich habe es in beiden Fällen in unserer nicht minder bewegten Zeit immer wieder ähnlich ausgedrückt wie Gerhard Engelsberger, ein Poet und Theologe. Heute leihe ich mir seine Worte:

> „Wissen Sie, ich sage mir, wenn Jesus ein Held gewesen wäre. Einer von denen, die die Ärmel aufkrempeln und die Welt verändern. Er war aber nichts von alledem. Er war ein Mensch, ein Ebenbild Gottes. Und lebte als Mensch. Ganz und gar kein Held, starb er, wie so viele sterben. Dass der Gott der Bibel mit ihm beginnt – keine Akte, kein Nachruf, keine Notiz, keine Sympathisanten, kein eigenes Grab –, dass der Gott der Bibel mit ihm beginnt, die Zukunft der Menschen auch über den Tod hinaus zu gestalten, das macht mich nicht nur stutzig, das überzeugt mich. Mir ist noch kein Gott, von dem man mir erzählt hat, so nahe gekommen. In seiner Nähe wird mir wohl. Mit diesem Glauben habe ich – bei allen Zweifeln – gute Erfahrungen gemacht. Dabei bleibe ich. Jetzt, und allezeit, und wenn Gott mir das gewährt, auch in Ewigkeit.“[1]

Ihre Worte, liebe Schwestern und Brüder, ihr Zeugnis in ihrer Zeit, für ihre Welt wird anders klingen. Das Licht Christi bricht sich in jedem von uns anders. Wir sind unterschiedlich geschaffen. Wir tragen unterschiedliche Namen. Aber wir sind alle Kinder Gottes, weil sein Sohn uns zu Brüdern und Schwestern gemacht hat. Amen.

1 Gerhard Engelsberger: 2. Sonntag nach dem Weihnachtsfest, in: Pastoralblätter 1/2010, Freiburg 2009, 31.

Vorschläge für das Predigtlied

EG 70	Wie schön leuchtet der Morgenstern
EG 268	Strahlen brechen viele aus einem Licht

Fürbittengebet

Jesus Christus,
als Gottes Sohn bist du zur Welt gekommen, damit wir Kinder Gottes sein können. Du kennst alle unsere Namen. Wir alle sind eins in dir. Dafür danken wir dir.
Erleuchte alle, die sich verirrt haben im Supermarkt der Religionen, Konfessionen, Weltanschauungen. Hilf uns, dass wir mutig deinen Namen und deinen Geist bekennen.
Lehre uns in diesem Geist mit Menschen umzugehen, die anders glauben, anders fühlen, anders beten. Stärke alle, die auf mehr vertrauen als auf sich selbst und auf die goldenen Kälber unserer Zeit: Unsere jüdischen Geschwister, unsere muslimischen Verwandten und alle Menschen, die guten Willens sind.
Erleuchte uns, wenn wir uns immer wieder neu auf die Suche machen: Auf die Suche nach dir, auf die Suche nach dem Nächsten, auf die Suche nach uns selbst. Sei du Ziel und Mitte.
Gib du denen ihren Namen zurück, die in unserer Welt rechtlos, chancenlos, namenlos sind. Richte unseren Blick auf die Ränder unserer Gesellschaft und unsere Füße auf den Weg deines Friedens.
Mach uns Menschen klug, dass wir jeden neuen Tag als Geschenk dankbar aus deiner Hand nehmen. Hilf uns, die Wechselfälle des Lebens ernst zu nehmen, aber nicht tragisch. Schenke uns schon vor dem Tod den Horizont deiner Ewigkeit und nach dem Tod einen Ort ganz nah bei dir, an dem wir dich preisen können wie die Hirten und Könige an der Krippe.
Amen.

Steffen Groß

Epiphanias

Epheser 3,2–3a.5–6

Der Predigttext wird erst im Verlauf der Predigt verlesen.

I

Liebe Gemeinde!

Ich habe heute eine sehr gute und eine eher schlechte Nachricht:

Zuerst die schlechtere: Im Mittelalter gab es ein grausames Experiment mit Neugeborenen: Mehrere Babys wurden nach der Geburt von ihren Müttern getrennt und von Ammen stumm und ohne emotionale Zuwendung versorgt. Jedes dieser Babys starb. Ausnahmslos. Daraus hat man immerhin gelernt: Menschen brauchen Zuwendung. Sie können nicht ohne einander. Ohne Zuwendung sterben wir.

Die gute Nachricht an diesem Sonntag zu Epiphanias ist: Menschen wenden sich normalerweise anderen Menschen zu – und sie tun im Grunde auch fast nichts lieber als das. Menschen *geben* Anteil an dem, was sie bewegt. Und: Menschen *nehmen* Anteil an dem, was *andere* bewegt. Ja, und das Beste ist: Sie können eigentlich fast gar nicht anders! Das legen aktuelle Analysen der Neurobiologie nahe.

Liebe Gemeinde, ich habe den Eindruck gewonnen, dass Kinder es genauso wie Erwachsene lieben, wenn man sich Zeit für sie nimmt; wenn man nur für sie da ist, ganz speziell für sie, mit ganzer Aufmerksamkeit. Das tut einfach jedem gut.

Mein Eindruck ist, dass sich auch mein eigenes Leben genau dann besonders sinnvoll anfühlt, wenn ich jemandem etwas von meiner Zeit schenke und Anteil an dem haben lasse, was mir persönlich wichtig ist.

Wenn ich am Feierabend die Arbeit einfach Arbeit sein lasse. *Wenn* ich einem lieben Menschen vor dem Schlafengehen noch kurz ein bisschen vorlese. *Wenn* ich diesem Menschen in die Augen schaue. *Wenn* ich ihn frage, wie sein Tag war. *Wenn* ich lächle. – *Ja, dann* fühle ich mich lebendig.

Wenn die andere Person sich nach dem Zähneputzen zu mir auf die Couch setzt. *Wenn* sie noch eine Gute-Nacht-Geschichte hören will. *Wenn* sie meinen Worten lauscht. *Wenn* sie meinen Blick erwidert. *Wenn* sie über mich schmunzelt. – *Ja, dann* fühlt sich wahrscheinlich auch dieser Mensch lebendig.

„Wir fühlen uns *lebendig*", habe ich gesagt. Früher hätte man vielleicht gesagt: „Wir fühlen uns *erbaut*". Man könnte aber auch sagen: „Wir erfahren, *was ‚Evangelium' ist.*"

Was sich in solchen Situationen einstellt, ist nämlich das Gefühl von Freude – manchmal sogar ein Hauch von Seligkeit. Es ist eine Freude, die man nicht erarbeitet. Es ist jene Freude, die auf uns zukommt, die uns gebracht wird, die sich *einfach einstellt – da, wo wir sind.* Für mich ist das „Evangelium". Hier liegt für mich der Kern der „Frohen Botschaft".

Wenn jemand Anteil nimmt und Anteil gibt – dann *weiß* dieser Mensch zwar nicht automatisch auch gleich, was Evangelium genau heißt; aber in solchen Momenten *erlebt er es*; er kann den Begriff „Evangelium" dann nicht gleich *definieren* – aber es packt ihn die jähe Einsicht: Da war doch *etwas*! Was er erfährt, ist Evangelium. Was er spürt, ist Evangelium. Was er schmeckt, ist Gottes Zuwendung zu ihm!

Vielleicht teilen Sie ja diese Ansicht. Wenn nicht, hoffe ich Sie durch diese Predigt noch davon überzeugen zu können.

Ich habe nochmals zwei Nachrichten für Sie: eine gute und eine schlechte. Die schlechte Nachricht lautet jetzt: *Das heißt,* dass man ohne das Evangelium nicht leben kann. Die gute Nachricht lautet: *Das heißt,* dass das Evangelium fast überall erfahrbar ist, wenn man Augen dafür hat; für diesen Geschmack, dieses Gespür, diese Erfahrung, die wir rings um uns herum finden können, gibt es für mich kein treffenderes Wort als dieses: *Evangelium.*

II

Mir hat einmal jemand etwas erzählt, das mir zu denken gegeben hat: Es war eine Frau. Sie erzählte von ihren Jugendjahren. Sie hat damals verschiedene Gemeinden erkundet, verschiedenste Gottesdienste besucht. Und nach einem Gottesdienst hat sie sich richtig schlecht gefühlt. Sie hat ihren Eltern davon erzählt. Die haben kurz nachgedacht. Dann haben sie zu ihr gesagt:

„*Wenn* du in einem Gottesdienst das Gefühl hast, dass Menschen schlecht gemacht werden, dass man sie ausschließt, dass man sie abwertet – *wenn* man nicht einmal im Fürbittengebet Anteil nehmen will an dem, was andere Menschen umtreibt, und sie auch nicht Anteil haben lässt an dem, was die eigene Gemeinschaft ausmacht, dann kannst du ruhig einfach gehen. Steh auf – und geh! Was dort passiert, hat mit Evangelium nichts zu tun. Es ist *nicht evangelisch*."

Heute weiß ich, dass dies nicht einfach nur ein bemühter Rat besorgter Eltern war. Hier wurde nicht nur ihre Sorge um ihre Tochter laut. Heute weiß ich, hier haben religiös mündige Menschen das Wort ergriffen. Menschen, die wissen, wo theologisch der Hase läuft. Sie stehen für eine Glaubenskultur ein, die in meinen Augen das Prädikat „besonders wertvoll" tragen müsste. Diese zwei haben etwas Wichtiges auf den Punkt gebracht.

III

Woran denken Sie, wenn ich „Lucky Luke" sage? Wie vertraut ist Ihnen dieser Comic-Cowboy, der schneller schießt als sein Schatten? Haben Sie vielleicht überhaupt noch nie von Lucky-Luke gehört? Dann wird sich das jetzt ändern.

Stellen Sie sich vor: Da sitzt Elisa. Sieben Jahre alt. Auf der speckigen Wohnzimmercouch. Die Zähne schon geputzt. Die Augen schon schwer. Man sieht sofort: Die Schule war anstrengend, das Fußballspielen noch anstrengender. Bald geht's ab ins Bett. Neben Elisa: Ein junger Mann. In seinen Händen: ein Lucky-Luke-Heftchen. Die Augen des Mannes funkeln. Die Augen der Kleinen *noch viel mehr*. Es ist Vorfreude. Gleich wird man ihr vorlesen.

Das Mädchen weiß noch genau, was gestern bei Lucky Luke passiert ist. Sie erinnert sich an die Telegraphen-Leitung. Die soll jetzt gebaut werden. Der Telegraph soll die beiden Küsten der USA in Zukunft verbinden.

Zwei Teams arbeiten am Projekt. Masten werden aufgestellt. Kabel gespannt. Der eine Bau-Trupp hat im Westen begonnen. Der andere im Osten. In der Mitte, in Salt Lake City, sollen sich die Teams treffen. Aja, und da war noch etwas Wichtiges: *Die Prämie*. Wer zuerst ankommt, erhält 100.000 Dollar. Keine Kleinigkeit!

„Wer wird die Belohnung gewinnen, glaubst du?", fragt der junge Mann.

„Na, die aus dem Westen. Das ist doch klar!“, vermutet die Kleine und reißt die müden Augen weit auf.

Er: „Wie kommst du drauf?“

Sie: „Na, die haben Lucky Luke.“

Er: „Ein gutes Argument. – Aber: Würdest du auch wetten?“

Sie (prompt): „Na klar!“

Der Zeigefinger des Vorlesers wandert von Bild zu Bild. Die Kleine erfährt auch heute viel: Da sind Probleme beim Telegraphenbau. Skeptische Indianer, die man überzeugen muss. Engpässe beim Baumaterial. Ein Saboteur, der die Arbeiten verzögern will. Lucky Luke meistert diese Probleme gekonnt. Bald sind die beiden auf einer der letzten Seiten des Heftes angekommen. Sie lesen: Der Trupp von Lucky Luke erreicht Salt Lake City. Natürlich noch knapp vor der anderen Gruppe. [Pause] Die Kleine hatte also Recht. [Pause] Oder doch nicht? Was ist jetzt mit der Prämie? [Pause]

Der Zeigefinger des jungen Manns bewegt sich nicht mehr. Er klebt fest. Eingefroren auf einem der letzten Bilder. „Und jetzt?!“, die Kleine wird ungehalten, „Wie geht es weiter?“. Ärger kommt im Vorleser hoch. Seine Stirn legt sich in Falten. „Ach nein, wie kitschig“, denkt er im Stillen. Das Bild vor ihm zeigt jubelnde Menschen. Die Augen weit aufgerissen! Die Hände gen Himmel gestreckt! Hüte fliegen in die Luft! Freudenstimmung. Der junge Mann zögert immer noch. „Was steht da?!“, fragt ihn das Mädchen unnachgiebig, „… sag, doch endlich!“ – Er liest den Satz in der Sprechblase, sichtlich empört.

Die begeisterte Menschenmasse im Comic ruft: „WIR TEILEN DIE PRÄMIE!“[1]

Kaum ausgesprochen, lächelt die Kleine. Ihr gefällt es, auch wenn sie gerade eine Wette verloren hat. Der junge Mann schmunzelt verlegen. Selbstkritisch denkt er sich: „Da lese ich von einem *Gemeinschaftsprojekt*, das Ost und West verbindet. Da

---

1 Lucky Luke. Der singende Draht. (4. Panel, 2. Zeile). Vgl. Morris [Maurice de Bevere] / René Groscinny: Lucky Luke. Der singende Draht (Bd. 18; franz. Original: La fil qui chante), übers. von Gudrun Penndorf, Berlin ND2004, 46.

lese ich aus diesem Heftchen vor, weil mir die *gemeinsame Zeit mit Elisa* am Herzen liegt. Und trotzdem ärgert es mich, dass die mühsam erarbeitete Prämie am Ende *gemeinschaftlich* geteilt wird?! – Herrje, warum eigentlich?"

„Schön, oder?", fragt Elisa und strahlt ihn herausfordernd an. [Pause]

„Eigentlich schön, ja.", wiederholt er. Und es stimmt ja auch: Es ist schön mit ihr. Es tut gut, Gemeinschaft zu haben, in Gemeinschaft zu leben, etwas zu teilen.

IV

Liebe Gemeinde! Sich auf jemanden einzulassen, Anteil zu nehmen und Anteil zu geben: *Das tut unwahrscheinlich gut.* Manche Menschen unter uns schreiben nach dem Tod eines Bekannten Karten an die Angehörigen. Dort steht dann oft: „Aufrichtige *Anteilnahme!*" – Inwiefern zeigt sich auch hier etwas von dem, was Evangelium bedeutet?

Manche Menschen unter uns erben etwas und sind sich ihrer Verantwortung gegenüber ihren Miterben bewusst. Und das, obwohl ein Experte für Erbrecht meint, dass ganz häufig „Miterben sinnvolle Vorschläge torpedieren, um sich selbst Vorteile zu verschaffen."[2] – Was entdecken wir hier vom Evangelium?

Es gibt Menschen, die sich für Teilhaberechte stark machen und Berührungsängste abbauen: Durch Projekte wie die Paraolympics schaffen sie es, dass auch Menschen mit Behinderung am Leistungssport Anteil haben können. Inwiefern handelt es sich hier um eine evangelische Großveranstaltung im nicht-konfessionellen Sinne?

Es gibt Menschen, die sich um echte Integration bemühen. Sie ärgern sich, wenn sie in der Zeitung lesen: „Für [M]inister Schäuble heißt Integration Anpassung. Wer dazu nicht bereit ist, soll gehen."[3] Sie wollen Menschen nicht zur Anpassung *zwingen*, sondern an ihrem Leben Anteil nehmen und ihnen auch Anteil geben an dem, was für sie selbst wichtig ist. Mit welchem Recht könnten diese Menschen von sich

---

2 Bernhard F. Klinger: Erbengemeinschaft. Fragen und Antworten, München 2012–2015, vgl. http://www.raklinger.de/erbengemeinschaft.html (letzer Zugriff: 31.03.2015).

3 Zeit Online (Redaktion): Mehr Anpassung. Für Innenminister Schäuble heißt Integration Anpassung. Wer dazu nicht bereit ist, soll gehen (Artikel vom 21. Dezember 2005), Hamburg 2005, http://www.zeit.de/online/2005/51/Schauble2 (letzter Zugriff: 31.03.2015).

sagen, sie seien evangelisch; gerade auch, wenn sie *nicht* Mitglieder unserer Kirche sind?

Anteilnahme, Miterbenschaft, Teilhabe, Integration – Das sind, bei Licht besehen, höchst evangelische Begriffe, finde ich. Paulus hat das ähnlich gesehen. Ich lese aus dem 3. Kapitel des Epheserbriefes:

[Lesung des Predigttextes]

Paulus spricht von Menschen, die uns zu Miterben, zu Miteinverleibten und zu Mitgenossen werden – durch das Evangelium. Miterbe sein, Mitgenosse sein, Teil desselben Leibes sein… Diese Worte zeigen für mich: Auch bei Paulus geht es um *unsere gelebten Beziehungen.* Es geht ihm um *gestaltete Gemeinschaft.* Es geht ihm darum, dass wir in unseren Beziehungen und Gemeinschaften das *erleben, was Evangelium bedeutet.* Dass wir unsere Beziehungen, etwas holpernd formuliert, als ‚evangelische Beziehungen' wahrnehmen lernen. Vielleicht tut er das, weil er seiner Gemeinde dieses unverwechselbare Gefühl wünscht von Lebendigkeit, diesen Hauch von Seligkeit, diesen Geschmack von Sinn, der sich einstellt, wo andere Menschen uns durch die Kraft Jesu Christi zu *Mitmenschen* geworden sind.

Liebe Gemeinde, im Predigttext tritt mir ein Paulus gegenüber, der meint: „Es geht nicht darum, Heiden gegen Juden bzw. Heidenchristen gegen Judenchristen auszuspielen!" In diesem Sinne sage ich Ihnen: Es ist nicht so wichtig, ob Sie von sich sagen „Ich bin evangelisch." – „Ich bin katholisch." – „Ich bin *eigentlich* gar nicht religiös." – Oder: „Ich hab mich am 01.01.2016 um 00.00 Uhr zu Jesus Christus bekehrt." Darum geht es nicht. Wichtiger ist doch, dass Sie jene Orte in Ihrem Leben nicht aus dem Blick verlieren, wo Sie sich lebendig fühlen; dass Sie sich immer wieder jene Beziehungen vor Augen führen, die Sie erbauen; dass für uns ein Bild von Gemeinschaft im Fokus bleibt, das sich auszeichnet durch gegenseitiges Anteilnehmen und Anteilgeben. Darum geht es.

V

Sie haben es wahrscheinlich schon gemerkt, liebe Gemeinde: Ich habe einen begründeten Verdacht: Ich vermute, dass die Gnade Gottes unser Leben viel stärker und öfter prägt, als wir denken. Ich vermute, dass uns die lebendigmachende Kraft des Evangeliums viel häufiger und unmittelbarer beeinflusst, als wir das im Alltag oft wahrnehmen. Ja, ich glaube, dass unser Gott nicht zuletzt *so* wirkt, dass wir uns am Ende *belebt* und *ganz* fühlen.

Ich bin Ihnen sehr dankbar, dass Sie sich in den vergangenen Minuten auf meine Gedanken eingelassen haben; auf das, was mir im Glauben wichtig ist. Darin steckt ein Stück weit Evangelium, das mich kräftigt, erhält und belebt. Ich wünsche Ihnen, dass Sie in der kommenden Woche viele ‚evangelische' Situationen in Ihrem Leben entdecken! Ich hoffe für Sie, dass Sie mit anderen in Situationen hineingeraten, von denen Sie danach sagen können: Hier war etwas vom Evangelium spürbar; oder, wo Sie sich fragen: Riecht es hier nicht fast ein wenig nach unserem Gott? Amen.

Vorschläge für das Predigtlied

EG 427, 1–2. 4–5 Solang es Menschen gibt auf Erden
EG 70, 1–4 Wie schön leuchtet der Morgenstern

Fürbittengebet

[Liturg(in):] Gott, wir stehen vor dir und denken an die Menschen, die uns diese Woche gern gesehen hätten. An die Menschen, die gern etwas mehr Zeit mit uns verbringen würden. An die Menschen, die wir gern haben, und für die wir uns manchmal gerne verdoppeln würden. Wir denken an sie und sind dankbar, dass wir einen so wichtigen Platz in ihrem Leben haben. In einem Moment der Stille, nehmen wir sie in unser Gebet auf.
[Gemeinsames Schweigen]

[Liturg(in):] Gott, vor dir denken wir an die Menschen, die sich nach einer stabilen Beziehung sehnen. An die Menschen, die nach einem Partner oder einem Freund suchen, der ihr Leben bereichert. An die Menschen, die so vieles zu schenken hätten und denen manchmal nur noch jemand fehlt, dem sie es schenken können. Wir denken an sie und sind dankbar dafür, dass sie nicht aufgeben. Im stillen Gebet nehmen wir Anteil an dem, was sie bewegt.
[Gemeinsames Schweigen]

[Liturg(in):] Gott, vor deinem Angesicht denken wir an die Menschen, die Ausschau halten nach einer Gemeinschaft, in der sie sich angenommen und ernstgenommen fühlen. An die Menschen, die einen Ort suchen, an dem sie mit anderen auf Augenhöhe in Kontakt kommen können. An die Menschen, die schlechte Erfahrungen in unserer Kirche oder unserer Gesellschaft gemacht haben. Wir denken an sie und sind dankbar dafür, dass sie auf ihrem Weg nicht allein sind. In einem Augenblick der Stille denken wir an sie.
[Gemeinsames Schweigen]

Amen.

Bernhard Kirchmeier

1. Sonntag nach Epiphanias

Römer 12,1–3

[Lesung des Predigttextes]

I

Liebe Gemeinde!
Viele Menschen auf der Welt glauben an einen Gott. Das war schon immer so. Solange es Menschen gibt. Wie oder was der Gott ist, da ist man sich freilich nicht ganz einig, die einen sagen so, die anderen sagen so. Aber dass da überhaupt ein Gott ist, irgendwas da draußen, das größer ist als die Welt, das glauben viele. Der Mensch ist nicht das Erste und auch nicht das Letzte. Und in der Tat, für einen Gott spricht einiges. Wo soll sonst die Welt herkommen? Wohin sollten wir denn sonst nach dem Tod gehen? Wer hält denn sonst die Welt zusammen? Was hätte die Welt sonst für einen Sinn? Und so weiter. Was meint Ihr?

Und nun mal angenommen, es gibt einen Gott, dann wäre es doch nur vernünftig, irgendwie mit ihm in Kontakt zu kommen. Vielleicht freut er sich darüber, oder vielleicht ist er dann gut zu uns. So haben Menschen schon immer gedacht. Das ist menschlich, das ist vernünftig. Und deshalb legte sich schon sehr bald, schon in uralten Zeiten, der Gedanke des Opfers nahe. Wir bringen Gott etwas als Geschenk. Da freut er sich. Vielleicht eine Ziege oder ein Schaf, das war damals wertvoll. Jetzt kann man ihn aber nicht sehen, weil er ja im Himmel wohnt oder unsichtbar ist, jedenfalls nicht zum Anfassen und deshalb schlachten wir das Tier und verbrennen es dann, auf dem Altar. Das gibt einen lieblichen Geruch, der zu Gott aufsteigt. Hier ist unsere Gabe für dich, du bist der Herr und wir sind deine Diener, Gottesdiener, wir feiern Gottesdienst. Der Nachteil für das Schaf oder die Ziege: Sie müssen sterben. Der Vorteil für den Menschen: Das Opfer verspricht oder verbürgt Gottes Gnade, der Mensch darf weiterleben. So ist die alte Logik des Opfers.

II

Und jetzt kommt heute Paulus. Er mahnt. Aber keine Angst. Sein Gott ist unser Gott und der ist barmherzig. Tötet keine Tiere, verbrennt kein Obst oder Gemüse, versucht nicht, Gott mit Geschenken zu besänftigen. Das will er nicht. Gott will nichts von euch. Er will nichts von euch. Er will euch! Das ist die neue Logik des Opfers. Gott will eure Leiber. Nicht tot und verbrannt auf einem Tisch, sondern euch. Lebend. Ganz und gar mit Haut und Haar. Immer und immer wieder. So ist er. Sekt oder Selters, Barfuß oder Lackschuh, alles oder nichts. Das ist konsequent und das muss er auch sein. Gott ist kein Gelegenheitsgott. Er ist Gott. Unwandelbar und immer. Der Erste, der Letzte, der Ewige. Und deshalb fordert Gott uns immer wieder zur Entscheidung, ständig: Ja oder Nein, ganz oder gar nicht. Das ist anstrengend.

Aber wenn er doch ständig da ist, der immer Gleiche, dann ist ein heute ja, morgen nein, übermorgen vielleicht, je nach Lust und Laune, irgendwie doch nicht angemessen, oder? Die Weihnachtsbotschaft höre ich wohl, aber der Rest ist ganz egal. Das kann man zwar so machen, das geht aber doch nicht wirklich zusammen. Wenn Weihnachten stimmt, dann stimmt doch alles. Das muss in unsere Köpfe. Wenn Gott alles ist, dann will er alles. Dann wohnt er auch nicht sein Leben lang in der Kirche, wo man ihn am Sonntag besuchen kommen kann und den Rest der Woche draußen in der Welt, im echten Leben, da ist er dann nicht da. Einmal im Jahr, an Weihnachten mit Gott und dann wieder 364 Tage ohne, als gäbe es ihn nicht. Wie soll das zusammenpassen?

Und deshalb, liebe Gemeinde: Gottesdienst ist immer. Gottesdienst ist kein einmaliger Akt pro Woche, an dem ich mich mit anderen zum Singen, Beten, Predigen treffe, sondern Gottesdienst ist eine Grundhaltung. Gottesdienst ist: Jawohl, da ist Gott, da bin ich, das gehört zusammen! Auch wenn ich nicht immer genau weiß, wie. Gottesdienst erfordert Vertrauen oder wie die Bibel sagt, Glauben. Und Glaube – ich zitiere Martin Luther – ist eine lebendige, verwegene Zuversicht auf Gottes Gnade. Und solche Zuversicht und Erkenntnis macht fröhlich, trotzig und lustig gegen Gott und alle Kreaturen.

Um den Glauben zu stärken, da gibt es zum Beispiel diesen Gottesdienst hier. Den Gottesdienst am Sonntag. Der ist nicht immer erbaulich, jeder empfindet ihn anders und nicht immer ist etwas für mich dabei, aber wer ihn konsequent meidet, der muss sich auch nicht wundern, wenn selbst an Weihnachten nichts mehr passiert. Der Gottesdienst am Sonntag, der soll uns die Gelegenheit bieten, uns erneuern zu lassen. Aufzutanken. Etwas mitzunehmen für das Leben da draußen. Für den Gottesdienst nach dem Gottesdienst.

III

Der Sonntagsgottesdienst, da müsste man vielleicht noch einmal einhaken. Wie kann man den verbessern, damit er etwas bringt? Das ist doch die Frage, die immer als erstes gestellt wird. Eine erste große Konfirmandenstudie aus den Jahren 2007/08, eine Umfrage, bei der über 10.000 Konfirmanden befragt wurden, hat ergeben, dass der normale Gottesdienst für Konfirmanden beim besten Willen kein Highlight ist. Zu Beginn der Konfirmandenzeit gab etwa die Hälfte der Konfirmanden an, Gottesdienste seien langweilig. Am Ende der Konfirmandenzeit waren es mehr. Das ist nicht gut. Da muss etwas getan werden.

Zu bedenken gebe ich aber auch dies: Ein gewisses Parallelspektakel zum Gottesdienst am Wochenende wird in unseren Bundesligastadien geboten. Pro Spieltag tummeln sich dort etwa 400.000 Besucher. Und wenn Sie jetzt nicht zufällig Fan oder Sympathisant der Super-Bayern sind oder vielleicht noch einer der weiteren Vereine, die zu den Champions-League Aspiranten zählen, dann werden sie Handlungsweisen im Stadion entdecken, die über das gewöhnliche Gottesdienstverhalten weit hinausgehen. Die Gesänge sind wohl punktuell lauter, mit mehr Inbrunst gesungen und vielleicht auch manchmal melodischer, aber dass Stadionbesucher erst zehn Minuten nach Beginn der zweiten Halbzeit wieder auf ihrem Platz sitzen, weil sie zum Klo mussten oder lieber für Bier und Bratwurst anstehen, als die Aktionen auf dem Spielfeld zu verfolgen, hat etwas Merkwürdiges. Und die Menschen haben nicht wenig Eintritt bezahlt. Ergo: Von Hochspannung und bester Unterhaltung über 90 Minuten kann überhaupt nicht die Rede sein. Bei den Vereinen jenseits der Champions-League Plätze ist man als Zuschauer, wenigstens wenn das Spiel mit destruktiver Defensivtaktik über die Runden gebracht werden soll – was ja nicht selten der Fall ist – geneigt, selbst eingreifen zu wollen à la: „Gebt mir den Ball oder bewegt euch. Ihr seid doch Profis. Und auch noch Millionäre.“ Selbst eingreifen ins Geschehen, mitmachen, auf den Platz rennen, das würde mancher gerne. Ist aber im

Stadion verboten, und wenn man es trotzdem versucht, wird man vom Ordner weggetragen.

Selber eingreifen, mitmachen, wenn das ginge, das brächte vieles in Bewegung, das vertreibt die Langeweile. Das hat auch die Konfirmandenstudie ergeben. Dort nämlich, wo Konfirmanden aktiv am Gottesdienst beteiligt wurden und nicht nur in ihrer Bank gegähnt oder geschlafen haben, konnten die meisten dem Gottesdienst etwas abgewinnen, konnten sie etwas mitnehmen und ich meine nicht nur die Unterschrift von Herrn oder Frau Pfarrer am Ende. Liebe Gemeinde, niemand aus der globalen Pfarrerschaft, niemand auf der Welt kann regelmäßig Gottesdienste halten, die alle begeistern. Nicht mal der Papst kann das. Dazu braucht es Beteiligung. Eure Beteiligung. Du bist Gottesdienst.

IV

Richtet euch nicht nach dem Lauf und der Zeit der Welt, sagt Paulus vor 2000 Jahren und daran hat sich nichts geändert. Das würde er heute noch genauso sagen. Oder vielleicht: Lauft nicht jedem Mist nach, den euch die Welt als Weisheit und als Wahrheit und als unbedingt notwendig verkauft. Die Welt, das sind wir. Menschen. Die nicht die Ersten und nicht die Letzten und nicht die Ewigen sind und deshalb letztlich auch keine Ahnung haben. Die Welt, das sind wir. Oft nicht gut, selten wohlgefällig, nie vollkommen.

Das aber ist Gottes Wille: Das Gute, das Wohlgefällige, das Vollkommene. Das schaffen wir wahrscheinlich nicht, in dieser Welt. Trotzdem bleibt das das Ziel. Und wir schaffen es ganz sicher nicht, ohne Gottesdienst. Wenn das, was wir sonntags hören oder von mir aus auch nur einmal im Jahr an Weihnachten, wenn davon dann nichts in unserem Alltag ein Rolle spielt. Dann haben wir nur uns, dann haben wir immer nur die Welt, die keinen Deut besser ist. Gottesdienst aber ist eine Grundhaltung, ist Hingabe, heißt Opfer zu bringen, meint, sich selbst einzubringen. Wer Gott dient, der gibt sich nicht mit der Welt zufrieden. Die Welt ist nicht genug. Dafür erteilt Paulus uns heute eine erste wichtige Lektion. Er predigt Demut. Demut, Dienen, damit beginnt der Gottesdienst, der die Welt besser macht.

Tragt euren Sinn nicht höher, als es sich geziemt. Das muss man sich jeden Tag aufs Neue zurufen, damit man es behält. Und das heißt: Ich bin nicht der Mittelpunkt der Welt und ich kann's auch nicht werden. Das ist schon Gott. Und der ist barmherzig. Mein Schöpfer und Vollender, der Erste und der Letzte.

Tragt euren Sinn nicht höher, als es sich geziemt. Trachtet vielmehr danach, besonnen zu sein. Dazu hat Gott euch das Maß des Glaubens ausgeteilt. Amen.

Vorschläge für das Predigtlied

EG 165, 1–4+8 Gott ist gegenwärtig

EG 168, 1–5 Du hast uns, Herr, gerufen

Fürbittengebet

Herr guter Gott,
wir kommen dir nahe im Gottesdienst, weil du uns nahekommst. Wir brauchen deine Nähe, nicht nur am Sonntag. Wir bitten dich: Komm du uns täglich nahe.

Der Gottesdienst endet nicht an der Kirchentür, sondern findet in der Welt statt. Gib uns Kraft, uns dort einzubringen, gib uns Kraft, das Wohlgefällige zu suchen und auch das Vollkommene, selbst wenn wir es nicht erreichen. Wir bitten dich: Komm du uns täglich nahe.

Vieles in der Welt scheitert an unseren Eitelkeiten. Wir bitten dich, dass unser Stolz nicht zum Maß aller Dinge wird und Menschen sich nicht zum Mittelpunkt der Welt machen. Wir bitten dich um Demut. Wir bitten dich: Komm du uns täglich nahe.

Dass deine Botschaft diese Welt erreicht, immer wieder, die Menschen in herausragenden Positionen in Politik, Wirtschaft und Wissenschaft, aber auch die Menschen auf der Straße, und auch dich und mich, darum bitten wir. Wir bitten dich: Komm du uns täglich nahe.
Amen.

Sebastian Renz

Letzter Sonntag nach Epiphanias

2. Korinther 4,6–10[1]

Der Predigttext wird erst im Verlauf der Predigt in der hier angegebenen Übersetzung (Basisbibel) verlesen. Die Zwischenüberschriften gliedern den Text, werden aber nicht vorgelesen.

[1. Aus der Haut fahren]

Am liebsten würde sie aus ihrer Haut fahren. Weg von dem Juckreiz, weg von dem Schmerz. Raus aus der Fassade, die kaum schützt und schmückt, die höchstens eine Hülle mit Rissen ist. Am liebsten würde sie aus ihrer Haut fahren, denkt sie sich, und kann dem Wunsch nicht widerstehen, ein bisschen zu kratzen, da, wo es juckt, in der Ellenbeuge und am Handgelenk.

Man könnt' auch gleich aus der Lebens-Haut fahren, denkt sie weiter, und kratzt noch ein bisschen. Raus aus diesem Leben, dem immer gleichen Trott; weg von Rücksicht-Nehmen und Verantwortung-Tragen. Weg von hier, wo jeder sie kennt. Weg von hinter-der-Fassade, die kaum schützt und schmückt, die höchstens eine Hülle mit Rissen ist.

[2. Paulus unter menschlichem Druck]

Wir stehen von allen Seiten unter Druck …, so beschreibt der Apostel Paulus im 2. Brief an die Korinther seine Situation – und nimmt uns mit hinein. Es geht ihm nicht gut; die Gemeinde in Korinth zweifelt ihn an und spricht ihm sein Apostel-Dasein ab.

Wir sind ratlos …, schreibt Paulus daraufhin; er fühlt sich verfolgt und zu Boden geworfen durch die heftigen Angriffe der Gemeinde: „Tagtäglich erfahren wir am eigenen Leib, was es heißt, mit Jesus zu sterben."

---

1 Der Predigttext wird in der Übersetzung der BasisBibel vorgelesen. Einzig in V7 wird der Begriff „Bedeutung" ersetzt durch „Kraft".

[3. Aber sie kann nicht]
Am liebsten würde sie aus ihrer Haut fahren, und aus ihrem jetzigen Leben gleich mit. Dem Druck nicht mehr standhalten müssen. Irgendwo untertauchen, ein ganz neues Leben anfangen. Geflucht und gebetet hat sie, gemotzt und verhandelt. Aber sie kann nicht. Kann nicht aus ihrer Haut fahren, und auch nicht aus ihrem Leben. Denn selbst wenn sie einfach ginge, nähme sie ja doch sich selber mit, und an einem neuen Ort wäre der neue Trott ganz bald wieder gleich dem alten. Genau wie ihre Haut, diese Hülle mit Rissen.

[4. Zerbrechlich sind wir]
Zerbrechliche Wesen sind wir Menschen; auch wenn wir's oft gern anders sehen. Wir reden viel und kaufen noch mehr, fahren große Autos und sind gut versichert. Aber für den Ernstfall sind unsre Schutzhüllen zu dünn, zu rissig und helfen wenig: Nicht gegen Krebs, gegen Krise und Kraftverlust; auch nicht gegen Beinbruch und Betrug. So gesehen sind wir wie zerbrechliche Gefäße, aus Ton vielleicht, und höchstens einmal gebrannt: Handle with care.

[5. In Jesu Gesicht Gottes Herrlichkeit]
Zerbrechlich sind wir, gebrochen war er: Nicht seine Gebeine, aber doch sein Leben hatten die Soldaten zerbrochen, als Jesus über ihnen am Kreuz starb. Ihn, der den Lazarus und die Jaïrus-Tochter wieder ins Leben brachte – ihn hatten sie geschafft, zunächst zu besiegen, ihm Leid zuzufügen und ans Kreuz zu kriegen. Er hat gelitten wie wir, wie Paulus und du – und wer weiß, wie viel mehr.

Jesus, der Christus, der Gekreuzigte: In seinem Leid sehen wir mehr als nur ihn selbst. Christus, der Gebrochene und Auferstandene: *Es ist die Herrlichkeit Gottes, des Vaters, die wir in ihm sehen,* Gottes Liebe und Schönheit und Kraft, und für die Notleidenden seine Leidenschaft. Das hat Paulus für sich erkannt, und lässt uns dran teilhaben:

Gott hat einst gesagt: „Aus der Dunkelheit soll ein Licht aufleuchten!“ Genauso hat er es in unseren Herzen hell werden lassen. Uns sollte ein Licht aufgehen und wir sollten erkennen: Es ist die Herrlichkeit Gottes, die wir sehen, wenn wir auf Jesus Christus schauen.

[6. Gottes Kraft in zerbrechlichen Gefäßen]

Zerbrechliche Wesen sind wir Menschen; und doch Trägerinnen und Träger des Schatzes, der aus dieser Herrlichkeit Gottes herrührt:

> Wir tragen diesen Schatz aber in zerbrechlichen Gefäßen. So wird deutlich, dass unsere überragende Kraft von Gott kommt und nicht aus uns selbst.

Mitten in dir drin, vielleicht kaum bemerkt, wohnt die Kraft unsres Gottes! Wie ein Schatz, wie eine Quelle, die dich belebt und am Leben hält; wie ein Licht in der Dunkelheit. Als eines der zerbrechlichen Gefäße sieht Paulus sich selbst: Gerade wegen der Vorwürfe aus Korinth, wegen der Anfragen an sein Apostelsein, ist es Paulus so wichtig zu zeigen: „All meine Kraft kommt von Gott, ich wirke nichts aus mir selbst heraus. Wie sollte ich auch können? Seht doch her, wie es mir geht. Ein zerbrechliches Gefäß, das bin ich; meine Kraft kommt allein von Gott, der mich ins Apostelsein gerufen hat."

[7. Paulus unter menschlichem Druck und Gottes Schutz]

Unsere überragende Kraft kommt von Gott und nicht aus uns selbst. Ja, Paulus leidet, aber er sieht auch, wo Gott ihn in seinem Leiden stärkt. Er unterscheidet klar, wo menschliche und wo göttliche Kräfte an ihm wirken:

Wir stehen von allen Seiten unter Druck, durch Menschen, *aber wir werden nicht erdrückt,* denn Gott rettet uns. *Wir sind ratlos,* was wir in Korinth noch tun sollen, *aber wir verzweifeln nicht.* Gott ist immer noch an unsrer Seite. *Wir werden verfolgt,* von den Menschen hier, *aber wir sind nicht im Stich gelassen* von unserm treuen Gott.

> Wir werden zu Boden geworfen, aber wir gehen nicht zugrunde. Tagtäglich erfahren wir am eigenen Leib, was es heißt, mit Jesus zu sterben.

Und doch: Gott bewahrt ihn vor dem Untergang.

[8. Kintsukuroi]

Wir tragen diesen Schatz in zerbrechlichen Gefäßen... Eine Teeschale, ganz ebenmäßig gerundet und sorgfältig bemalt – so steht sie da. Erst auf den zweiten Blick fällt auf: Die Schale ist gekittet. Sie war zu Bruch gegangen, in große und kleine Scherben, und wurde wieder zusammengefügt. Nicht mit durchsichtigem Teeschalen-Kleber – sondern so, dass die Bruchstellen deutlich sichtbar bleiben: mit Goldlack. Kintsukuroi, „Reparatur mit Gold", heißt diese japanische Kunst. Sie zeigt die Brüche im Leben auf und verschweigt nicht den Makel. Sie nimmt Beschädigungen nicht einfach hin, sondern gestaltet Neues daraus und schafft Raum für Schönheit. Das Zerbrochene erhält seine eigene Würde in Gold.

[9. Goldlack in meinem Leben]

Sie hat Wohnung gefunden, die Kraft Gottes, auch in mir, in meinem brüchigen Gefäß. Wo Risse entstehen, so stell ich mir vor, kleidet Gott sie aus mit seiner heilenden Gegenwart. Er füllt sie mit seinem Goldlack und stabilisiert mich im Ganzen. Ein goldener Schimmer erfüllt mein Inneres. Wenn Gott mich so ausfüllt, werde ich schön. Mit all meinen Brüchen, inmitten der Scherben meines Lebens. Sein Blick macht mich schön.

[10. Am Meer]

Tagtäglich erfahren wir am eigenen Leib, was es heißt, mit Jesus zu sterben. Geflucht und gebetet hat sie, gemotzt und verhandelt. Aber sie kommt nicht raus aus ihrer Haut, und auch nicht aus ihrem Leben. Also nimmt sie sie mit: Ihre Haut und sich selber, und fährt ans Meer.

Die Luft tut ihr gut: Ihre Haut kommt zur Ruhe, und die Gedanken auch. Sie geht ein paar Schritte ins Wasser, lässt sich dann fallen und taucht ein in ein Bad voll von göttlichem Goldlack: Balsam für ihre geschundene Haut und die Seele. Auch Verantwortung und Rücksichtnahme wiegen im Wasser weit weniger schwer. Beim Auftauchen bedecken viele kleine Goldpartikel ihre Haut. Keine Risse mehr, keine offenen Stellen. Gott hüllt sie golden ein. *Denn an unserem Leib soll ja auch sichtbar werden, was es heißt, mit Jesus neu zu leben.* Amen.

Vorschläge für das Predigtlied

EG 398 In dir ist Freude

EG 382 Ich steh vor dir mit leeren Händen, Herr

Fürbittengebet

[Liturg(in):] Wir stimmen ein in jede Bitte mit dem Ruf:
Heile Du mit Deiner Kraft.

Barmherziger Gott,
du bist unser Schatz, dich wollen wir bewahren. Zu dir kommen wir mit dem, was uns auf dem Herzen liegt:
Wir bringen vor dich die Brüche in unserer Welt: In Krisenländern, in Erdbebengebieten und zwischen den Völkern:
[Liturg(in) und Gemeinde:] *Heile Du mit Deiner Kraft.*

[Liturg(in):] Wir bringen vor dich die Risse zwischen den Menschen: zwischen Arm und Reich, zwischen Alt und Jung, zwischen Männern und Frauen:
[Liturg(in) und Gemeinde:] *Heile Du mit Deiner Kraft.*

[Liturg(in):] Wir bringen vor dich die Scherben aus unsrem Leben: die ungesagten Worte, den Streit und den abgebrochenen Kontakt:
[Liturg(in) und Gemeinde:] *Heile Du mit Deiner Kraft.*

[Liturg(in):] Amen.

Miriam Helmert

Septuagesimae

1. Korinther 9,24–27

Der Predigttext wird erst im Verlauf der Predigt in der hier angegebenen Übersetzung (Einheitsübersetzung) verlesen.

Liebe Gemeinde!
„Tyson Fury" klingt wie ein Name aus einem Comicbuch. Es gibt ihn aber wirklich, 1988 geboren, englischer Boxer. Den Vornamen Tyson erhielt er, weil der Vater Box-Fan war und Mike Tyson, neben Muhammad Ali einer der Größten dieser Sportart, verehrte. Der Nachname Fury heißt übersetzt „Wut, Rage, Raserei". Dass das Kind mit diesem Namen „Tyson Fury" dann tatsächlich ein erfolgreicher Boxer wird, ist Hollywoodstoff oder eben etwas für Marvel-Superheldencomics.

Über die Box-Welt hinaus bekannt wurde er durch ein saukomisches Video. Bei einem seiner Kämpfe hatte er seinen Gegner bereits windelweich geprügelt, als er zum finalen K.O.-Schlag ansetzte. Doch statt seinen Kontrahenten auf die Bretter zu schicken, schlug er mit einem wuchtigen Kinnhaken nicht nur ein Luftloch, sondern traf sich auch noch ungebremst selber im eigenen Gesicht. Dass er sich dabei nicht selbst ausknockte, war alles. Mit Micky-Maus- und Slapstick-Musik unterlegt ist das ein echter Klassiker auf den Videoportalen, eingereiht in Zusammenstellungen anderer Sport-Pannen wie Eigentore im Fußball, stolpernde Hürdenläufer und Formel-1-Piloten, die sich verfahren. Praktische Tipps, um das zu vermeiden, finden sich im Predigttext. Paulus schreibt an die Gemeinde in Korinth im neunten Kapitel:

> Wisst ihr nicht, dass die Läufer im Stadion zwar alle laufen, aber dass nur einer den Siegespreis gewinnt? Lauft so, dass ihr ihn gewinnt. Jeder Wettkämpfer lebt aber völlig enthaltsam; jene tun dies, um einen vergänglichen, wir aber, um einen unvergänglichen Siegeskranz zu gewinnen. Darum laufe ich nicht wie einer, der ziel-

los läuft, und kämpfe mit der Faust nicht wie einer, der in die Luft schlägt; vielmehr züchtige und unterwerfe ich meinen Leib, damit ich nicht anderen predige und selbst verworfen werde.

Nach dem, was wir von Paulus aus seinen Briefen wissen, war er alles, aber bestimmt nicht sportlich. Eher im Gegenteil. Warum bringt er dieses Wettkampf-Beispiel? Und dann auch noch eines, bei dem es ums Gewinnen geht. Ist das in der Kirche nicht verpönt? Bei Wettbewerben auf Gemeindefesten ist ja der Trostpreis vom ersten Platz meist kaum zu unterscheiden. Gewinnen hat da schnell etwas Unanständiges, und auf keinen Fall sollen Verlierer produziert werden. Und dann heißt es im Predigttext: Es kann nur einer gewinnen. Paulus betont: Ich gebe alles, Vollgas, ich nehme keine Rücksicht auf mich und trainiere hart. Schon, damit keiner sagen kann, ich predige Wasser und saufe Wein.

Was es zu gewinnen gibt, ist relativ klar: einen „unvergänglichen Siegeskranz“, nicht das irdische Grünzeug, das doch irgendwann welkt. Bei solch einer Aussicht sollte es klar sein, dass der Kinnhaken sitzen sollte, statt im Luftloch zu verschwinden. Und jetzt wird es gefährlich: Wer ist denn überhaupt der Gegner hier?! Alle laufen, aber nur einer kommt als Erster an. Alle boxen, aber nur einer bekommt den Weltmeistergürtel. Gerade das soll ja die Motivation sein, wirklich alles zu geben. Ich wiederhole die Frage: Wer ist der Gegner?! Meine Mitchristinnen und Mitchristen, und nur die allerfrömmsten kommen in den Himmel? Das kann es ja nicht sein!

Die nächste Frage, die sich mir stellt: Was ist das überhaupt für ein Wettbewerb, wie sind die Regeln und was ist das Ziel? Religiöser Zehnkampf, wie sieht der aus? Vielleicht so: Klingelbeutel füllen, Anzahl gebeteter Vaterunser, abgelegte Beichten, auswendiggelernte Gesangbuchlieder, weiteste Wallfahrt, fleißigster Gottesdienstbesuch, wenigste Sünden, für den Adventsbasar gebackene Kuchen in Kilogramm plus fürs Kirchencafé gekochter Kaffee in Litern, wie oft die Bibel von vorne bis hinten gelesen und als Schlussdisziplin am seltensten in der Predigt eingeschlafen. Klingt doch fair, transparent, lässt sich leicht messen und zusammenzählen. Und dann gewinnt einer oder eine. Religion als Hochleistungssport – nicht wenige betreiben das so. Manchmal nimmt das unfreiwillig komische Züge an – wer schleppt mehr

Stühle beim Open-Air-Gottesdienst –, manchmal krankhafte – wer opfert noch mehr Zeit und Energie und vernachlässigt dabei sich und andere –, manchmal sogar zerstörerische – die Bibel wird zu wörtlich ausgelegt und außer Acht gelassen, dass sie aus einer anderen Zeit stammt. Genau wie beim Sport. Wer es da übertreibt, *tut* nicht etwas für seine Gesundheit, sondern *zerstört* sie.

Bei aller Religions-Fitness muss deswegen eines klar sein und bleiben: Unser Heil machen wir nicht selbst. Unseren Glauben machen wir nicht selbst. Unsere Gottesbeziehung beruht nicht auf unseren Verdiensten und Anstrengungen.

Die Tipps, die Paulus gibt, sind nicht wirklich hilfreich: Lauf nicht ziellos, schlage keine Luftlöcher und schon gar nicht dich selbst. Aha. Das wusste Tyson Fury auch vorher, und trotzdem verpasste er sich selber einen Kinnhaken. So, wie Christinnen und Christen zu allen Zeiten mit den allerbesten Motiven das Gegenteil von dem erreicht haben, was sie eigentlich wollten. Das wird auch immer so bleiben, und deswegen gilt es, vorsichtig zu sein mit Gesetzen, mit Werten, und erst recht mit Moral. Und wenn ich den Eifer sehe, mit dem zum Teil Religion heute betrieben wird, sei es unsere eigene oder eine fremde, dann halte ich es im Zweifelsfall lieber mit Churchill als mit Paulus. Der englische Premier wurde gefragt, wie er, bei seiner Liebe zu Whisky, Champagner und Zigarren, im hohen Alter noch so fit sei. Seine Antwort: No sports.

Religion als Hochleistungssport, „streng dich an, damit du etwas giltst vor Gott“, da hätte und hat auch Paulus immer wieder vehement widersprochen. Es muss also etwas anderes sein, was er den Korinthern mitteilen wollte. Ich glaube, man kommt dem auf die Spur, wenn man sich die Beweggründe ansieht, die Menschen dazu veranlassen, Sport zu treiben: Sie machen das gerne. Sie gefallen sich dabei, es geht ihnen damit gut. Marathonläuferinnen erzählen, dass es glücklich macht, 42 km zu laufen – müsste heute in Zeitalter von Bus und Bahn ja wirklich niemand mehr, und trotzdem ist es ein Volkssport. Es steht da nicht der unmittelbare Nutzen dahinter, auch nicht immer und unbedingt, jemand anderes oder sich selbst besiegen zu wollen, sondern Spaß und Genuss. Das sieht für Außenstehende nicht immer so aus, wenn Sportler bei minus zwei Grad Celsius die Laufschuhe schnüren, um im Eisregen eine Runde zu drehen, während man selber ein gutes Buch bevorzugt. Aber allen ist klar: Erfolge lassen sich nur mit hartem Training erarbeiten. Fleiß, Disziplin, Vorbereitung, all das ist wichtig, um das selbst gesteckte Ziel zu erreichen.

Wohl gemerkt: *selbst*-gesteckt. Es wäre ein schlimmer Fehler, Gott als Cheftrainer und Punktrichter misszuverstehen. Die Trainingshärte und den Ehrgeiz legt Paulus *sich selbst* auf. Er ist gerne Christ und wäre eben so gerne noch besser darin. Ihn zu fragen, wie sich das mit dem gnädigen Gott verträgt, wäre das gleiche, wie einen 100-Meter-Läufer zu fragen, warum er kein Motorrad nimmt, das wäre doch viel schneller.

So ist auch die Frage, *was genau* man denn trainieren soll, ganz schnell in einer Sackgasse, wenn man nach Dingen sucht, die ganz speziell und exklusiv christlich sind. Wenn jemand trainiert, schnell laufen zu können, dann kann das ein Fußballer sein, ein Leichtathlet oder sonst was. Keiner würde ihm reinreden „das machen doch andere Sportarten auch, trainier das doch nicht". Aber genau das passiert, wenn eine Antwort auf die Frage versucht wird, was denn einen Christen und eine Christin ganz praktisch ausmacht. Der Siebenkampf, den der Evangelist Matthäus vorschlägt, ja, den bestreiten andere auch. Es ist müßig darüber zu streiten, wer es denn aus den besseren Motiven tut. Es ist vor allem denen egal, denen es zu Gute kommt: Hungrige speisen, Durstige tränken, Fremde beherbergen, Nackte kleiden, Kranke pflegen, Gefangene besuchen, Tote bestatten. Bleiben Sie darin fit – durchtrainiert, aber ohne falschen Ehrgeiz! Amen.

Vorschläge für das Predigtlied

EG 164	Jesu, stärke deine Kinder
EG 420	Brich mit den Hungrigen dein Brot

Fürbittengebet

Herr, unser Gott,
du meinst es gut mit uns, vor dir sind wir gerecht, trotz all unserer Fehler. Du nimmst uns an, wie wir sind, dafür danken wir dir. Wir bitten dich
für Menschen, die sich für andere einsetzen: Gib ihnen die Weisheit, das rechte Maß zu finden, ihre Kräfte einzuteilen und die Motivation zu behalten;

für Menschen, die auf der Suche nach mehr Menschlichkeit sind, dass sie einen langen Atem haben;
für Vorbilder im Glauben, dass sie ihr Wissen gerne weitergeben und für uns, das wir ihnen ein offenes Ohr schenken.
Alles, was uns auf dem Herzen liegt, fassen wir in dem Gebet zusammen, das Jesus Christus uns gelehrt hat:

Vater unser

Sebastian Kuhlmann

Sexagesimae

Hebräer 4,12–13

[Lesung des Predigttextes]

I

Liebe Gemeinde!
Es sind in der Regel die klaren Worte, die uns besonders ansprechen. Wir lieben Worte, die uns die Richtung weisen und Orientierung geben; Worte, denen man sofort entnehmen kann, was gemeint ist. Besonders deutliche Worte sind deshalb auch immer wieder um die Welt gegangen und haben Geschichte geschrieben. Und so gibt es wohl kaum jemanden, der z.B. diese nicht kennt: I have a dream. „Ich habe einen Traum“, das rief Martin Luther King, der Baptistenprediger und Führer der schwarzen Bürgerrechtsbewegung 1963 in seiner berühmten Rede in Washington, D.C. den Demonstrationsteilnehmern entgegen. Dieser kleine Satz wurde zum Symbol für den Kampf um Gleichberechtigung von Schwarzen und Weißen. Und er wirkt bis heute nach.

Ähnlich stark und klar formulierte John F. Kennedy ebenfalls im Jahr 1963, als er vor dem Schöneberger Rathaus in Berlin bekannte: „Ich bin ein Berliner!“ Mitten im Kalten Krieg und zwei Jahre nach dem Mauerbau sagte er den Berlinern damit: Ihr seid nicht allein, ich selbst und das amerikanische Volk sind an eurer Seite! Und der dritte berühmte Satz, an den erinnert werden soll, stammt von Michael Gorbatschow: „Wer zu spät kommt, den bestraft das Leben.“ Dies hat er im Oktober 1989 gesagt, als er zu den Feierlichkeiten anlässlich des 40. Jahrestages der DDR in Berlin zu Gast war. Er ist mit diesem Satz in die Geschichte eingegangen. Zu Recht: Denn er sprach nur aus, was alle schon wussten. Dieser Satz gehört nun untrennbar zur friedlichen Revolution in der DDR.

So klare Worte, die keiner weiteren Erklärung bedürfen, gehen uns nah. Sie sind uns lieb und wert, und manche gehen, wie die zitierten, dann sogar in die Geschichte ein.

Klare Worte sind es denn auch, die wir schnell vermissen in Kanzel- und Politikerreden. Wenn die Redner sowohl den einen als auch den anderen gefallen wollen, dann wird eine Rede schnell lau und fad.

II

Das Wort Gottes, so beschreibt es der Hebräerbrief, ist an Klarheit überhaupt nicht mehr zu überbieten. Das Wort Gottes ist so deutlich und klar, dass es fast schon wehtut. Es scheidet Seele und Geist. Es ist schärfer als jedes zweischneidige Schwert und dringt bis in Mark und Bein. Es wird zum Richter der Gedanken und Sinne. Vor dem Wort Gottes ist nichts verborgen.

Beim Hören klingt der Predigttext fast schon ein bisschen bedrohlich. Zu viel Klarheit kann nämlich auch unangenehm werden. Klarheit könnte die sogenannten „blinden Flecken“, die Defizite und Versäumnisse wohlmöglich noch bloß legen. Insofern geht man beim Lesen des Predigttextes zunächst wohl lieber in „Hab-Acht-Stellung“. Wer weiß, was das zweischneidige Schwert alles ans Licht befördert von dem, was ich lieber im Dunkeln halten möchte.

Das Wort Gottes scheidet Seele und Geist, Mark und Bein, heißt es. Dass hier etwas im Bilde ausgedrückt wird, ist offenkundig. Insofern fragen Leser und Hörer zu Recht: Was scheidet es denn nun wirklich?

Wer die Bibel mal so von hinten nach vorn mit dem Daumen durchblättert und ganz vorn zu lesen beginnt, wird sofort fündig.

Das Wort Gottes scheidet das Licht von der Finsternis. Es scheidet Sonne und Mond. Und so entstehen Tag und Nacht, dieser heilsame Wechsel von Licht und Finsternis. Er erlaubt es uns, unser Werk im Licht zu vollbringen. Und er beschert uns zugleich die Nacht, um von unserem Werk auszuruhen.

Das Wort Gottes scheidet die Wasser und macht eine Feste. Und so entsteht ein Raum zum Leben für Pflanze, Tier und Mensch. Erst diese klare Unterscheidung ermöglicht Leben.

Das Tohuwabohu, das Durcheinander, vom Anfang war unwirtlich und lebensfeindlich. Und wehe uns, wenn die Wasser aus ihrer Unterscheidung brechen, dann brechen zugleich Unglück und Chaos über uns herein. Die Geschichte der Hochwasser, der Fluten und der Sturmfluten auf dieser Erde ist lang. Insofern wissen wir alle um die Heilsamkeit der Unterscheidung zwischen den Wassern und der Feste.

Das Wort Gottes scheidet den Alltag vom Sabbat, den Festtag vom Werktag. Es hebt einen Tag in der Woche heraus, an dem der Mensch ruhen und sich auf den Sinn und den Ursprung des Lebens besinnen und sich an den Seinen freuen soll. Selbst die Sklaven sollen an diesem Tag ruhen und nicht arbeiten. Diese Unterscheidung hat eine gar nicht genug zu würdigende Aktualität in einer Zeit, in der ständige Erreich- und Abrufbarkeit als ein Lebensgewinn gehandelt werden.

Das Wort Gottes schafft den Menschen als Mann und Frau und unterscheidet die beiden voneinander. Die beiden sollen sich mehren, Freude aneinander haben und sich gegenseitig ergänzen. Eine Predigt vermag nicht zu beschreiben, welche Freude und welches Glück Gott mit dieser spannungsvollen Unterscheidung dem Menschen bereitet hat. Dieser Unterscheidung verdanken wir, dass wir sind. Und viele würden sagen, dieser Unterscheidung verdanken sie das Glück ihres Lebens.

Die Unterscheidung von Tag und Nacht, die Unterscheidung von Werktag und Feiertag, die Unterscheidung von Mann und Frau, die Unterscheidung von Gut und Böse – schaffen die Basis für gelingendes Leben.

Das Schöpferische und Lebendige am Wort Gottes ist gerade seine Kraft zur Unterscheidung. Vor diesem Wort ist eben nicht alles gleich-gültig. Vor dem Wort Gottes sind nicht alle Schafe grau. Der rote Faden im Wort Gottes ist das Leben selbst. Das Wort Gottes zielt darauf, Leben zu ermöglichen, Leben zu schützen und zum Leben zu befreien. Menschen sollen in Frieden ihre Erdenrunden drehen, unter „ihrem Weinstock" sitzen und ihr Brot essen können – und zwar ohne Angst. Und es scheidet all das, was dem Leben dient und nützlich ist, von dem, was ihm widerspricht.

III

Wer diesen roten Faden aufnimmt, entdeckt, mit welchen Augen Gott die Welt ansieht. Es sind Augen der Güte und des Friedens. Aus ihnen spricht Leidenschaft und Wohlwollen. Diese Augen scheiden nicht nur die Wasser voneinander, so dass eine Feste entsteht, auf dem der Mensch leben darf. Nein, diese Augen unterscheiden auch zwischen dem Menschen und seiner Tat. Sie gewähren Zukunft und lassen Gnade vor Recht ergehen. Sie versprechen dem Leben, das unvollendet geblieben ist, Vollendung zu.

Wer diesem roten Faden folgt, d.h. dem Wort vertraut, erfährt etwas darüber, wie der Mensch bei Gott angesehen ist. Nämlich mit dem Blick der Güte. Wer diesem Wort vertraut, wird zu den Bedürftigen geführt, zu denen, die einen anderen brauchen. Wer den Faden aufnimmt und dem Wort vertraut, wird berührt an Leib und Seele. Das Wort Gottes macht den Menschen empfindlich für all das, was dem Leben dient und für das, was ihm schadet.

Das Wort Gottes ist im Blick auf das Leben und die Welt glasklar. Es zielt darauf, dass Menschen verlorengegangenes Vertrauen wiedergewinnen, dass sie die Hoffnung zurückerlangen, dass sie Heilung finden an Leib und Seele. Im Horizont von Gottes Wort wird die Welt lesbar und die Geister unterscheidbar. Und so kann es gut sein, dass wir inmitten unseres Lebens, in menschlichen Worten also, das Wort Gottes aufscheinen sehen. Und plötzlich wissen wir, wohin wir gehen sollen und was zu tun geboten ist. Amen.

Vorschläge für das Predigtlied

EG 452	Er weckt mich alle Morgen
EG 193	Erhalt uns, Herr, bei deinem Wort

Fürbittengebet

Himmlischer Vater,
dein Wort orientiert und befreit, es tröstet und rechnet nicht zu, es ermutigt und macht lebendig. Wir danken dir dafür und bitten, schenke uns dein Wort, wann immer wir es nötig haben. Lass es vernehmbar sein, zwischen all den Worten, die uns umgeben.
Dein Wort ruft die Welt ins Dasein, es schafft Raum zum Leben. Wir legen dir unsere Welt ans Herz, mit all ihren Wunden und Nöten, mit ihren Problemen, die wir nicht lösen können. Wir bitten dich demütig um dein Erbarmen, um die Luft, die wir atmen, um die Keimkraft der Natur, um Sonne und Regen, je zu seiner Zeit.
Dein Wort verspricht Menschen Frieden, der höher ist als alle Vernunft. Wir legen dir das Leben der Menschen ans Herz mit alle ihren Freuden und Leiden. Wir bitten dich besonders für die

Flüchtlinge dieser Erde, für die Opfer von Krieg, Gewalt und Terror, für die Kranken und Sterbenden. Für die Kinder und Jugendlichen beten wir, schütze sie und bewahre ihnen Unbefangenheit und Lebenskraft.
Dein Wort orientiert, es ruft zu Umkehr und tätiger Liebe. Wir legen dir Menschen ans Herz, die in dieser Welt besondere Verantwortung tragen und Macht haben: in Wirtschaft, Politik und Wissenschaft, in der Justiz und bei der Polizei, in den Medien, an Schulen und Hochschulen, gib ihnen für ihr Handeln Maß und Sinn, berühre sie mit deinem Geist des Friedens.
Himmlischer Vater, wie reich ist dein Wort, und wie lebendig deine Wahrheit, schenke uns Augen und Ohren für die Buntheit deiner Gnade. Amen.

Matthias Blume

Estomihi

1. Korinther 13

[Lesung des Predigttextes]

Liebe Gemeinde!
Auf die Frage hin, was Liebe ist, würde jede und jeder von uns anders antworten. So unendlich groß ist sie. Nicht erklärbar. Nur zu beschreiben geht die Liebe mit vielen erlebten Geschichten. Unendlich groß ist sie und immer noch größer. In ihr wirkt Gott selbst. Stellen wir uns aber vor, die Liebe wäre eine Person wie du und ich, säße mit uns hier in der Kirche, dann könnte ihre Erscheinung vielleicht so aussehen:

I

Dorothea Liebe wohnt im obersten Stockwerk eines alten Mehrfamilienhauses. Beide haben den Krieg überlebt – Frau Liebe und das Haus. Das Treppensteigen fällt ihr mittlerweile schwer. Trotzdem bleibt Frau Liebe in ihrer ausgebauten Mansarde wohnen. Wegen des schönen Blickes, den sie von hier über die Stadt hat – sagt sie – und weil sie sich hier oben dem Himmel ein Stück näher fühlt. Tatsächlich ist es so, dass wenn man aus ihrem Küchenfenster schaut, man die ganze Stadt und all das bunte Treiben vor sich hat. Die breite Geschäftsstraße mit ihren herrschaftlichen Kaufhäusern und Banken, dazwischen der kleine Gemüseladen an der Ecke. Ganz hinten die Schornsteine des Autowerkes und des Städtischen Klinikums. Der Friedhof liegt wie eine grüne Insel mittendrin. Menschen schieben sich zu Fuß oder in Fahrzeugen durch die Straßen, Mütter mit Kinderwagen, Alte an Rollatoren, schicke Männer und Frauen in geschäftlichen Anzügen und Kostümen und viele Kinder. Für die schlägt Frau Liebes Herz besonders.

All das kann Frau Liebe überblicken von ihrer Mansardenwohnung. „Das ist mein Leben“, sagt sie. Im Haus genießt Frau Liebe Wertschätzung. Nicht nur weil sie Postsendungen für Nachbarn entgegen nimmt. Ab und zu passt sie auf den

Hund von Familie Erz auf und sie hütet – wenn es nötig ist – sogar Babys ein. Vielmehr genießt Frau Liebe Wertschätzung darum, weil sie so ist, wie sie heißt – Dorothea Liebe.

Im Erdgeschoss wohnen die Familien Erz und Schelle. Herr Schelle ist Abgeordneter im Stadtparlament, Herr und Frau Erz sind beide Ärzte. Natürlich schmunzeln die ab und zu über die einfache Art, mit der Frau Liebe denkt, redet und lebt. „Damit kann man heutzutage keinen Blumentopf gewinnen. Und schon gar nicht in der Politik", meint Herr Schelle. Doch spürt man beiden jungen Familien ab, dass sie auf Frau Liebe und ihr kleines Reich mit Bewunderung schauen. Manchmal sind sie darauf sogar neidisch. Dorothea Liebe macht nämlich einen zufriedenen und glücklichen Eindruck.

Wie alt Frau Liebe wirklich ist, weiß keiner im Haus. Auf alle Fälle hat sie den Krieg miterlebt und den Aufschwung danach. Manche behaupten sie sei noch älter. Andere behaupten anderes, weil Frau Liebe so junge Augen hat. Wenn man ihr irgendein Kompliment macht, winkt sie verlegen ab und sagt: „Ach was, ich versuche doch nur zu leben wie es ein Mensch tun sollte." Manchmal, wenn Frau Liebe merkt, dass man nicht in Eile ist und Zeit hat für eine Plauderei, lädt sie zu sich in ihre Wohnung ein. „Ich mach uns schnell eine Tasse Kaffee", sagt sie. Dann sitzen wir uns gegenüber. Sie hört immer erst zu, ehe sie zu reden beginnt. Jedes Mal darf ich mir einen Keks aus ihrer bunten Dose mitnehmen und einen Gedanken, der mich im Alltag irgendwie weiter begleitet.

II

Vor einigen Wochen erzählte sie aus ihrer Kindheit und Jugend. Sie ist auf einer kleinen Bauernstelle auf dem Land großgeworden als drittjüngste von acht Geschwistern. „Was glauben Sie, was da manchmal los war!" Lacht sie plötzlich auf und klatscht vor Vergnügen in die Hände. „Viel hatten wir nicht. Und es hat immer gereicht. Nur eben die Liebe der Eltern nicht. Davon wollten wir Kinder mehr. Und immer noch mehr. – Das ist mir später erst bewusst geworden.

Wir mussten alle nach der Schule mit auf den Acker oder in den Stall zum Helfen. Abends haben wir uns dann gestritten, was das Zeug hielt. Jeder wollte bei Vater auf dem Schoß sitzen oder von Mutter gekämmt werden. Um ein bisschen von der Liebe abzubekommen, die unsere Eltern ja nur bedingt geben konnten. – Ist doch klar.

Kriegte der eine neue Schuhe, wollte der andere auch welche haben. So ging das weiter, bis wir erwachsen waren. – Und glauben Sie mir" – sie legt ihre Hand auf meinen Unterarm, – „ab und zu benehmen wir uns auch heute noch wie Kinder. Jeder besteht auf seins und will der Beste sein. Das liegt wohl in unserer menschlichen Natur. – Denken Sie nur an Kain und Abel in der Bibel." Nachdenklich schaut sie aus dem Fenster in den Himmel. „Und dennoch haben uns die Eltern diesen gewissen Blick vermittelt. Den Blick für den Andern.

Viele Menschen meinen sich selbst, wenn sie von Liebe sprechen. Sie wollen geliebt sein – oder besser gesagt – sie wollen beachtet werden. Mir fiel es schwer, über meinen Schatten zu springen, um meine Geschwister mit liebevollen Augen anzusehen." Frau Liebe stand von ihrem Sessel auf, holte eine Kerze und zündete sie an. „Die soll für meinen Paul leuchten. Meinen Mann. Er war meine erste und einzige Liebe. Wir lernten uns bei der Ernte kennen. Paul kam aus der Stadt und half seinem Onkel.

Meine Güte, wie haben wir uns geliebt! Zuerst mussten wir es geheim halten. Wir trafen uns immer, wenn es draußen dunkel wurde, bei der alten Scheune. Wir träumten von einer gemeinsamen Zukunft und schwuren uns ewige Treue. Für mich erfüllte sich eine tiefe Sehnsucht. Wenn Paul mich ansah und zärtlich in die Arme nahm, dann meinte er wirklich mich. Ich habe damals von ihm bekommen, was ich früher bei den Eltern vergeblich gesucht hatte. Und wenn Paul neben mir lag, hab ich ihn solange angesehen, bis ich meinte, ihm ins Herz sehen zu können. Dann dachte ich immer – das ist Meiner. Mein Paul. Ich sah, wie glücklich er sein konnte und wie eifersüchtig. Eines Tages sah ich Angst in seinem Herzen. Es war seine Angst vor dem aufziehenden Krieg.

‚Wenn ich nur immer bei dir bleiben könnte' – sagte er mit Tränen in den Augen, als er in den Zug stieg, der ihn an die Front abholte." Sie schwieg. „Solche Liebe wünsche ich jedem Menschen. So eine Liebe – wissen Sie – die dem andern ins Herz sehen kann. Denn solche Liebe kann auch Schweres aushalten." Ich fragte, was aus Paul geworden sei. Sie erzählte: Während eines Fronturlaubs hat er sie in die Stadt geholt und sich mit ihr verlobt. Seitdem bewohnte sie die Mansarde.

Neunundvierzig kam Paul aus Gefangenschaft nach Hause und fünfzig haben sie geheiratet.

Paul hatte sich verändert. Auf ihm lastete etwas Schweres. Doch er sprach nie darüber. Sie stritten miteinander. Oft weinte sie sich in den Schlaf, und manches Mal war es so schlimm, dass sie ihre Koffer packen und ihn verlassen wollte.

„Es war schwer für mich, unserem Liebesschwur treu zu bleiben", sagte Frau Liebe mit trauriger Stimme. Sie seufzte und fügte kraftvoll hinzu: „Jemand hat einmal zu mir gesagt: ‚Einen Menschen nur halb lieben heißt, ihn gar nicht lieben'. Dieser Satz hat mir geholfen Paul wieder ins Herz zu sehen. Ich habe begriffen, dass ich Paul nicht ändern kann. Er war nun einmal, wie er war. Und so konnte ich ihn entweder verlassen oder lieben. Bei ihm zu bleiben, war meine Entscheidung. Das hat schließlich mich selbst verändert."

Wieder schwieg sie. Sie legte ihre Hände ineinander und sagte: „Einundachtzig ist Paul gestorben. Wir hatten noch gute Jahre. Anders als erträumt und doch gut. Das schönste Geschenk hat er mir noch bereitet, kurz bevor er starb. Das bleibt unser Geheimnis – Pauls und meins."

Vorsichtig fragte ich nach Frau Liebes Kindern. Sie lächelte mich an: „Ihr seid doch meine Kinder. Ihr alle hier." Sie lachte herzlich auf und sagte: „Meine Güte, Sie müssen denken: ‚Die Alte ist verrückt' ".

III

Im Haus gab es Gerede. In den dritten Stock sollten neue Mieter einziehen. Das waren Leute, die anders waren. Das sah man ihnen schon an. Sie sprachen anders und trugen außergewöhnliche Kleidung. Niemand im Haus wurde schlau, wie die miteinander verwandt waren oder zu tun hatten.

Frau Liebe stieg mit ihrer Einkaufstasche die Treppe rauf, als die Nachbarin aus der Wohnung unter ihr plötzlich die Tür öffnete und Frau Liebe zur Rede stellte: „Was sagen Sie eigentlich zu unseren künftigen Mietern? – Das geht doch nicht! – Die werden sich bestimmt nicht in unsere Hausgemeinschaft einfügen. – Haben Sie bemerkt, seitdem die hier ein- und ausgehen ist mehr Schmutz im Treppenhaus. – Sollten wir uns nicht zusammentun und verhindern, dass die einziehen?"

Frau Liebe stellte ihre Tasche ab, sah die Nachbarin ruhig an und sagte: „Lassen Sie die Leute doch erst einmal bei uns ankommen. – Sicher, sie wirken auch auf mich fremd. Und natürlich wäre auch mir so eine kleine ruhige Familie mit süßen Kindern als neue Nachbarn lieber. Aber wir wissen doch gar nichts über sie. Lassen Sie uns die Leute kennenlernen. Wenn uns etwas an ihnen stören sollte, können wir sie darauf aufmerksam machen. Sie erzählen uns sicher gern etwas über sich und ihre Lebensweise. Und wenn nicht, können wir ja nachfragen. Geben Sie den Leuten eine Chance, mit uns zu leben. – Einen kleinen Moment bitte“, Frau Liebe setzte sich auf eine Treppenstufe neben ihre Tasche. – „Ich, die Frau Liebe, habe im Leben erfahren, dass ich Fremde kennenlernen muss. Dann gewinnen sie meistens mein Herz. Es hat doch jeder etwas Liebenswertes an sich.

Wie viele Flüchtlinge strömten nach dem Krieg in unsere Straße und wurden von den Einheimischen zunächst abgewiesen. Manche bekamen nicht einmal einen Becher Milch. Und heute? – Sind sie ein Teil unserer Stadt.“ Das Gesicht der Nachbarin verriet peinliche Rührung, denn auch sie war einst hier fremd, weil sie nach dem Krieg von weither kam.

„Oder denken sie an die Schwulen und Lesben.“ Erzählte Frau Liebe weiter. „Was haben wir die Nase gerümpft. Ich kann mir bis heute nicht vorstellen, wie das mit zwei Männern oder zwei Frauen geht. Muss ich auch nicht. Doch haben wir uns hier in der Straße längst an diese Paare gewöhnt. Viele finden sie sehr angenehm. Ich übrigens auch.

Und was wir nicht alles von Menschen gelernt haben, die in unser Land kamen, um hier mit uns zu leben und zu arbeiten. Aus diesen Gründen möchte ich Sie bitten: Geben Sie den neuen Mietern eine Chance.“ Frau Liebe kramte in ihrer Taschen und holte eine exotische Frucht hervor. „Hier, schenke ich Ihnen. – Kennen Sie nicht? – Probieren Sie mal. – Die muss man mögen.“

Sie erhob sich von der Treppe, nahm die Tasche und wollte weitergehen. Sie drehte sich nochmals um und sagte: „Wenn wir aufhören das Fremde zu achten, dann lieben wir uns irgendwann selbst nicht mehr.“

IV

Trotz ihres hohen Alters nimmt Dorothea Liebe Anteil an allem, was um sie passiert. Sie kann in gleicher Weise das Leben genießen, wie sie sich kämpferisch für etwas einsetzen kann. Ich sah sie mitten unter jungen Leuten, die gegen Massentierhaltung protestierten. „Sie hier, Frau Liebe?“ – fragte ich. Sie sah mich an und antwortete spitz: „Natürlich! Bei dieser Geschichte kann ich nicht zu Hause sitzen bleiben! Unrecht reißt mich hoch. Wir müssen die Menschen darauf aufmerksam machen, dass für unseren Wohlstand andere Kreaturen leiden.“ Auf dem Nachhauseweg begleitete ich sie und nutzte die Situation, sie zu fragen: „Dann sind Sie auch manchmal gegen etwas. Auch gegen Menschen?“

Ruhig antwortete sie: „Jetzt haben Sie mich ertappt. Natürlich stört mich die Art mancher Menschen. Ich habe was gegen Leute, an denen scheinbar alles abprallt. Oder gegen solche, die mit ihrer Liebe eigentlich nur sich selbst meinen. Eigentlich habe ich nichts gegen sie. Aber ich habe etwas gegen ihre Haltung. Und das muss ich loswerden. – Glauben Sie bloß nicht, dass ich mich nicht streite, nur weil ich Liebe heiße. Liebe kann heiß und feurig sein, leidenschaftlich und kraftvoll und das in jeder Hinsicht.“ Wir gingen ein paar Schritte. Dann sagte sie: „Eigentlich versuche ich an jedem Menschen etwas Liebenswertes zu finden. Etwas, was ich mag oder was mich anrührt. Es gibt nur wenige Leute in meinem Leben, bei denen ich wirklich nichts Liebenswertes gefunden habe. Vielleicht darum, weil ich selbst Mensch bin und nicht Gott. – Es kommt schon mal vor, dass ich jemanden überhaupt nicht leiden mag. – Wissen Sie, was ich dann immer frage? – Gott, was willst du mir jetzt mit diesem Menschen zeigen oder sagen. Wenn in jedem Menschen ein Stück von Gott lebt, dann ist er nicht nur der „liebe Gott“. Er muss auch seine Schattenseiten haben, die ich nicht verstehe. Geschweige denn lieben kann.“

Ich wollte es noch genauer wissen und fragte sie: „Können Sie auch hassen?“ Unerwartet schnell sagte sie: „Ja, kann ich. Ich hasse Menschen, die über andere großes Leid bringen. Glauben Sie mir, ich habe da meine persönlichen Erfahrungen gemacht.

Ich weiß oft selbst nicht, wen ich lieben soll und wen ich hassen muss. Die Grenze zwischen Gut und Böse verläuft in jedem Menschen. Gestern Morgen stand ich vor meinem Spiegel und hörte Nachrichten. – Grausam, was gestern wieder passiert ist. – Ich sah mein eigenes Spiegelbild fragend an: ‚Wer bin ich? Zu was bin ich Mensch fähig? Was für ein seltsames Geschöpf ich doch bin‘. Ich versuchte mir vorzustellen, dass aus meinem Spiegelbild mir Gott entgegen schaut. – Ich konnte ihn nicht finden. – Das war für mich furchtbar. Erst beim Gemüsehändler löste sich meine Furcht. Er zwinkerte mir nämlich zu und begrüßte mich wie immer freundlich: ‚Guten Tag, Frau Liebe. Ich freue mich, Sie zu sehen‘. Ehe ich sagen konnte, was ich haben will, fragte er: ‚Wie geht es Ihnen‘? – Ob Sie es mir glauben oder nicht: In seinen Augen habe ich Gottes Gesicht kurz aufblitzen sehen.“

V

Noch viele Begebenheiten von und mit Dorothea Liebe könnte ich Ihnen erzählen. Wir alle fürchten uns vor dem Tag, an dem es sie nicht mehr gibt – in unserem Haus und in unserer Straße, auf dieser Erde. Allerdings bin ich überzeugt davon, dass sie weiterleben wird. In Menschen, deren Herz sie berührt und verändert.

Wo sind Sie der Frau Liebe schon begegnet? – Dieser kleinen, leidenschaftlichen Person, die manchmal erscheint, als wäre sie direkt vom Himmel gefallen. Mag sein, dass sie in Ihrem Haus anders heißt. Vielleicht trägt sie in unseren Häusern deinen Namen oder meinen. So könnte es zumindest sein. In Gottes Namen: So soll es sein. Amen.

Vorschläge für das Predigtlied

EG 413 Ein wahrer Glaube Gotts Zorn stillt

EG 420 Brich mit dem Hungrigen dein Brot

Fürbittengebet

Guter Gott, allmächtig in Liebe,

wir suchen deine Nähe, in der wir uns geborgen fühlen, schenke uns deine liebende Kraft, in der wir selbst zu Liebenden werden.

Wir bitten dich für Verliebte, Paare und Familien: Erfülle sie mit deiner liebenden Kraft, du Gott der Beziehung. Wir bitten dich für Menschen, die sich fremd sind und für uns, wenn wir uns ge-

genseitig fremd werden und ausgrenzen: Erfülle uns mit deiner liebenden Kraft, du Gott der Barmherzigkeit.
Wir bitten dich für Menschen in Streit und Verbitterung und für uns, wenn wir von Ärger und Hass auf andere erfüllt sind: Erfülle uns mit deiner liebenden Kraft, du Gott der Versöhnung.
Guter Gott, lege deine Liebe in unseren Blick, damit wir die Schönheit deiner Schöpfung sehen und bewahren. Erfülle uns mit deiner liebenden Kraft und gib uns deinen Frieden.
Amen.

Christian Schoberth

Invokavit

Hebräer 4,14–16[1]

[Lesung des Predigttextes]

Liebe Gemeinde!
Sie konnte Schokolade nicht widerstehen. Im Laufe der Jahre sah man es ihr auch immer mehr an. Je länger, je deutlicher wusste sie: „So kann es nicht weitergehen." Und so kam sie zu dem Entschluss: Keine Schokolade in der nächsten Zeit. Doch dann war da die Mitarbeiterbesprechung, und ein Kollege hatte Geburtstag. Zur Feier des Tages hatte er die verschiedensten Leckereien mitgebracht, alles Variationen von Schokolade. Es kam wie es kommen musste, sie erlag der Versuchung. Am Ende der Sitzung lagen vor ihr zahlreiche Einwickelpapierchen. Sie war frustriert.

Dies ist ein relativ unschuldiges Beispiel dafür, dass ein Mensch sich einen Weg vorgenommen hat, aber durch eine Versuchung davon abgekommen ist. „Versuchung" ist ein Wort, das die Bibeltexte des heutigen Sonntags durchzieht. Eva und Adam konnten der Frucht vom Baum der Erkenntnis nicht widerstehen. Anders Jesus, der sich selbstbewusst von den Versuchungen abgrenzte.

Was ist das mit der Versuchung? Warum eigentlich sollte man ihr widerstehen? Warum genießt die Frau aus dem Beispiel nicht einfach die Schokolade und sagt: „Herrlich, das war richtig lecker, wunderbar!"? Woher kommt das Gefühl der Niederlage? Wohl daher, weil die Frau wusste: Das, was ich tue, will ich eigentlich nicht, denn es ist nicht gut für mich. Sie wollte das nicht, was sie dann doch getan hat. Sie ist der Versuchung erlegen, sie hat sich also besiegen lassen. Die Schokolade auf der einen Seite des Streites, auf der anderen Seite ihre Selbstbestimmung. Versuchung ist ein Angriff auf unser selbständiges, unabhängiges Leben. Erliegen wir

1 Die Predigt geht davon aus, dass im Gottesdienst das Evangelium Mt 4 gelesen wird.

der Versuchung, opfern wir ein Stück unserer Freiheit. Denn dann sieht es so aus, als wären wir abhängig von dem, was uns in Versuchung führt. Als könnten wir nicht völlig frei über unser Handeln bestimmen.

Und dann hören wir die Bibel über Jesus reden. Wie anders war er doch! In der Wüste wird er mehrfach vom Widersacher versucht und bleibt doch klar bei dem, was ihn hält. Er reagiert souverän und erinnert den Versucher und sicher auch sich selbst an seinen Weg, an seine Maßstäbe. So konsequent, ein Leben lang. Wer schafft das schon? Niemand außer Jesus, so haben wir es aus dem Hebräerbrief gehört. Jesus ist der Einzige, der allen Versuchungen widerstehen konnte, der einzige ohne Sünde. Ja, nicht nur das, er ist der Sohn Gottes, er hat sogar „die Himmel durchschritten".

Super, so ein Mensch. Aber ziemlich weit von uns entfernt; wir sitzen doch eher frustriert vor leer gefuttertem Schokoladenpapier.

Angesichts dieser Einsicht können wir jetzt natürlich aufgeben und hemmungslos allen Versuchungen nachgeben. Wir sind eben nicht Jesus. Nein, das sind wir nicht. Aber wir sind auch nicht automatisch das Gegenteil, willenlose, verführbare Menschen! Wenn wir unseren Schwächen einmal mutig ins Auge blicken, welche Antworten kann es geben? Wie könnten wir mit Versuchungen umgehen? Und was, wenn wir uns wieder einmal haben verführen lassen?

Auf Jesus verweist die Bibel nicht, damit wir alle vor Neid erblassen, uns klein fühlen und ohnmächtig. Ganz im Gegenteil! Dieser Predigttext steckt voller Aufforderungen und Ermutigungen. Lasst uns festhalten an dem Inhalt unseres Glaubens, lasst uns offen und frei uns auf Gott zu bewegen – so tönt es aus dem Hebräerbrief.

Ja, aber, möchte man diesem Aufruf entgegenhalten, wenn wir Menschen so schwach sind und Jesus so stark, was bedeutet das dann? Bleibt uns dann nichts anderes als hochzusehen auf Jesus? Sollen wir ihn als den Helden, den Übermenschen bewundern? Das lässt uns klein bleiben, das stärkt uns nicht. Das hilft nicht wirklich weiter, wenn wir wie Eva und Adam einer verbotenen Frucht widerstehen sollen.

Was aber hilft dann weiter? Ein weiterer Blick in den Predigttext zeigt, dass dort nicht nur von dem Jesus ohne Fehl und Tadel die Rede ist. Dieser starke Jesus ist nicht der ganze Jesus, nein, im gleichen Atemzug geht es um den, der uns Menschen völlig gleich ist – sieht man von der Fehlbarkeit, der Sünde, ab. Er hat das Leiden zugelassen, Demütigungen und Schmerzen ertragen. Jesus bewegt sich zwischen der Höhe des Himmeldurchschreiters und der Tiefe des Leidenswegs bis zum Kreuz. Er verkörpert durch diesen Weg eine Brücke zwischen uns Menschen und Gott. Anders gesagt: Jesus ist nicht nur Superman, er ist auch Schmerzensmann. Dadurch, dass Jesus Christus Höhen und Tiefen kennt, ist er eine Verbindung zwischen Himmel und Erde, zwischen Stärke und Schwäche, zwischen Freiheit und Versuchtwerden.

Jesus ist auf der einen Seite ganz anders als wir, und auf der anderen Seite ist er uns gleich geworden. Genau darum kann er für uns eine Orientierung sein, und zwar in gleich zwei Blickrichtungen. In Jesus zeigt uns Gott, dass er uns ein Gegenüber ist, der himmlisch und herrlich und stark ist, zu dem wir tatsächlich aufblicken. Wenn wir hochschauen, dann geht die Bewegung von uns weg, wir sind raus aus dem Karussell des Sorgens um uns selbst. Die andere Blickrichtung gilt uns, unserem nächsten Schritt. Denn in Jesus, der uns gleich ist, der mitleidet mit den Menschen, zeigt Gott uns, dass er mit uns ist. Er ist ein Wegbegleiter.

Wenn wir uns auf diese Weise orientieren an Gott, dann können wir freimütig und unabhängig unseren Weg gehen. Denn so widersprüchlich das klingt: Um ganz frei und selbständig sein zu können, brauchen wir etwas, an das wir uns binden. Das ist der Dreh- und Angelpunkt, wenn es um Freiheit geht. Haltlos finden wir keine Selbstsicherheit, haltlos türmen wir nur Schokoladenpapierchen vor uns auf.

Aus der Orientierung auf Gott heraus erwächst uns ein freies Leben. Dabei ist es bestimmt kein Zufall, dass es hier im Hebräerbrief nicht um einzelne Christen geht, um Individuen; immer ist die Gemeinschaft im Blick. „Lasst uns festhalten am Bekenntnis" – keine und keiner muss allein die Herausforderungen bewältigen, eine Gemeinschaft kann Rückhalt und Stärkung bieten.

Diese Blickrichtungen sind auch eine gute Zusammenfassung dafür, warum wir heute hier Gottesdienst feiern: Die Ausrichtung auf Gott, der uns ein Gegenüber ist und an unserer Seite steht, und als zweites die Gemeinschaft derer, die ihren Weg vor Gott suchen.

In jedem Gottesdienst hat unsere Schwäche, unsere Verführbarkeit einen Platz. Wenn wir das Vaterunser gemeinsam beten, bitten wir auch „und führe uns nicht in

Versuchung, sondern erlöse uns von dem Bösen". Wir bitten Gott um Rückenstärkung, dass wir den betörenden Angeboten widerstehen können, die uns in ungute Abhängigkeiten bringen. Im Gebet erneuern und erinnern wir unsere Beziehung zu Gott, die uns selbstsicher macht gegenüber Gefährdungen unserer Freiheit.

Nur: Leider ist es nicht so, dass die Frau vom Anfang unserer Geschichte nach einem Gottesdienstbesuch völlig ungefährdet in alle kommenden Mitarbeitersitzungen gehen kann, gewappnet gegen jede Versuchung. Jesus ist der einzige, der ohne Sünde war – und er wird auch der einzige bleiben. Menschen, so hat es ein Theologe einmal formuliert, sind nicht imstande, nicht zu sündigen. In diesem Leben sind wir nie ein für alle Mal erlöst von allem Bösen.

Darum wohl hören wir anschließend in dem Hebräerbrief auch die Aufforderung, mit aller Zuversicht vor Gott zu treten. Nicht schicksalsergeben, sondern freimütig, offen und hoffnungsvoll! Weil wir zwar einerseits immer auf vielerlei Weise verstrickt sein werden in Versuchung und Schuld, aber andererseits uns diesen Verstrickungen nicht ergeben müssen.

Heute ist der erste Sonntag in der Passionszeit, der Zeit, in der wir uns den Leidensweg Jesu vor Augen führen. Die Passionszeit ist seit der frühen Kirchengeschichte eine Fastenzeit, eine Zeit, in der Menschen durch Verzicht ein bewussteres Leben führen wollen.

Diese Zeit können wir als eine Gelegenheit verstehen, einmal die Blickrichtungen neu zu üben: aufzuschauen auf den Himmelsdurchschreiter Jesus, ihn gleichzeitig zu erfahren als Wegbegleiter, und diese Suchbewegungen des Glaubens zu teilen in der Gemeinschaft. Wie wäre es, in den kommenden Wochen nicht zu sagen: „Ich konnte halt nicht anders"? Wie wäre es, bis zum Osterfest die Zuversicht zu üben? Gott hat uns seine Hilfe versprochen! Amen.

Vorschläge für das Predigtlied

EG 77,8	O hilf Christe, Gottes Sohn
EG 97,1–3	Holz auf Jesu Schulter

Fürbittengebet

Barmherziger Vater,

wir bitten dich: Sieh auf deine Kirche. So viele Verwerfungen über den richtigen Weg, Streit über unterschiedliche Interessen, wohin soll es gehen? Wir hoffen auf deine Versöhnung.

Liebender Jesus Christus, wir bitten dich: Sieh auf unsere Welt. Völker bekriegen einander, Menschen zerstören Leben, mit welchem Ziel? Wir hoffen auf deinen Frieden.

Belebender Heiliger Geist, wir bitten dich: Sieh auf die Not vieler Menschen. Eingeschlossen in ihr eigenes Ich, ist der Blick verstellt auf dich und die Nächsten. Wohin können wir schauen? Wir hoffen auf deine Freiheit.

Großer Gott, wir bitten dich: Sieh auf uns. Wir suchen nach unserem Weg, zwischen Versuchungen und Verstrickungen. Wonach richten wir uns aus? Wir hoffen auf deine Erlösung.

Amen.

Christiane de Vos

Reminiszere

Römer 5,1–11

[Lesung des Predigttextes]

Liebe Gemeinde!
Heute wollen wir uns einmal rühmen. Anhaltspunkte dafür finden wir im Predigttext genügend. Dort ist mehrfach vom Rühmen die Rede – und zwar in sehr pointierter Weise. Es geht um ein betontes Sich-Rühmen, eigentlich um das Prahlen mit einer Person oder Sache: Wie heute auch, rühmte man sich schon zu Paulus' Zeiten gern seiner Verbundenheit mit angesehenen Personenkreisen, z.B. der Vertrautheit mit bestimmten Gelehrten oder Repräsentanten des öffentlichen, also auch religiösen Lebens. In heutiger Zeit gilt eher etwas, seine Zugehörigkeit zu politisch und natürlich wirtschaftlich den Ton angebenden nachweisen zu können. Ziel solchen Sich-Rühmens ist es denn auch, zu Ruhm zu gelangen – zu Ruhm wegen seiner Verbindungen, wegen seiner Kraft, seiner Schönheit, seiner Sportlichkeit, seiner Gelehrtheit, seines Reichtums.

Das Wort, das im Griechischen für „rühmen" steht, hat zugleich auch eine werbende Bedeutung. Wer sich irgendeiner Person oder Sache rühmt, empfiehlt sie weiter. Diese Bemerkungen zu dem griechischen Ausdruck für „rühmen" scheinen aber das Verständnis des heutigen Textes nur noch zu erschweren. Denn in ihm tönt Paulus: Wir rühmen uns der Trübsale.

Ganz ehrlich und unter uns: Wer hat das je schon mal gemacht – sich seiner Trübsale, Drangsale, seiner leidvollen Erfahrungen gerühmt, so gerühmt, dass man meinen könnte, er werbe dafür, dass andere auch so etwas erleben? Denn, wie wir gesehen haben, das liegt ja in der Konsequenz solchen Rühmens.

Ich muss gestehen, dass ich das von mir kenne: Ich habe mich meiner Trübsale, meines Kummers gerühmt. Aber leider nicht in dem Sinn, wie das 5. Kapitel des

Römerbriefs meint. Es gibt ein weitverbreitetes Prahlen mit schmerzlichen Erfahrungen, von dem uns Gott heute mit dem Evangelium reinigen und heilen will. Ich meine jenes Rühmen, das darauf beruht, dass Menschen sich im Hinblick auf die Härte ihres Lebens, die Bosheit ihres Schicksals usw. überbieten wollen: Mein geringes Gehalt! Geringes Gehalt? Meine hohe Miete erst! Aber meine schwere Arbeit! Schwere Arbeit? Immerhin hast du welche! Schau dir mal die Leute an, mit denen ich tagein, tagaus zusammenleben muss! Aber ich bin allein! Allein? Ich wäre froh, wenn ich mal meine Ruhe hätte! Ich habe kaum noch Freizeit, ich kann nicht einmal mehr krankmachen, weil ich sonst nicht mehr konkurrenzfähig bin!

Man wetteifert um den Ruhmestitel „größter Dulder". Menschen rühmen sich ihrer Bedrängnisse – aber nicht etwa, um damit zu werben, nicht, weil sie ihrem Leid etwas Gutes abgewinnen könnten, sondern weil sie damit ihre eigene Größe und den ungenügenden Einsatz der anderen herauskehren wollen. Das Ziel, das sie dabei verfolgen, besteht darin, Bewunderung zu ernten. Allein deswegen ist es ein Wert für sie, als vom Leben Benachteiligter zu gelten. „Gewinner" in solchen Debatten ist der, der am plausibelsten erklären kann, weshalb es ihm noch schlechter geht.

Solchen selbsternannten Märtyrern des Lebens geht es auch nicht darum, diese Erfahrungen etwa abzustellen, also aus der Trübsal herauszukommen; sondern sie empfinden den Sieg im Wettstreit „Anerkannter Leider" als einen eigenen Lebenswert. Und dabei haben sie keinen Blick für den egoistischen Zug ihrer Bekümmerchen und sind nicht bereit zu glauben, dass sie im Grunde nur unter sich selbst leiden.

Der heutige Text zeigt einen Weg, über diese Rangeleien hinauszukommen. Nicht, weil es für Christen nichts zu leiden gäbe, sondern weil Christus deshalb für uns gestorben ist, um uns damit die Aussicht auf ein *Ende* unseres Leides zu eröffnen. Dass Paulus sich der Drangsale rühmt und spürt, dass sie seine Hoffnung nicht zunichtemachen, sondern sogar wecken und festigen können, hat mit der Gewissheit zu tun, dass dieses Leiden zeitlich begrenzt ist.

Das Leiden an sich ist nur für den ein Wert, der sich darauf spezialisiert hat, damit seine Persönlichkeit zu profilieren. Das Leiden *stärkt* aber nicht von sich aus die Hoffnung, sondern fordert den Glaubenden heraus, immer wieder neu die Frage nach seinem Heil zu stellen – weil es dem Glaubenden sozusagen immer wieder die Arbeit verschafft, die er braucht, um nicht von Formeln, sondern „von der zukünftigen Herrlichkeit Gottes" zu leben.

In diesem Evangelium liegt auch die Ermutigung, jenes „Türme-Bauen" aufzugeben. Denn wir sollen unsere Kraft nicht ins *Leiden* investieren, sondern in unsere Geduld und Hoffnung. Mancher Mensch verschleißt seine Kraft in der Dokumentation seiner Trübsal. Paulus erinnert ihn daran: So wahr ein Christ um leidvolle Erfahrungen, auch um Sticheleien seines Glaubens wegen, nicht herumkommt, so wahr hat Jesus das Leiden am Kreuz gerade nicht veredelt, sondern ein Höchstmaß (oder sollten wir sagen: ein Tiefstmaß) der Trübsal erreicht, das wir weder zu überbieten brauchen, noch können, noch sollen. Und deshalb kann es für Paulus schließlich nur noch einen Ruhm geben: „Wir rühmen uns Gottes."

So mit dem Leid umzugehen, so Trübsalen zu begegnen, wird ohne große Worte etwas Werbendes haben. Dann werden Menschen aber nicht für das Leiden, sondern für Gott und damit für die Hoffnung gewonnen, aus der jedermann schöpfen kann, jeder, der sich an die Drangsale Jesu Christi erinnert. Auch in dieser Hinsicht trägt der heutige Sonntag seinen Namen: Reminiszere – gedenke!

Es ist aber noch – der Ähnlichkeit und der Verwechslungsgefahr wegen – von einer anderen Art des Rühmens der Drangsale zu reden, von einem Rühmen des Leids, mit dem Menschen dazu bewogen werden sollen, sich der Trübsal hinzugeben. Es kommt immer wieder vor, dass das Leid und der Verzicht von denen als Tugend gepredigt werden, die von derlei Lebenserfahrungen nicht betroffen sind. Unter Chefideologen, Unternehmern, auch unter kirchlichen Amtsträgern sind sie zu finden. Sie profitieren in irgendeiner Weise davon, dass es Drangsale gibt – und rühmen sie darum als wertvolle Lebenserfahrung.

Demgegenüber muss festgehalten werden, dass so, wie Paulus von den Drangsalen redet, nur aus dem Munde Betroffener geredet werden kann. Zu oft sind das Leiden-Können und die Geduld von denen als Weg zur Lebens- und Gotteserfahrung gepriesen worden, die insgeheim eine Rechtfertigung für ihre weltanschauliche oder wirtschaftliche Unterdrückung suchten. Das Rühmen der Trübsale kann und darf nicht als Appell verstanden werden, sondern ist eine Folge, die sich einstellt, wenn Menschen selbst auf den Grund ihrer Hoffnung stoßen.

Während die Machthaber der Welt ihren Völkern Erlösungshoffnungen *verordnen*, ohne ein Interesse daran zu haben, dass die Bedrängnis zu einem Ende kommt, *bezeugt* Paulus eine Erlösungshoffnung, die davon genährt wird, dass einer nicht „Ihr" sondern „Ich" gesagt hat, als es galt, am Kreuz ein für allemal die Trübsal zu begrenzen. Amen.

Vorschläge für das Predigtlied

EG 171 Bewahre uns Gott

EG 374 Ich steh in meines Herren Hand

Fürbittengebet

Unser Herr, Jesus Christus,
wir gedenken heute Deines Weges zum Kreuz und der Trübsale, die du für uns auf dich genommen hast. Dafür danken wir dir. Wir bitten dich für alle Menschen in Bedrängnis, dass sie Sinn finden, in dem Leiden, das sie erdulden müssen. Wir bitten dich für Menschen, die in ideologischen Lügengebäuden gefangen gehalten werden, denen eingeredet wird, ihr Leiden diene einer größeren Sache, die aber nur benutzt werden: Eröffne ihnen den Blick auf die Freiheit, sich zu befreien. Wir bitten dich für uns, dass du uns Kraft gibst, die Welt zu einem gerechteren, leidensfreieren Ort zu machen. Amen.

Manfred Weilingen

Okuli

Epheser 5,1–8a

Der Predigttext wird erst im Verlauf der Predigt verlesen.

I

Woran erkennt man mich als einen Menschen, der sich zu Gott bekennt? Wie handle ich als Christin, als Christ? Davon handelt unser Bibelabschnitt aus dem Brief an die Gemeinde in Ephesus, dort steht im 5. Kapitel:

[Lesung des Predigttextes]

Die Botschaft ist kurz und klar: Christen erkennt man daran, dass sie Unzucht, Unreinheit und Habsucht lassen. Und leeres Geschwätz, Tratsch und Verleumdung sollen auch nicht sein. Ins Positive gewendet: Christen erkennt man daran, dass sie liebevoll, anständig und großzügig sind. Sie sind ehrlich und aufrichtig. Sie gehen freundlich und höflich mit anderen Menschen um. So einfach, so gut.

Na ja, gut schon, aber gar nicht so einfach. Ganz und gar nicht einfach. Denn wenn es so einfach wäre, wenn mir überall Christenmenschen begegnen würden, die anständig, freundlich, höflich und großzügig sind, mein Leben wäre leichter, angenehmer. Und umgekehrt muss ich zugeben: Auch ich lasse es immer wieder an Höflichkeit, Freundlichkeit und Großzügigkeit fehlen. Auch ich mache es den Menschen um mich herum damit leider oft unnötig schwer. Warum ist das so?

II

Was hält mich zum Beispiel davon ab, großzügig und nicht geizig zu sein? Habsüchtig, wie Luther das übersetzt. Altmodisches Wort „Habsucht“, trifft die Sache aber ziemlich gut. Wir erleben das immer wieder mal in der Quengelzone vor der Supermarktkasse. Kinderarme strecken sich sehnsüchtig nach Süßigkeiten. „Haben, haben“.

Und auch uns Erwachsenen ist das nicht fremd: dieser innere Drang, etwas haben zu wollen, haben zu müssen. Es gibt „must haves“, Dinge, die junge Menschen „haben müssen“: ein tolles Smartphone, angesagte Klamotten. Es gibt „1000 Orte, die du gesehen haben musst, bevor du stirbst“: Paris, na klar. New York, auf jeden Fall. Ayers Rock in Australien, unbedingt. Die Serengeti und der Kilimandscharo, unvergesslich. Es gibt Dinge, die das Leben sicherer machen: ein gut gefülltes Bankkonto, das eigene Haus oder die Eigentumswohnung. Es gibt Dinge, die machen das Leben angenehm: das tolle Sofa, der große Flachbildschirm, Kino, Konzert, der Besuch im schicken Restaurant.

Ich sehe, dass andere das alles haben und genießen. Ich habe das nicht, oder zumindest habe ich deutlich weniger als sie. Ich will das auch. Die Psychologie sagt uns: Der Wunsch, etwas haben zu wollen, ist eigentlich der Wunsch, dazuzugehören. Wir wollen zu bestimmten Menschen, zu Gruppen dazugehören. Eigentlich heißt das: Wir wollen geliebt werden. Dazu brauche ich aber die Dinge, die die anderen schon haben. Darum will ich sie haben, diese Dinge. Unbedingt. Und behalten will ich sie auch. Klar. Und das macht mich unfähig, großzügig zu sein, zu geben, loszulassen.

Haben-Wollen ist eigentlich Ausdruck dafür, geliebt werden zu wollen. Etwas nicht zu haben, kann uns Angst machen, nicht geliebt zu sein. Wie gehen wir damit um? Kann man lernen, diese Angst loszuwerden? Man kann, sagt unser Bibelabschnitt.

III

„Ihr seid Gottes geliebte Kinder“, hören wir heute. Glaubt ihr denn, dass der reiche Gott will, dass ihr zu kurz kommt im Leben? Ihr seid Gottes geliebte Söhne und Töchter, die glücklich werden wollen und die Gott glücklich sehen will. Dafür ist Gott das beste Beispiel. Er hat seinen Reichtum nicht festgehalten. In Jesus hat er den Himmel verlassen und ist Mensch geworden. Folgt seinem Beispiel.

Schaut, wie er gelebt hat: Eine große Freiheit hat sein Leben geprägt. Er konnte fasten und feiern. Er war zu Gast bei den Reichen und suchte die Nähe der Armen. Was er hatte, teilte er und gab es weiter. Sogar an seinem Leben hielt er nicht krampfhaft fest, sondern hat es am Ende Gott vertrauensvoll in die Hände gelegt.

So frei hat er gelebt, weil er sich ganz und gar von Gott geliebt wusste. Ich glaube, Dorothee Sölle hat Recht, wenn sie schreibt: „Ich halte Jesus von Nazareth für den glücklichsten Menschen, der je gelebt hat. … Jesus erscheint in der Schilderung der Evangelien als ein Mensch, der seine Umgebung mit Glück ansteckte, der seine Kraft weitergab, der verschenkte, was er hatte.“[1]

Wo er war, da wurde den Menschen das Herz leicht. Er ließ die Menschen entdecken, was sie sind: Gottes geliebte Söhne und Töchter. Jesus ließ die Menschen erfahren, dass sie als Personen Gott recht sind. Sie müssen weder ihre Grenzen noch ihre Schwächen verstecken. Sie brauchen weder ihr Versagen noch ihre Schuld verbergen. Sie brauchen nicht perfekt zu sein und auch nicht unbedingt so sein, wie andere sie haben wollen.

Das ganze Leben von Jesus war wie ein Versprechen: Gott begleitet euch jeden Tag auf eurem unübersichtlichen Weg durch das Leben – weil er euch liebt. „Ich bin das Licht der Welt“, konnte Jesus von sich sagen. Und es stimmte. Wo er war, da wurde den Menschen leicht ums Herz. Da war es, als ginge ihnen ein Licht auf. Da wurde es hell, auch in finsteren Zeiten, weil sie erkannten: Ich bin ein von Gott geliebter Mensch.

IV

Jesu Geschichte und seine Geschichten haben Menschen aufgeschrieben in den Evangelien in unserer Bibel. „Evangelium“ heißt übersetzt: „frohe, gute Nachricht“. Es ist die Geschichte des Menschen Jesus, der den Menschen gut getan und gute Spuren hinterlässt bis heute. Der französische Jesuitenpater Christoph Theobald übersetzt das aus dem Griechischen stammende Wort „Evangelium“ mit „die Botschaft vom Guten“.

Mit Jesus ist das Gute da. Es ist möglich. Er hat es getan. „Ihr könnt es auch tun“, sagt Jesus. „Ihr könnt für andere da sein, ihr könnt einen Beitrag leisten für eine gerechtere, friedlichere, solidarische Welt. Dazu braucht es manchmal gar keine großen Taten. Manchmal verändert sich schon Vieles zum Guten, wenn ihr beginnt,

---

1 Dorothee Sölle: „Ich halte Jesus von Nazareth …“, aus: Dies.: Phantasie und Gehorsam. Überlegungen zu einer künftigen christlichen Ethik. Freiburg i. Br., 1968, 63.

liebevoll, anständig und großzügig zu leben. Ihr tut den Menschen gut, wenn ihr ehrlich und aufrichtig seid und freundlich und höflich mit ihnen umgeht.

Denn auch „ihr seid das Licht der Welt". Auch durch euch kann es heller werden, wo es jetzt noch finster ist. Darum „lebt als Kinder des Lichts". Jesus Christus stellt uns ein gutes Beispiel vor Augen. Er zeigt uns, wie wir leben können als Gottes geliebte Kinder.

V

„Lebt als Kinder des Lichts", fordert uns unser Bibelabschnitt deshalb heute heraus. Er zeigt uns auch gleich, wie das gehen kann: Seid liebevoll, anständig und großzügig. Seid ehrlich und aufrichtig. Geht freundlich und höflich mit anderen Menschen um. Das ist nicht immer einfach. Doch es gibt Beispiele, die uns zeigen, wie es gehen kann. Da gibt es Menschen, die wie Jesus Gott als die Quelle des Guten, als die Quelle des Lichts regelrecht anzapfen und von diesem Guten weitergeben und damit Licht in die dunklen Ecken des Lebens bringen.

Großzügige Menschen, manchmal ganz in unserer Nähe. Sie verschenken zum Beispiel großzügig ihre Zeit: Da ist Herr H., der von montags bis freitags jeden Morgen die Lebensmittelmärkte der Region anfährt, um Nachschub für die Tafel zu besorgen. Da ist Frau G., die Nächte lang am Bett im Hospiz sitzt und Sterbende auf ihrem letzten Weg begleitet. Da ist Frau N., die Garo und Marta, die aus Syrien geflohen sind, zu den Ämtern begleitet. Manchmal hat auch sie Mühe, die Formulare zu verstehen. Aber mit Geduld und der freundlichen Hilfe der Damen im Rathaus klappt es dann doch. Und da ist Larissa, die Garos Sohn Jakob bei den Hausaufgaben hilft.

Sie könnten mit Ihrer Zeit auch was anderes anfangen: ins Kino gehen, oder ins Café, ein gutes Buch lesen oder mit Freunden abhängen. Tun sie auch. Herr H. genießt es, Fußball auf seinem großen Flachbildfernseher zu schauen. Larissa geht gerne mit ihren Freundinnen shoppen. Frau N. war mit ihrem Mann über den Jahreswechsel in Australien. Ist ja grade die schönste Zeit dort. Das Feuerwerk an der Harbor Brigde haben sie gesehen und natürlich waren sie am Ayers Rock. Das alles kommt nicht zu kurz in ihrem Leben. Aber dafür, anderen großzügig von ihrer Zeit abzugeben, ist eben auch noch Zeit. So einfach, so gut.

Larissa, Frau N., Frau G. und Herr H. sind übrigens engagierte Christinnen und Christen aus unserer Kirchengemeinde und aus der Nachbarschaft. Aber das war Ihnen sicher schon klar. Amen.

Vorschläge für das Predigtlied

EG 385,1–3	„Mir nach", spricht Christus unser Held
EG 395	Vertraut den neuen Wegen

Fürbittengebet

Gott, du bist in Jesus zu uns gekommen. Bei den Menschen, zu denen Jesus kam, ist es hell geworden. Sein Leben macht uns Mut, zu dir zu kommen und dich für Menschen zu bitten, die dringend einen Lichtblick in ihrem Leben brauchen:
Wir denken an Menschen, die trauern. Wir denken an Menschen, die einsam zu Hause sitzen. Wir denken an Menschen, die bei uns eine neue Heimat suchen. Wir denken an Menschen, die die Not erdrückt. Du weißt, wer uns heute besonders am Herzen liegt.
Lass uns von dem Licht und von der Liebe weitergeben, die wir von dir empfangen haben: Wir wollen die Traurigen trösten. Wir wollen die Einsamen besuchen. Wir wollen gastfreundlich und offen Menschen empfangen, die zu uns kommen. Wir wollen helfen, wo wir Not lindern können.
Kinder des Lichts sollen wir sein. Als deine Kinder kommen wir zu dir und beten:

Vater unser

Rainer Heimburger

Lätare

2. Korinther 1,3–7

[Lesung des Predigttextes]

Liebe Gemeinde!
Das Wort Trost hat heute bei vielen Menschen einen negativen Klang. Aus gutem Grund. Es klingt nach falschem Trost, nach Vertrösten, so als wolle man über etwas hinwegtrösten, den Menschen einbilden, dass doch alles gar nicht so schlimm ist. Ja es gibt viele Kritiker der Religion, die Religion überhaupt als einen falschen Trost verstehen, eine Art Betrug an den Leidenden mit falschen Versprechungen von einer besseren Welt und einer besseren Zukunft. Religion, sagte einst Karl Marx, ist Opium des Volkes, durch das Versprechen einer besseren Welt im Jenseits bringt man die Menschen dazu, sich mit Leiden, Ungerechtigkeit und Unterdrückung abzufinden. Man soll die Leute nicht vertrösten, sondern die Verhältnisse hier auf Erden ändern.

Natürlich ist diese Kritik an der Religion ungerecht und oberflächlich. Sicher, es gibt in der Religion, auch in der christlichen Kirche, viel falschen Trost und falsche Vertröstung, die das Leiden nicht ernst nehmen will und nur darum herumredet. Und man kann Menschen gut verstehen, die sich sentimentales Mitleid und Trost direkt verbitten. Davon erzählt auch die Bibel, wenn es von Rahel nach dem Kindermord von Bethlehem in einem tief bewegenden Satz heißt: „Zu Rama hat man ein Geschrei gehört, viel Weinen und Heulen, Rahel beweinte ihre Kinder und wollte sich nicht trösten lassen“. Es ist ein gutes Recht, sich falschen und billigen Trost zu verbitten, das sollte auch die Kirche respektieren. Die Menschen wollen heutzutage Hilfe und nicht mit billigem Trost abgespeist werden.

Aber es gibt ja auch falschen Trost, der nicht religiös ist, sondern geradezu alltäglich: Flucht in Drogen und Alkohol, übermäßigen Konsum, Flucht in Arbeitswut – ja, selbst Sexualität kann als falscher Trost missbraucht werden. Das ist wahr. Falscher Trost – das sind nicht nur die anderen, das sind auch wir selbst.

Denn was ist das Kennzeichen von falschem Trost und falscher Vertröstung? Dass man das Leiden nicht ernst nimmt oder darüber hinwegredet. Wenn man selbst Todkranken einbildet, es wird schon alles wieder gut, und keinen Mut zur Wahrheit hat. Wenn man meint, mit einer Art Notlüge trösten zu müssen.

Aber weil es viel falschen Trost gibt – braucht man nicht zu leugnen, dass es auch wahren Trost gibt und dass es wichtig ist, den Unterschied zu erkennen. Vom wahren Trost spricht der Apostel Paulus in seinem Gruß am Anfang des zweiten Korintherbriefs. Wahrer Trost, das ist die erste Aussage, kommt nicht von uns, sondern von Gott. Trost ist keine intellektuelle Leistung, etwas, das wir erfinden müssen – das war ja die Kritik von Karl Marx – sondern er kommt von Gott, auch wenn sich das zwischen zwei Menschen ereignet. Das ist etwas, was geschieht nicht wegen, sondern trotz aller unserer klugen oder weniger klugen Vorschläge und Gedanken. Trösten kann man nicht lernen, man kann darum beten, und das gilt sowohl dem, der getröstet wird, als auch dem, der tröstet. Es geschieht gleichsam hinter unserem Rücken.

Das deutsche Wort „Trost“ bedeutet eigentlich so etwas wie Mut machen, Vertrauen aufbauen, wie das englische *trust*. Aber das griechische Wort, das Paulus verwendet, hat eigentlich eine ganz andere Wurzel. Der *Paraklet*, der Tröster, ist eigentlich jemand, der für uns spricht, wenn wir nicht sprechen können. Das Wort kann im Griechischen auch so etwas wie Rechtsanwalt bedeuten – jemand, der für uns spricht, wenn uns die Worte fehlen.

Wer kennt das nicht? Leiden macht sprachlos, und angesichts von Leiden fehlen uns die Worte. Echter Trost beginnt damit, dass wir uns das eingestehen, das gilt für den, der Trost sucht, und den der Trost geben will. Uns fehlen die Worte, das sollen wir uns eingestehen. Und manchmal ist ja Schweigen besser als viele Worte, manchmal sagt eine Umarmung, eine Berührung mehr als Worte. Da erfahren wir, dass es nicht nur frommes Gerede ist, sondern eine tiefe Wahrheit, dass wahrer Trost nicht von uns kommt, sondern von Gott. Trösten ist kein Handwerk, sondern die Erfahrung, dass Gott für uns spricht. Das liegt in dem griechischen Wort vom *Parakleten*, der für uns spricht – ein Wort übrigens, das im Johannesevangelium für den Heiligen Geist verwendet wird.

Der Trost kommt von Gott, wir können ihn nicht arrangieren, aber wir können uns öffnen für den Trost, der von Gott kommt. Trost ist nicht etwas, was wir können, sondern etwas, das „geschieht", wie es bei Paulus heißt. Und er fügt hinzu, dass Trost immer im Namen Jesu geschieht, in der Erinnerung an das Leiden Christi. Deshalb ist Trost nicht dasselbe wie Leiden wegreden, es gibt keine Wahrheit ohne Wahrhaftigkeit, und es gibt auch keinen Trost ohne Wahrhaftigkeit.

Trost ist deshalb nicht nur ein Gedanke, sondern Trost ist auch Gegenwart von Hoffnung, so wahr wir „des Leidens Christi teilhaftig" sind, aber auch seines Trostes teilhaftig sein werden. Es gibt nichts Trostloseres als vor dem Leiden zu flüchten, der Einsame, der mit sich selber redet, der Traurige, der sich in oberflächliche Vertröstungen flüchtet. Es gibt viel falschen Trost in der Welt – die christliche Hoffnung ist kein solcher falscher Trost, weil sie immer auch Vergegenwärtigung des Leidens Jesu ist. Paulus spricht von der „Trübsal", die uns zum Trost und Heil geschieht. Trost heißt ja nicht, dass wir kein Recht hätten, traurig zu sein, so als wären Christen „Jubelidioten", die nur die Augen schließen vor dem Leid und der „Trübsal". Später im zweiten Korintherbrief heißt es, dass die Christen leben „als die Unbekannten, und doch bekannt; als die Sterbenden, und siehe, wir leben; als die Gezüchtigten, und doch nicht getötet; als die Traurigen, aber allzeit fröhlich, als die Armen, aber die doch viele reich machen; als die nichts haben, und doch alles haben" (2. Kor 6,9–10).

Das ist der Trost, der keine Vertröstung ist, eine Hoffnung, die die „Trübsal" ernst nimmt und nicht wegredet.

Man kann es auch humoristisch ausdrücken, was den Unterschied angeht zwischen falscher Vertröstung und echtem Trost im Glauben. Man hat erzählt bei der Schlacht von Königgrätz im letzten Jahrhundert zwischen den Preußen und Österreichern, dass das Motto der preußischen Soldaten war: Die Lage ist ernst, aber nicht hoffnungslos. Die Österreicher hatten dagegen ein charmanteres Motto als die Preußen: Die Lage ist hoffnungslos, aber nicht ernst. Vielleicht ist die letztere Fassung der Österreicher eine mehr authentische Formulierung christlicher Hoffnung, die Trübsal und Angst nicht wegredet, sondern im Lichte dieser Hoffnung erträgt. Amen.

Vorschläge für das Predigtlied

EG 65	Von guten Mächten
EG 396	Jesu, meine Freude

Fürbittengebet[1]

Vater im Himmel!

Zu dir wendet sich unser Gedanke, dich sucht er wieder in dieser Stunde, nicht wie mit unstetem Schritt eines irrenden Wanderers, sondern mit dem sicheren Flug eines Zugvogels; lass du unsere Zuversicht zu Dir nicht die Flüchtigkeit eines Gedankens sein, nicht die täuschenden Beschwichtigungen des irdischen Herzens; lass du unsre Sehnsucht nach deinem Reich, unsere Hoffnung auf deine Herrlichkeit nicht unfruchtbares Wehen regenloser Wolken sein, sondern aus der Fülle des Herzens sich zu dir erheben und, wie erquickender Tau unsere Zunge labt, Erhörung finden, auf dass dein himmlisches Manna uns sättige immerdar! Amen.

Eberhard Harbsmeier

1 Søren Kierkegaard: Gebete, hrsg. von Walter Rest,1952, 61.

Judika

Hebräer 5,7–9

Der Predigttext wird erst im Verlauf der Predigt in der hier angegebenen Übersetzung verlesen.

Liebe Gemeinde!
Gehorsam. Blinder Gehorsam. Kadavergehorsam. Gehorsam sein. Gehorchen. Wenn du mir nicht gehorchst! Woran erinnern Sie sich, wenn Sie das Wort „Gehorsam“ hören? Sind es angenehme Erinnerungen? Oder unangenehme? Vielleicht hängt es ja auch vom jeweiligen Lebensalter ab, welche Rolle dieses Wort in unserem Leben gespielt hat oder heute noch spielt. Womöglich war da auch Martin Luthers Erklärung zum vierten Gebot im Kleinen Katechismus „Wir sollen Gott fürchten und lieben, dass wir unsere Eltern und Herren nicht verachten noch erzürnen, sondern sie in Ehren halten, ihnen dienen, gehorchen, sie lieb und wert haben“ irgendwann wichtig in Ihrer Erziehung.

Nicht nur im Mittelalter, sondern bis in unsere Gegenwart hinein ist Gehorsam oder Gehorchen angesagt, und das auch nicht nur in den autoritären Regimen, die gegenwärtig die Welt beunruhigen. Eine der folgenreichsten Formeln war im letzten Jahrhundert der so genannte Führereid, den jeder Beamte und erst recht jeder Soldat leisten musste: „Ich schwöre bei Gott diesen heiligen Eid, dass ich dem Führer des Deutschen Reiches und Volkes Adolf Hitler, dem Oberbefehlshabenden der Wehrmacht, unbedingten Gehorsam leisten und als tapferer Soldat bereit sein will, jederzeit für diesen Eid mein Leben einzusetzen.“ Dieser „Treueid“ gegenüber dem „Führer“ hat Millionen von Menschen ins Verderben gestürzt. Die Studentenrevolten in den sechziger Jahren holten gegen solchen Gehorsam zum Schlag aus. Ziviler Ungehorsam wurde eingeübt. Eine ganze Generation wurde antiautoritär erzogen.

Der Gehorsam ist nach wie vor ein umstrittener Wert. Für die einen ist er eine notwendige Grundlage menschlichen Zusammenlebens. Andere wollen ihn am liebsten aus unserem Wortschatz streichen. Doch heute ist man sich auch in der Pädagogik wieder bewusst, dass „Autorität“ nicht prinzipiell etwas Schlechtes ist, und dass „Gehorsam“ zur Erziehung dazugehört. Gehört „Gehorsam“ auch zu unserem Glauben an Jesus Christus und wenn ja, warum?

In unserem Predigttext aus dem Hebräerbrief ist „Gehorsam“ das zentrale Wort:

> Und Jesus hat in den Tagen seines irdischen Lebens Bitten und Flehen mit lautem Schreien und mit Tränen dem dargebracht, der ihn vom Tod erretten konnte; und er ist auch erhört worden, weil er Gott in Ehren hielt. So hat er, obwohl er Gottes Sohn war, doch an dem, was er litt, Gehorsam gelernt. Und als er vollendet war, ist er für alle, die ihm gehorsam sind, der Urheber des ewigen Heils geworden.

Nirgendwo sonst im Neuen Testament wird so deutlich gesagt, dass Jesus Gehorsam erst lernen musste. Nur im Hebräerbrief findet sich die Aussage, dass er leidend Gehorsam lernte. Schauen wir uns das, was in diesen drei Versen über Jesus gesagt wird, einmal genauer an.

> Und Jesus hat in den Tagen seines irdischen Lebens Bitten und Flehen mit lautem Schreien und mit Tränen dem dargebracht, der ihn vom Tod erretten konnte; und er ist auch erhört worden, weil er Gott in Ehren hielt.

Am Vorabend seiner Kreuzigung bittet und fleht Jesus im Garten Gethsemane zu Gott. Er schreit und weint. „Mein Vater, ist’s möglich, so gehe dieser Kelch an mir vorüber.“ Jesus ringt mit sich und mit Gott. Es scheint ihm zu viel zu sein, was Gott ihm an Leiden zumutet. Er will nicht gefoltert und verspottet werden. Er will nicht sterben. Er schreit und weint. Und dann, irgendwann, betet er zu Gott „doch nicht wie ich will, sondern wie du willst“. „Dein Wille geschehe.“ Er hat gelernt, Gottes Willen anzunehmen. Er hat gelernt, Gott zuzutrauen, dass er auch in den Extremsituationen des Lebens, im Leid, hebt und trägt und rettet. Jesus hat sich nicht von Gott abgewendet, sondern ihn in Ehren gehalten, indem er an ihm festhielt und Gottes Willen annahm. Nun kann Jesus seinem Leidensweg innerlich zustimmen.

So hat er, obwohl er Gottes Sohn war, doch an dem, was er litt, Gehorsam gelernt. Das, was Jesus durchmachen musste, fasst der Hebräerbrief in diesem Vers zusammen. Jesus hat an dem, was er litt, Gehorsam gelernt, obwohl er Gottes Sohn war. Jesus musste leiden unter dem Streit zwischen seinen Eltern und Geschwistern. In seiner Heimat war er nicht anerkannt. Seine besten Freunde haben ihn im entscheidenden Augenblick verlassen. Er wurde vor aller Augen verspottet. Von Gott fühlte er sich am Kreuz alleingelassen. Und dann erlitt er eine der grausamsten Hinrichtungen. Durch all dieses Leid musste er hindurch als ein Mensch. Deshalb ist Jesus für alle, die ihm vertrauen, für uns, die wir auf seinen Namen getauft sind, ein Vorbild und ein Mittler. Aber er ist noch mehr für uns, wie der letzte Vers unseres Predigttextes aus dem Hebräerbrief sagt.

Und als er vollendet war, ist er für alle, die ihm gehorsam sind, der Urheber des ewigen Heils geworden. Jesus hat nicht nur Gehorsam gegen Gott gelernt. Er hat seine Verbindung zu Gott nicht nur in der Gottesferne und im Leiden aufrechterhalten. Jesus ist nach all dem von den Toten auferweckt worden. An ihm sehen wir, wohin wir gehen. Dass wir aus den Toten gerufen werden und auferstehen. Gott hat Jesus von allem Leiden befreit. Er hat den Tod überwunden. Von Gott über den Tod hinaus geschenktes Leben heißt hier „ewiges Heil". Leben ohne Leiden, ohne Tod, ohne Zweifel, ohne unbeantwortete Fragen. An Jesus Christus, dem Urheber des ewigen Heils, hat Gott deutlich gemacht, dass uns Christinnen und Christen das Leben bei Gott erwartet.

Liebe Gemeinde,
lauschen Sie einmal hinein in die Wortbedeutungen, die mit „Gehorsam" zusammenhängen: hören, gehorchen, zuhören, zuhorchen. Auffällig ist vor allem, dass sie alle mit dem Wort „hören" zu tun haben. Und gerade dieses Wort ist heute eines, das in einer ungeheuren Spannung steht. Unzählige Stimmen stürmen auf uns ein. Die Stimmen in der Werbung, in den Unterhaltungsprogrammen des Fernsehens, in den täglichen Nachrichten, im Wahlkampf, auf Parteitagen. Das Geschrei wird immer lauter.

Konzentriert zuhören, anhören, mithören, das sind heute wie zu Jesu Zeiten die Voraussetzungen, aus denen lebendige Alternativen für die Zukunft entstehen. Für sie sich zu entscheiden und sie durchzuhalten, können wir mit Recht als Gehorsam bezeichnen. Du sollst Gott mehr gehorchen als den Menschen, sagt die Bibel. Gehorsam gegenüber Gott und seinem Sohn Jesus Christus zu sein, heißt dann also für uns, dass wir ihm aus freiem Willen angehören, ihm gehorchen, zuhören, zuhorchen. „Dein Wille geschehe" ist das Ziel eines oft anstrengenden Weges, auf dem wir durch Kampf und Widerstand hindurch schließlich zum Frieden finden. Gehorsam gegenüber Gott fordert manchmal geradezu den Ungehorsam gegenüber menschlichen Gehorsamsforderungen heraus. Gottes Willen zu erforschen, ihn zu erhorchen, müssen wir in jeder Lebenslage neu prüfen. Unsere eigene Verantwortung sollen wir nach Gottes Willen nicht abgeben. Gehorsam gegenüber Gott überlässt die Verantwortung nicht den anderen. Gehorsam rechtfertigt sich nicht damit, dass ein anderer den Befehl gegeben hat. Dass Gott unseren Gehorsam fordert, macht uns frei gegenüber allen Erwartungen, die Menschen an uns haben. Halten wir uns an Jesus. Er ist unser Vorbild im Kampf mit Schicksalsschlägen und Leiden und zugleich der Urheber des ewigen Heils. Hart auf deiner Schulter / lag das Kreuz, o Herr, / ward zum Baum des Lebens, / ist von Früchten schwer. / Kyrie eleison, / sieh, wohin wir gehn. / Ruf uns aus den Toten, / lass uns auferstehn. Amen.

Vorschläge für das Predigtlied

EG 97, 1–6	Holz auf Jesu Schulter
EG 91, 1–4	Herr, stärke mich, dein Leiden zu bedenken

Fürbittengebet

Gott, du segnest uns, wenn wir deinen Geboten gehorchen und auf dein Wort hören. Du willst unser Gott sein, wenn wir deinem Wort gehorchen und vertrauen. Du hast uns deinen Sohn Jesus Christus geschickt, den Urheber des ewigen Heils. Du hast uns durch den Gehorsam des Einen, Jesus Christus, gerecht gemacht. Dafür danken wir dir.
Wir bitten dich: Hilf uns täglich neu, dir mehr zu gehorchen als den Menschen. Öffne unsere Ohren, dass wir deine Gebote und Rechte hören. Bewahre uns vor blindem Gehorsam. Hilf uns in unseren Leidenstagen, dass wir auf deinen Sohn Jesus Christus schauen, der an dem, was er

litt, Gehorsam gelernt hat. Stärke uns in den Stürmen unseres Lebens im Vertrauen auf Jesu Christus, dem Wind und Meer gehorsam waren. Gott, dein Wille geschehe in den guten und schweren Zeiten unseres Lebens.
Amen.

Christine Voigt

Palmarum

Philipper 2,5–11

Der Predigttext wird erst im Verlauf der Predigt in der hier angegebenen Übersetzung (Hoffnung für alle) verlesen.

Liebe Gemeinde!
„Kommen Sie zu uns. Wir bieten Ihnen eine fundierte Ausbildung in firmeneigenen Lehreinrichtungen und Werkstätten. Bei bestandener Prüfung werden Sie garantiert in eine Festanstellung übernommen. Unser Konzern bietet Ihnen gemäß Ihren Fähigkeiten vielfältige Aufstiegsmöglichkeiten."

Das klingt gut für junge Menschen, die einen Ausbildungsplatz suchen und den Ehrgeiz haben, eine glänzende berufliche Karriere anzustreben. Das könnte man doch auch den eigenen Kindern oder Enkeln empfehlen.

Nicht nur im Beruf, auch in anderen Bereichen des Lebens gilt es, sich hohe Ziele zu setzen und groß raus zu kommen. Wir denken an die verschiedenen Ausscheide um die Miss World oder an den Song Contest. Im Sport erstreben die Mannschaften den Aufstieg in die höhere Liga, und der Traum jedes Sportlers ist, bei Meisterschaften oder einer Olympiade oben auf dem Treppchen zu stehen.

Natürlich kann nicht jeder ganz oben sein. Und auch die, welche es nach ganz oben geschafft haben, sind nicht sicher vor dem Absturz. Wer weit oben ist, kann tief fallen. Ein Unfall kann abrupt eine Sportkarriere beenden. Ein Politiker ist in einen Skandal verwickelt und muss zurücktreten. Eine Krankheit führt zur Berufsunfähigkeit. Ein beliebter Star verfällt der Alkohol- oder Drogensucht und sinkt tief, wird ein Wrack, ein heruntergekommener Mensch.

Von einem, der ganz oben war, dann aber herunter gekommen ist, hören wir heute. Der Predigttext ist ein Glaubensbekenntnis, vielleicht sogar als Lied gesungen, aus der Zeit der ersten Christen; ich lese aus dem zweiten Kapitel des Philipperbriefes:

Orientiert euch an Jesus Christus. Obwohl er Gott in allem gleich war und Anteil an Gottes Herrlichkeit hatte, bestand er nicht auf seinen Vorrechten. Nein, er verzichtete darauf und wurde rechtlos wie ein Sklave. Er wurde wie jeder andere Mensch geboren und lebte als Mensch unter uns Menschen. Er erniedrigte sich selbst und war Gott gehorsam bis zum Tod, ja, bis zum schändlichen Tod am Kreuz.

I

Christus ist herunter gekommen. Ein herunter gekommener Gott? Der Einzigartige wird ein gewöhnlicher Mensch, verwechselbar mit anderen. Der seine Wohnung in der Herrlichkeit aufgibt und als Obdachloser lebt. Der seine Lichtgestalt verwandelt in einen menschlichen Körper. Der seine geachtete Stellung verlässt und sich demütigen lässt. Der ewiges Leben eintauscht gegen das Elend des Sterbens, eines qualvollen Sterbens.

Niemand hat ihn dazu gezwungen. Aus Liebe will er die Kluft überbrücken, die die Menschen von Gott trennt. Paul Gerhardt fasst es in die Worte: „O Liebe, Liebe, du bist stark. Du streckest den in Grab und Sarg, vor dem die Felsen springen." Wer kann das verstehen?

Wir wissen, wie schwer es der Witwe fiel, ihr Einfamilienhaus zu verlassen und ins Altersheim zu gehen. Der Manager wurde krank, als er seines Postens enthoben und arbeitslos wurde.

Christus aber geht freiwillig den Weg nach unten. In Abstimmung mit dem Vater will er Mensch werden, das Schicksal der Menschen teilen. Er will unser Leben kennenlernen mit seinen Höhen und Tiefen, ja besonders alles Leid, alle Krankheit und Not, der Menschen ausgesetzt sind.

Was hier erzählt wird, sprengt alle Erfahrungen und Vorstellungen. In den Mythologien der Antike wird von Göttern erzählt, die mal auf die Erde gekommen sind, sich unter den Menschen umgeschaut haben und sogar mit Frauen Halbgötter gezeugt haben. Aber sie sind keine Menschen geworden, haben nicht gelitten, sind nicht gestorben, sondern als unsterbliche Götter unbeschadet in ihren Himmel zurückgekehrt.

Christus kehrt nicht unbeschadet zurück. Er legt seine Gottheit ab und wird „wahrer Mensch".

Das haben Christen staunend und anbetend geglaubt und erkannt und schon in der Frühzeit der Kirche daraus ihr Glaubensbekenntnis formuliert. Darin heißt es:

> „Wir glauben an den einen Herrn Jesus Christus, Gottes eingeborenen Sohn, aus dem Vater geboren vor aller Zeit: Gott von Gott, Licht vom Licht, wahrer Gott vom wahren Gott, gezeugt, nicht geschaffen, eines Wesens mit dem Vater, durch ihn ist alles geschaffen. Für uns Menschen und zu unserem Heil ist er vom Himmel gekommen."

Was Christen bekennen, ist ein Glaubenssatz, ein Dogma. Das lässt sich nicht beweisen. Nicht nur Atheisten, auch Juden und Moslems bestreiten es, dass Gott, wenn es ihn gibt, einen Sohn hat, der Mensch geworden ist. Das ist eine Behauptung, die die Grenzen unseres Verstandes und unserer Erfahrung überschreitet. An anderer Stelle sagt Paulus, dass dieses Wort vom Kreuz des Christus den Menschen als Torheit und Ärgernis erscheint, dass es aber die Weisheit Gottes ist, die stärker ist als alle Weisheit der Menschen. Sie ist stärker, weil Gottes Liebe stärker ist als alle Liebe der Menschen.

Während wir den großen Glaubenssatz nur stehen lassen können, können wir das Leben von Jesus Stück für Stück betrachten. Wir können daran ablesen, was Verzicht, was Gehorsam, was Liebe bedeutet.

Am Jordan reihte sich Jesus ein unter die Menschen, die ihre Sünden bekannten und durch die Taufe mit Gott ein neues Leben anfangen wollten. In der Wüste fastete er und lernte, auf Wohlstand und Bequemlichkeit zu verzichten. Später war er unermüdlich unterwegs, um mit Menschen zu reden, ihnen Mut zu machen und ihre Krankheiten zu heilen. Er berührte die, von denen sich alle fernhielten, sei es aus Angst vor Ansteckung, sei es aus moralischer Verachtung. Obwohl er oft auch von seinen Freunden missverstanden wurde, blieb er ihnen geduldig zugewandt. Er wurde viel angefeindet und sagte trotzdem: Liebt eure Feinde. Er sagte es nicht nur, er liebte wirklich.

Diese Liebe musste eine letzte Probe bestehen, als man ihn verurteilte und zur Hinrichtung führte.

Nicht umsonst berührt uns sein Leidensweg so tief, ob wir ihn als Lesung oder als Passionsmusik gesungen hören, ob wir ihn als Kreuzweg in einer Kirche mitgehen oder als Gemälde an einem Altar betrachten. Gehorsam bis zum Tod am Kreuz: Noch im eigenen Todeskampf hatte Jesus den Blick für Menschen um ihn herum, für weinende Frauen, für seine Mutter, für einen Mitgekreuzigten, ja sogar für die Soldaten. „Vater vergib ihnen, denn sie wissen nicht, was sie tun."

Die Feinde Jesu feierten ihren Sieg. Die Jünger waren verzweifelt wegen des schrecklichen Endes. Aber im Licht von Ostern begannen sie zu ahnen: Das war nicht eine Panne im Plan Gottes, das war der bis ans bittere Ende gegangene Weg der Liebe Gottes.

> Darum hat ihn Gott auch herrlich zu sich erhoben und ihm den Namen gegeben, der über allen Namen steht. Vor Jesus werden sich einmal alle beugen: alle Mächte im Himmel, alle Menschen auf der Erde und alle im Totenreich. Und jeder ohne Ausnahme soll zur Ehre Gottes, des Vaters, bekennen: Jesus Christus ist der Herr!

II

Christus ist ganz groß raus gekommen (hoch erhoben). Das kleine Häuflein der ersten Christen, die dieses Bekenntnis gesprochen haben, konnte nicht ahnen, wie der Name Jesus Christus in die ganze Welt getragen werden würde. In wie viele Sprachen seine Worte übersetzt und wie viele Menschen auf seinen Namen getauft würden. Sie wussten nichts von den Kirchen und Domen. Sie kannten nicht die Passionen, in denen das Leiden und Sterben Jesu besungen wird. Unbekannt war ihnen, wie viele Mönche, Nonnen, Diakonissen, Missionare und Menschen jeden Alters ihr Leben Jesus geweiht haben.

Wir wissen das heute. Aber wir wissen auch, dass Menschen gezwungen wurden, sich vor Jesus zu beugen, und dass der Name Jesu oft für selbstsüchtige Ziele missbraucht wurde. Vielen von denen, die auf Jesu Namen getauft wurden, ist Jesus ziemlich gleichgültig. Ganz abgesehen von den Millionen, denen Jesus unbekannt ist oder die ihn bewusst ablehnen.

Der ersten Christen waren umgeben von anderen Mächten und Religionen und haben trotzdem gesagt: Jesus Christus ist der Herr. Sie waren überzeugt: Gott hat ihm diesen Namen gegeben, der über alle Namen ist. Weil er so tief hinunter gestiegen ist, hat Gott ihn so hoch erhöht. Gott wird diese Erhöhung für alle Menschen sichtbar machen, wann und wie er will.

Was bedeutet mir der Glaube? Bewahrung von Tradition? Moralische Werte in einer orientierungslosen Zeit? Feierlichkeit bei Festen und Jubiläen? Kann ich ehrlich sagen: Jesus ist mein Herr!? Jesus ist der Herr der Welt, und an meinem Leben soll davon etwas zu merken sein. Dann kann unser schwaches Bekenntnis in eine Hoffnung münden, die alle Vorstellungen sprengt: Alle Menschen werden sich vor Jesus beugen. Weil seine grenzenlose Liebe sie überzeugt hat.

III

Mit Christus in der Tiefe und in der Höhe. Paulus stellt dem Bekenntnis zum herunter gekommenen und zum Herrn erhobenen Christus einen Satz voran:

Orientiert euch an Christus.

Seid gesinnt, wie Jesus Christus auch war.

Geht so miteinander um, wie Christus es euch vorgelebt hat.

Einzelne Menschen haben eine konsequente Nachahmung des Weges Jesu versucht, eine imitatio Christi, eine Nachfolge Jesu. Wie der Franzose aus vornehmem Hause, der der Bruderschaft von Taizé beigetreten ist. Zusammen mit einem anderen Bruder ist er in einen Slum in Kalkutta gezogen, so wie Mutter Teresa. Sie sind dort nicht mit einem Koffer voll Geld angereist und auch nicht als Entwicklungshelfer. Sie haben in einer Wellblechhütte gewohnt, unter den gleichen Bedingungen wie die anderen Menschen dort. Sie haben ihr Leben, ihre Freuden und Sorgen, ihre Armut geteilt und für sie und mit ihnen gebetet.

Der Weg Christi ist ein deutliches Fragezeichen an die Grundlagen des gesellschaftlichen Systems.

In allen Bereichen geht es darum, aufzusteigen, eine hohe Stellung zu erreichen, andere zu übertrumpfen. Damit die einen aufsteigen können, müssen die anderen absteigen. Damit die einen reich werden können, müssen andere arm bleiben, und diese Schere geht immer weiter auseinander. Eine Firma erobert den Markt, die andere geht in Konkurs. Bei jeder Wahl gibt es Gewinner und Verlierer. Dieses System funktioniert. Was heißt dann: Orientiert euch an Christus!?

Es geht nicht gegen den beruflichen oder sportlichen Erfolg. Wir dürfen uns beteiligen am Kampf um die besten Plätze. Aber wir sind dabei gebunden an die Gebote Gottes. Der Erfolg ist nicht unser Gott, dem alles untergeordnet wird. Wir sind dem Gott gehorsam, der auch der Vater der anderen Menschen, unserer Schwestern und Brüder, ist. Daraus folgt: „Denkt nicht nur an eure eigenen Angelegenheiten, sondern interessiert euch auch für die anderen und was sie tun." Das ist der erste Schritt: die anderen wahrnehmen, sehen, wie es ihnen geht. Denn oft ist es so, dass die oben denen unten gar nicht mehr begegnen. Sie wohnen in ihren Vierteln, gehen in ihre Geschäfte, fahren in ihren Limousinen, verkehren in ihren Clubs.

Orientiert euch an Christus heißt, diese Grenzen bewusst zu überschreiten. Wenn der Chef eines Nobelhotels einen Tag lang mit dem Leiter der Bahnhofsmission die Arbeit tauscht oder ein Topmanager eine Woche lang in einem Pflegeheim arbeitet, ist das ein solcher Schritt. Was als ein Opfer erscheint, erweist sich als heilsame Horizonterweiterung. Der zweite Schritt hin zum miteinander Teilen ist dann nicht mehr groß.

Aber zurück von den Topmanagern zu den normalen, durchschnittlichen Leuten dieser Gemeinde, zurück zu uns. Wir sind manchmal und in bestimmten Situationen oben. Dann gilt uns die Mahnung: „In Demut achte einer den anderen höher als sich selbst. Jeder sehe nicht auf das Seine, sondern auch auf das, was des andern ist." „Denkt nicht nur an eure eigenen Angelegenheiten, sondern interessiert euch auch für die anderen und was sie tun."

Wir sind manchmal und in bestimmen Situationen unten. Dann dürfen wir wissen: Christus kennt unsere Lage. Er weiß, wie uns zumute ist. Er ist an unserer Seite. Er ist erhöht worden, damit er uns hinter sich her ziehen kann, zu Gott, nach oben. Wir haben heute die seltene Möglichkeit, den Predigttext noch einmal gemeinsam nach der Übersetzung Martin Luthers zu lesen. Er steht als neutestamentlicher Psalm im Gesangbuch unter der Nummer [je nach Regionalteil]. Frauen und Männer lesen abwechselnd die Verse.

Vorschläge für das Predigtlied

EG 91,1+5+6 Herr, stärke mich, dein Leiden zu bedenken

EG 76,1+2 O Mensch, bewein dein Sünde groß

Fürbittengebet

[Liturg(in):] Lasst uns beten für Menschen, die weit oben sind, die Politiker und Militärs, die Gesetze erlassen und Befehle erteilen. Dass sie ihre Macht nicht missbrauchen, die ihnen übertragen wurde, dass sie nicht auf Gewalt setzen, sondern für den Frieden wirken. Lasst uns den Herrn anrufen:
[Liturg(in) und Gemeinde:] Herr, erbarme dich.

[Liturg(in):] Lasst uns beten für Menschen, die weit oben sind, die Spitzensportler, die Stars und Promis, die berühmt sind und angehimmelt werden. Dass ihnen der Ruhm nicht in den Kopf steigt, dass sie den Kontakt zu den einfachen Menschen nicht verlieren, dass sie nicht einer Sucht verfallen. Lasst uns den Herrn anrufen:
[Liturg(in) und Gemeinde:] Herr, erbarme dich.

[Liturg(in):] Lasst uns beten für Menschen, die oben sind, weil sie klüger, erfolgreicher oder anständiger als andere Menschen sind. Dass sie bewahrt bleiben vor dem Irrtum, sich ihr Glück selbst verdient zu haben. Und vor dem Stolz, der andere verachtet. Lasst uns den Herrn anrufen:
[Liturg(in) und Gemeinde:] Herr, erbarme dich.

[Liturg(in):] Lasst uns beten für Menschen, die ganz unten sind, die Obdachlosen, die Drogensüchtigen, die in den Gefängnissen. Dass sie sich nicht aufgeben. Dass sie erfahren: Wir sind nicht von Gott verlassen. Lasst uns den Herrn anrufen:
[Liturg(in) und Gemeinde:] Herr, erbarme dich.

[Liturg(in):] Lasst uns beten für Menschen, die ganz unten sind auf der Flucht vor Krieg und Gewalt, die ihre Heimat verlassen mussten und Hab und Gut verloren haben. Dass sie Aufnahme finden und ein neues Zuhause. Lasst uns den Herrn anrufen:
[Liturg(in) und Gemeinde:] Herr, erbarme dich.

[Liturg(in):] Lasst uns beten für Menschen, die unten sind durch Krankheit, Enttäuschung oder eigenes Versagen. Wir sprechen ihre Namen vor Gott aus in der Stille. [Stille]
Dass Gott, der in der Tiefe war und in der Höhe ist, sich unser aller annehme,
lasst uns den Herrn anrufen:
[Liturg(in) und Gemeinde:] Herr, erbarme dich.

Dietmar Koenitz

Gründonnerstag 2016

1. Korinther 11,23–26

Der Predigttext wird erst im Verlauf der Predigt verlesen.

Liebe Gemeinde!
Eine Einladung zum „Abendmahl“. Vor einem Gasthaus in Heidelberg wurde vor einiger Zeit ein gut gemeintes Hinweisschild aufgestellt, einen Tag später aber bereits wieder entfernt. Auf einer großen Tafel stand weiß auf schwarz und sehr schlicht: „Abendmahl ab 18.00 Uhr“. Es ist nicht bekannt, ob der Wirt schließlich aus eigener Einsicht handelte, oder ob ihn jemand auf die Doppeldeutigkeit seiner Einladung aufmerksam gemacht hatte. Irgendwie aber musste sich wohl die Überzeugung durchgesetzt haben: Mit dem Wort „Abendmahl“ kann man nicht einfach zu einem noch so schmackhaften Abendessen einladen. „Abendmahl“ – dieser Ausdruck erscheint wie reserviert für jenen Gottesdienst, den wir heute feiern. Warum ist dieses schlichte Teilen von Brot und Wein so anders, so besonders? Ich bin mir sicher: Jeder und jede unter uns könnte auf je eigene Weise auf diese Frage antworten. Der Predigttext für den heutigen Gründonnerstag aber führt uns noch einmal sehr konzentriert dorthin, wo alle unsere Antwortversuche ihren Anfang nehmen:

[Lesung des Predigttextes]

I

Das erste Abendmahl. Eine Ursprungssituation mit zwei Vorgeschichten. Abendmahl ist sehr viel weniger und zugleich sehr viel mehr als eben ein Abendessen der besonderen Sorte. Auf der einen Seite ist die doch äußere Kargheit des Abendmahls sichtbar und spürbar. Wer wollte schon sagen, er sei von einem Bissen Brot und ein wenig Wein körperlich satt geworden? Aber wir haben auf der anderen Seite gehört, wie das erste Abendmahl durch Jesus Christus gedeutet wurden. Es fallen große und mächtige Worte. Jesus Christus gibt sich für andere. Ein neuer Bund wird geschlossen. Wer wollte all dies von einem noch so schmackhaften Abendessen behaupten? Wer wollte sagen, ein solches Essen schmecke von sich aus nach Worten wie „Opfer" und „Tod", aber auch nach ewigem Leben und unverbrüchlicher Treue?

Das Abendmahl begegnet uns immer in einer fast irritierenden Doppelgestalt. Essen und Trinken ist äußerlich unscheinbar. Und zugleich ist das schlichte Tun aufgeladen von dem, was Jesus den Menschen von Gott weitergab. Gerade heute Abend sollten wir nämlich eines nicht vergessen. Dies allererste Mahl Jesu mit seiner Jüngerschar hat eine Vorgeschichte, genauer gesagt sogar zwei Vorgeschichten.

Die *erste Vorgeschichte* führt in das hinein, was Jesus gepredigt hatte und das, was er durch sein Tun und Lassen zeigen wollte. Er, der nun in Jerusalem mit seinen Jüngern bei Tisch sitzt, ist von seiner Heimat Galiläa in die Hauptstadt gezogen. Mit Jesus und den zwölf Jüngern zogen aber auch die Geschehnisse und Geschichten mit, in die Jesus während seines öffentlichen Auftretens in Galiläa verstrickt war. Die Auseinandersetzungen und Ereignisse, die Jesus in Jerusalem ans Kreuz führen, kommen nicht zufällig. Sie sind letzte und schärfste Konsequenz seines Lebens. Man könnte es so sagen: Seine kühnen Gleichnisse von Gottes Herrschaft, Liebe und Gnade gehen mit in den Abendmahlsaal. Jesu oft so provozierend direkt ausgelebte Nähe zu den Schuldigen und beiseite Gedrängten geht mit in den Abendmahlsaal. Jesus versammelt sich nun mit seiner Jüngerschar. Da ist Petrus, der immer wieder einmal vollmundig zu Protokoll gegeben hatte, dass er sich stets und unter allen Umständen zu Jesus halten werde. In einem entscheidenden Moment wird er sagen: „Jesus? Kenne ich nicht." Da ist Johannes, der seinem Herrn bis unters Kreuz folgen wird, ohne allzu viel zu reden. Da sind die anderen, schwankend zwischen ahnungsvoller Angst und der Hoffnung, dass Gott doch noch machtvoll eingreifen und die heraufziehende Katastrophe abwenden werde. Da ist auch Judas, der Jesus noch in der Nacht durch seinen Verrat dem Tode ausliefern wird. Später wird man vermuten, dass der Verrat aus den edelsten Motiven heraus geschehen ist. Judas will Jesus damit wohl zu einem machtvollen Zeichen seiner göttlichen Kraft gegen seine Gegner provozieren. So versucht der Verräter mit einem brutalen und verzweifelten Mittel, die Dinge zu einem guten Ende zu bringen. Er irrt sich. Sein Weg ist nicht der Weg Jesu. Aber auch Judas, der Verräter mit den besten Absichten, ist beim Abendmahl dabei.

Um das schlichte Essen, um die einfachen Zeichen von Brot und Wein versammelt sich eine Gruppe von Menschen, die unterschiedlicher nicht sein könnte. Ihnen allen ist Jesus nahe, beim Abendmahl in Jerusalem. Mit ihnen ist aber auch eine ganze Vorgeschichte im Raum. Mit im Raum sind all die Begegnungen im Alltag, in Galiläa. Da sind Menschen, die durch andere oder sich selbst schuldig gesprochenen wurden. Da sind jene, die am Leben verzweifeln. Da sind die Selbstsicheren, die manchmal doch erfahren müssen: Es läuft irgendwie anders, als wir das geplant haben.

Neben dieser *ersten* Vorgeschichte ist noch eine *zweite* im Raum. Sie ist älter als jenes Bündel an Begegnungen, Heilungen, Gesprächen und Gleichnissen, von denen wir in den Evangelien lesen. Es ist eine Geschichte, die uns stets in Erinnerung bleiben sollte, wenn wir gefragt werden: an welchen Gott glaubst du eigentlich? Dann kommen wir als Christenmenschen nicht umhin, über die Freiheit zu sprechen, und darüber, dass uns dies mit der Glaubensgeschichte Israels verbindet. Das Abendmahl ist unverbrüchlich verbunden mit dem Passahmahl der jüdischen Religion. In ihm erinnern sich Jüdinnen und Juden an die Befreiung des Volkes durch Gott. Deshalb ist der neue Bund, von dem Jesus spricht, nicht denkbar ohne jenen ersten Bund. Ihn hat Gott mit einer oft schwachen, wankelmütigen und verzagten Gruppe ehemaliger Sklavinnen und Sklaven geschlossen; damals, als sich aus Ägypten heraus ein Weg in die Freiheit eröffnete. Er führte durch ein unüberwindlich erscheinendes Meer. Er erwies sich auch weiterhin als ein Weg Gottes, den man immer wieder bezweifelte oder für eigentlich unmöglich erklärte. Wohl wahr: In dem schlichten Essen, in Brot und Wein vergegenwärtigt sich Jesu Tun „für euch“, für die Jüngerschar, für uns. Aber dies kann geschehen, weil der Vater Jesu Christi niemand anders ist als der Gott Israels, dessen Kraft aus der Knechtschaft führt. Gott wählt offenbar abseitig und unmöglich erscheinende Wege in die Freiheit. Es geht durchs Wasser hindurch. Der Kreuzweg Jesu bahnt den Pfad zum österlichen Leben.

II

Doppelte Nachgeschichte. Paulus nun verschafft seiner Gemeinde in Korinth in zugleich kargen und großen Worten einen Einblick ins erste Abendmahl und in seine Bedeutung. Warum ist das nötig? Waren die Korinther nicht schon ausführlich durch den Apostel informiert? Hatten sie vergessen, worum es beim Abendmahl ging? Es gab in Korinth offensichtlich eine Nachgeschichte zum ersten Abendmahl in Jerusalem, die Paulus zur Stellungnahme zwang. Man begann offensichtlich, das Abendmahl ein wenig umzubauen. „Abendmahl ab 18.00 Uhr"! Das Schild aus Heidelberg hätte eigentlich auch gut in der griechischen Metropole stehen können. Die korinthischen Christen verbanden das Mahl des Herrn wohl mit ausführlichen Mahlzeiten. Freilich wurden nur einige satt. In der griechischen Hafenstadt schlugen sich nämlich die sozialen Unterschiede auch deutlich in der Christengemeinde nieder. Wohlhabende Reeder sahen sich nun plötzlich in engster Gemeinschaft mit Handwerkern oder sogar Hafenarbeitern mit Prekariatsverdacht. Man hatte sich zwar verständigt: „Vor dem gemeinsamen Abendmahl kommt das gemeinsame Abendessen." Aber bald gab es unerträgliche Unterschiede bei Speis und Trank. Paulus schildert es im ersten Korintherbrief so: Die einen können sich alles leisten, was sie wollen. Sie sind betrunken und übersatt. Die anderen aber hungern. Das kann in einer christlichen Gemeinde nicht sein. Für Paulus war klar: Die Gemeinschaft, die Jesus wollte und der er seine Gegenwart zugesagt hatte, kann *so nicht* Abendmahl feiern. Im ersten Korintherbrief macht der Apostel darum einen fast resignierten Vorschlag. Er lautet: Wenn ihr es in eurer Gemeinde schon nicht schafft, Reichtum und Armut beim gemeinsamen Mahl gerecht auszugleichen, dann sollen eben alle zuhause essen. Abendmahl und Abendessen werden nicht mehr hintereinander gelegt. Sie werden einfach vollständig getrennt.

Unversehens erwächst aus dem Abendmahl eine Frage an uns. Das Abendmahl wird zu einem Prüfstein bei der Entscheidung, wie die Christenheit mit sozialen Unterschieden innerhalb und außerhalb der eigenen Reihen umgeht. Man kann dabei gegenwärtig den Blick auch einmal weltweit schweifen lassen. So entsteht eine neue Nachgeschichte zum Abendmahl in Korinth. Rufen wir uns einen Moment ins Gedächtnis, in welch unterschiedlichen politischen und sozialen Umgebungen Christinnen und Christen heute Abendmahl feiern. Da ist unsere eigene Kirche, mitten in jener Umgebung, die wir kennen und die wir unsere Heimat nennen. Da ist aber auch zum Beispiel eine ehrwürdige Kathedrale in England, traditionsstark und traditionsbewusst. Da ist aber auch eine Kirche irgendwo in Afrika, die selbst an den österlichen Festtagen mit Armut und schlimmstem Mangel zu kämpfen hat. Da ist eine Hauskirche, irgendwo in China, kaum geduldet von den politisch Mächtigen. Vielleicht versammeln sich in dieser Hauskirche nur 5 Menschen. Vielleicht feiern sie Abendmahl bereits angesichts der nächsten, unausweichlichen Repressionen.

Überall erklingt beim Abendmahl das Versprechen von Christi Gegenwart. Bei allem, was wir aus dem Evangelium von dieser Gegenwart wissen, ist eines auch deutlich: Das weltweite soziale Engagement der christlichen Kirchen lebt nicht zuletzt davon, wie wir das Abendmahl verstehen. Wenn das Abendmahlsbrot das Brot des Lebens für die Welt ist, dann muss auch über die gerechte Verteilung von Brot und Lebensmöglichkeiten überhaupt nachgedacht werden. Dann kann es schließlich beim bloßen Nachdenken nicht bleiben.

Vielleicht ist für Sie *diese* Nachgeschichte zum Abendmahl etwas ungewohnt. Möglicherweise erscheint Ihnen eine ganz andere Nachgeschichte zum Abendmahl für das Leben der weltweiten Christenheit wesentlich bedeutsamer und auch bedrängender. Jahrhundertelang haben sich die Kirchen darüber gestritten, *wie* die Gegenwart Jesu Christi im Abendmahl zu denken ist. Darüber entzweiten sich nicht nur evangelische und katholische Theologen, auch verschiedene evangelische Kirchen gerieten untereinander über diese Frage in heftigen Streit. Es mag heute genügen, wenn wir uns klar machen, dass diese Nachgeschichte angesichts des Ursprungs des Abendmahls an die zweite Stelle rücken sollte. Ein Heidelberger Theologe (Walther Eisinger) drückte es in einem Gespräch einmal ungefähr so aus: „Man mag über die Weisen der Gegenwart Jesu im Abendmahl weiterhin jahrhundertelang trefflich und gelehrt streiten. Entscheidend ist: Er ist da".

„Er ist da." Dies ist der entscheidende Satz, den wir vielleicht im Letzten gar nicht gedanklich umfassen müssen. Wenn das stimmt, dann sollten sich die Kirchen für die Zukunft daran machen, trennende Mauern zu beseitigen. Es ist nämlich immer weniger verständlich, warum der Abendmahlsaal noch immer mit Mauern und Mäuerchen in „katholisch" und „evangelisch" aufgeteilt wird. Aus ferner Zeit klingen durch den Brief des Apostels Paulus eindringliche Worte an unser Ohr, die dies eigentlich nicht mehr erlauben. Wir sind versammelt. Jesus Christus ging seinen Weg „für uns". Dies wird im Abendmahl handgreiflich und spürbar. Im Abendmahl rückt uns Jesus Christus gnädig auf den Leib, mit ein bisschen Brot und ein wenig Wein. Das ist auch Grund genug, dieses Mahl immer wieder zu feiern, in all seiner kargen Schlichtheit und all seiner Kraft. Amen.

Vorschläge für das Predigtlied

EG 221, 1–3 Das sollt ihr, Jesu Jünger, nie vergessen

EG 228, 1–3 Er ist das Brot, er ist der Wein

Fürbittengebet

Jesus Christus,
wir danken für das Mahl, das du gestiftet hast am Abend vor deinem Leiden und Sterben. Wir danken dir für deine Gegenwart, die du uns darin zugesagt hast.
Wir bitten dich: Schenke der Christenheit auf Erden immer wieder Mut und Zuversicht aus der Gemeinschaft um deinen Tisch. Verleihe, der Christenheit klare Orientierung auf dem Weg zur ökumenischen Einheit. Verleihe Widerstandskraft gegen alle Mächte der Bitterkeit und Resignation. Verleihe Mut zur Zukunft, wo das Heil in der Vergangenheit gesucht wird. Verleihe Kraft und Fantasie im Kampf gegen ungerechte Lebensverhältnisse.
Verleihe fröhliche und getroste Ausdauer im Ringen um den Frieden auf dieser Welt. Stärke unseren Glauben. Verleihe uns immer wieder die große Kraft, die für den kleinsten Schritt zur Versöhnung nötig ist. Bleibe bei uns, wie du versprochen hast. Amen.

Ulrich Löffler

Karfreitag

2. Korinther 5,(14b–18) 19–21

[Lesung des Predigttextes]

Liebe Gemeinde!
Heute gehen wir den Weg des Sterbens Jesu mit: den Weg seiner Gefangennahme, seines Verhöres, seiner Verurteilung, seiner Folterung. Wir folgen diesem Weg bis zu seinem Tod, seinem schrecklichen Tod am Kreuz. Auf diesem Weg müssen wir zugleich an unseren Lebensweg denken und werden es nicht verdrängen können, dass auch wir sterben werden – irgendwann. Daran zu denken ist nicht leicht, und es ist schwer auszuhalten, sich zu vergegenwärtigen, dass Jesus am Kreuz auf qualvolle und unmenschliche Weise den Tod erlitten hat.

Aber – rufen wir nicht vielmehr nach Leben?! Tun wir nicht alles dafür, dass wir Menschen, ja, dass alle Menschen leben können? Sollen nicht alle Menschen möglichst gut leben können? Soll nicht jeder Mensch die Chance auf sein Leben haben?

Bringen wir nicht deshalb Taufe und Abendmahl mit dem Leben, mit dem Leben aus dem christlichen Glauben in Verbindung? Ist nicht jede Tauffeier – und gerade jene eines kleinen Kindes! – ein freudiges Ereignis, das das Leben, das Leben aus Gott in den Mittelpunkt stellt? Ist nicht jede Abendmahlsfeier – auch gerade jene am Karfreitag! – ein freudiges Ereignis, das das gemeinsame Essen und Trinken trotz des Todes geradezu als Zeichen des Lebens angesichts des Todes in den Mittelpunkt stellt?

In jeder Tauf- und Abendmahlsfeier zeigt sich die Struktur unseres Lebens: Wir leben als Menschen nicht von allen anderen Menschen isoliert, auch nicht von uns selbst isoliert. Sondern wir entwickeln im Laufe unseres Lebens Beziehungen: zu anderen Menschen, zu unserer Gesellschaft, zu unserer Welt, und ebenso entwickeln wir eine Beziehung zu uns selbst. Wir entwickeln eine Beziehung zu Gott. So versuchen wir, unser Leben zu leben, zu bewältigen, zu gestalten, zu genießen, dem

Leben Sinn zu geben. Und das tun wir, obwohl wir doch wissen: Unser Leben wird irgendwann zu Ende sein. Wir werden sterben und tot sein. Und all unsere Beziehungen, die wir zu uns selbst, zu anderen Menschen und sogar zu Gott entwickelt haben, werden wir als Tote nicht mehr aufrechterhalten können. Auch sie werden mit uns tot sein.

Aber das ist noch nicht alles im Leben. Und schon gar nicht im Glauben! Wir machen hoffentlich immer wieder die Erfahrung, dass wir in unserem Leben nicht nur die Aktiven und Handelnden sind, sondern auch die Empfangenden. Das Leben wie der Glaube ist Aktivsein und Passivsein. Unser Leben ist ein Gemisch aus beidem: Aktivsein und Passivsein, Handeln und Empfangen. Für die Beziehung zu Gott gilt vor allem, dass sie ein Passivsein ist. Denn dass wir überhaupt leben, ist schon ein Geschenk Gottes und hat Passivsein auf unserer Seite zur Folge. Und das hat etwas mit dem Tod zu tun: Wirklich passiv sein kann man genau genommen im Leben nicht, denn wenn man wirklich passiv sein will, dann will man etwas – und damit ist es im Grunde doch eine Form des Aktivseins. Auch wenn es eine recht eigentümliche Form des Aktivseins ist, die doch passiv sein will. Richtig passiv, weil wir gar nicht mehr aktiv werden können, sind wir nur als Tote. Das ist der Grund, warum Taufe und Abendmahl es mit dem Tod zu tun haben: Die Taufe gründet im Tod, weil erst der Tod die Trennung von Gott überwindet, oder wie es Paulus sagt: Mit der Taufe sind wir auf Christi Tod getauft. Das Abendmahl gründet im Tod, weil durch Jesu Tod alle unsere Sünden vergeben und alle Trennungen aufgehoben worden sind. Die Taufe wie das Abendmahl können wir nur empfangen, wir können ihre Wirkungen nicht selbst machen. Die Wirkung kommt von Gott. Das erfahren wir nicht ungetrübt, weil wir ja doch immer auch als Aktive und Handelnde bei Taufe und Abendmahl dabei sind. Aber es könnte sein, dass wir das reine Empfangen erst im Tod erfahren. Diese Struktur des Glaubens, die das Empfangen ist und von Gott ausgeht und zu uns Menschen kommt, erfahren wir erst in Vollendung im Tod. Auch wenn wir gar keine Beziehung mehr aufrechterhalten können, weil wir tot sind, ist es doch Gott, der seine Beziehung zu uns aufrechterhält. Das wird am deutlichsten im Tod. Denn im Tod sind wir nicht mehr, und wir machen gar nichts mehr aus eigener Kraft, im Gegenteil: Wenn wir noch sind, dann sind wir ganz und gar aus Gott. Somit ist der Tod sozusagen der Ernstfall des Glaubens: Im

Tod sind wir jene, die ganz und gar durch das Gottesverhältnis bestimmt werden, denn nun sind wir ganz Empfangende. Wir sind zwar immer noch in unserer Person dieselben, aber doch sind wir zugleich ganz anders. Oder wie Paulus es formuliert hat: Ist jemand in Christus, so ist er eine neue Kreatur, das Alte ist vergangen, siehe, Neues ist geworden.

Das ist Sünde: nicht ganz passiv sein zu können. Immer selbst etwas machen zu wollen und zu müssen. Und zu meinen, man könne es besser als Gott selbst. Nämlich den Glauben, den man meint, auch machen zu können. Obwohl Glaube ein Geschenk Gottes ist. Aber Glaube kann man nur feststellen. Man kann nur entdecken, dass man glaubt. Dagegen können wir unsere Taten und Werke zumindest mitbestimmen. Wir können entscheiden, was wir tun, was wir machen, was wir sagen. Auch dabei stellen wir fest, dass nichts darunter ist, das ganz und gar wahr und richtig, unanfechtbar und rein ist. Mögen wir es noch so gut und ehrlich meinen, vollkommen gelingen unsere Taten, unsere Handlungen, unsere Aussagen letztendlich nicht. Das ist unsere Lebenserfahrung – irgendetwas ist dann doch nicht ganz richtig gewesen, etwas Negatives hat sich eingeschlichen, obwohl wir uns doch so deutlich geäußert haben. Diesen Zustand hat Paulus wohl im Blick, wenn er sagt, dass Gott in Christus war und die Welt mit sich selbst versöhnte. Das, was wir nicht selbst herstellen können, stellt Gott in Christus für uns her: nicht mehr an diese Sündenstruktur gefesselt sein zu müssen, sondern davon frei zu sein. Vor Gott nicht mehr als Sünder zu gelten, sondern als Gerechtfertigte. Als Befreite vom Untergang und Tod. Denn das ist unsere Hoffnung im Leben aus dem Glauben: dass unsere Sünde, wenn wir selbst tot sind, uns nicht endgültig tot sein lässt, sondern dass auch dann Gott seine Beziehung zu uns aufrechterhält. Dass wir auch dann, wenn wir tot sind, bei Gott leben. Nicht weil wir es können oder wollen oder hoffen – sondern weil Gott selbst es so will. Denn er will nicht den ewigen Tod, sondern das ewige Leben. Amen.

Vorschläge für das Predigtlied

EG 92,1–6	Christe, du Schöpfer aller Welt
EG 97,1–6	Holz auf Jesu Schulter

Fürbittengebet[1]

An diesem Tag, Gott,

an dem dein Kommen zu uns, dein Mitgehen mit uns, dein Dasein für uns durchkreuzt wurde von den Ängsten der Rechthabenden, von den Zweifeln der Rechtgläubigen, von den Lügen der Rechtschaffenen, an diesem Tag,

Gott, bitten wir dich für alle, die offen und öffentlich trauern können, und für alle, die ihre unsicheren Gefühle hinter der Fassade der Unerschütterlichkeit verstecken – mache allen Mut, sich so zu geben, wie sie empfinden;

für alle, die angesichts des Leides sprachlos sind, und für alle, die ihre kleinmütigen Gedanken in große Worte kleiden – gib allen die Kraft, zu sich selbst zu stehen;

für alle, die sich ihrer Tränen nicht schämen, und für alle, die ihre ohnmächtige Verzweiflung unter der Maske gespielter Selbstherrlichkeit verbergen – hilf allen, sich frei zu machen von dem, was sie lähmt. Niemand, Gott, lässt der Anblick des Kreuzes, die Nähe des Todes, die Last der Trauer unberührt. Hilf uns, diesen Anblick auszuhalten, diese Nähe anzunehmen, diese Last zu tragen.

Durch deinen Geist der Hoffnung und der Liebe und des Vertrauens. Amen.

Jörg Neijenhuis

1 Eckhard Herrmann: Neue Gebete für den Gottesdienst III. München 2008, 182 f.

Osternacht

Kolosser 3,1–4

Der Predigttext wird erst im Verlauf der Predigt verlesen.[1]
Die Zwischenüberschriften gliedern den Text, werden aber nicht vorgelesen.

[1. Aus der finsteren Frühe zum Ufer eines neuen Morgens]
Liebe Gemeinde!
In der Frühe ist die Angst am größten. Die Stunden gehören schon zu einem neuen Tag, aber sie sind so finster, als käme er nie. In der finsteren Frühe entsetzen die Israeliten sich vor ihren Verfolgern, hunderten Rossen und Wagen, einer Heereswoge in ihrem Rücken. Vor ihnen der Weg führt ins Meer. Jetzt liegt er trocken, doch Wasser werden kommen und alle mit sich reißen. Zwischen Angst und Angst fliehen sie doch, weil Gottes Macht sie zieht und treibt. Der Morgen dämmert, und sie steigen ans Ufer. Hinter ihnen tobt der Kampf, ein Feind gegen den andern. Wassermassen kehren Unterstes zuoberst und verwirbeln, was eine Heereswoge war. Langsam weicht die Angst. Der Tag wird hell, und Mirjam ergreift die Pauke: Lasst uns singen dem Herrn!

In der finsteren Frühe ringt Gott mit dem Tod, ringt ihn nieder, und Jesus Christus steigt aus dem Grab. Der Morgen dämmert, und die Frauen kommen. Sie möchten einen Toten berühren. Stattdessen werden sie berührt. In Blitz und Beben erschüttert auch sie ein Nachhall aus der finsteren Frühe, aus Himmelangst und Todesschrecken und Leben, dem Tod entrissen. Groß ist das Entsetzen, und doch ein Nachhall nur, er bringt nicht um; der Tag ist schon hell. Gestreift von der Finsternis dieser Nacht, sehen die Frauen die aufgehende Sonne; heller als je zuvor

1 Für die folgende Predigt nehme ich an, dass sie Element einer Osternachtsfeier ist. Zumindest eine Auswahl aus Ex 14 + 15,20 f und das Evangelium Mt 28, 1–10 sind vorher zu hören. Taufe / Tauferinnerung könnte sich anschließen.

leuchtet sie. Der ihnen Hoffnung gibt und Lebensmut, über die irdischen Grenzen hinaus, Jesus tritt wieder in ihren Weg: Geht und verkündigt es!

[2. Vorschein in der Frühe]
Und nun, liebe Gemeinde, feiern wir Ostern. In der finsteren Frühe, aller Beängstigung zum Trotz, leuchtet uns die Flamme. Der helle Morgen, der kommen wird, das unbesiegbare Licht, in dem wir leben werden, wirft einen Schein voraus in die Frühe. Christus lebt, obwohl er tot war, lebt in Gottes Lebendigkeit. So feiern wir als Gemeinde, jedes Jahr zu Jesu Gedächtnis und zu unserem Trost. Doch nicht Jesus Christus allein und für sich, auch wir sind gehalten von Gottes Lebendigkeit. Das feiern wir in der Taufe. Da nehmen wir Wasser, für alles, was uns hinabreißt in Tiefe und Tod, damit wir wieder aussteigen können in unvergängliches Leben, Leben in Christus. Osterfest und Tauffest – das setzt unser Vorgänger im Glauben voraus, als er an die Gemeinde in Kolossä schreibt. Ich lese aus dem Kolosserbrief im 3. Kapitel.

[Lesung des Predigttextes]

Ihr seid auferstanden! –
Liebe Gemeinde, Christus ist auferstanden – wahrhaftig – und wir mit ihm, ihr seid mit Christus auferstanden. Der Kolosserbrief lässt uns nicht länger stehen und staunen, alte Erfahrungen betrachten. Er sieht uns teilhaben an dieser großen Bewegung, an diesem Zug nach oben. Mitten drin beginnt er – auferstanden, am rettenden Ufer, im Morgenlicht. Nachträglich erwähnt er, dass die Bewegung in der Tiefe begann, dass wir mitgestorben waren. Hinter uns liegt beides schon. Weiter gegangen ist der Schwung, weiter in Höhe und Helle, bis hin an Gottes rechte Seite. Dort, mit Christus hat unser Leben einen guten und gewissen Ort. So stärkt der Brief unseren Glauben.

Nun weiß der Briefschreiber wohl, dass wir Zweifel hegen, dass wir zu oft zu wenig sehen können vom unvergänglichen Leben. Verborgen, ja, verborgen ist für uns in frühen und in bangen Stunden, dass wir schon im Taghellen leben dürfen. Osterfest und Tauffeier geben uns einen Vorschein, aber doch in Finsternis und Verborgenheit hinein. Weiter nun schaut der Briefschreiber, auf zukünftiges Geschehen: Die kraftvolle Bewegung nach oben wird sichtbar werden und begreifbar, die leuchtende Herrlichkeit oben wird alle Verborgenheit auf Erden beenden. So stärkt er unsere Hoffnung.

Und jetzt gehen wir unseren Lebensweg, während unser Leben schon zu Gott gehört und Gott das künftig wird sehen lassen. Daher können unsere Erfahrungen, unsere Leben schon jetzt selber ein Kerzenlicht und ein Vorschein sein. Der Kolosser-Brief führt uns über den Festtag hinaus in Richtung Alltag. „Richtet eure Gedanken auf Gottes Welt. Strebt danach, so zu leben, wie es zu Gottes Welt passt. Schließlich gehört ihr dort schon hin, zusammen mit Christus an Gottes rechter Seite." Im Brief an die Epheser ist das so zusammengefasst: „Lebt als Kinder des Lichts; die Frucht des Lichts ist lauter Güte und Gerechtigkeit und Wahrheit" (5,8). Als Kinder des Lichts tragt ihr den Vorschein des hellen Tags in frühe und bange Stunden.

[3. Von irdischem Schein und jenseitigem Licht]

Aus Osterfest und Tauffeier heraus, mitgezogen in der Bewegung zum Licht, richten wir uns neu aus, was uns im Leben wichtig ist. Nach dem trachten, was droben ist, nicht nach dem, was auf Erden ist – vielleicht können wir uns das besser vorstellen mit einer Geschichte aus unseren Tagen:

Marie ist erfolgreiche Journalistin bei einem französischen Fernsehsender. Wenn sie bissig und beharrlich ihre Fragen an führende Politiker richtet, sagt mancher, was er nie laut äußern wollte, andere verirren sich in Widersprüche. Gerade sonnt sie sich mit ihrem Chef und Lover Didier in der Südsee. Sie steigt von der Hotelburg in die bunten Gassen. Nebenbei klärt sie kurz übers Handy, ob die riesigen Plakate fertig sind. Für die Politiksendung sollen sie werben, einfach mit ihrem Gesicht. Zwischen niedrigen Häuschen und palmstrohbedeckten Ständen genießen Große und Kleine ein Ferienparadies. Die Stimmung passt zu Maries selbstgewisser Leichtigkeit. Bei einer einheimischen Frau mit ihrem Töchterchen ersteht sie Souvenirs für die Kinder von Didier.

Plötzlich ein tiefes Dröhnen. Am Strand fangen Menschen an zu schreien und zu laufen. Dann stürzt eine Woge über Strandkörbchen und Sonnenschirmchen, Büdchen und Häuschen. Marie packt das Mädchen an der Hand, fängt an zu laufen, zerrt es durch Gewimmel und Chaos. Flut spült in alle Gassen immer höher hinauf, reißt Dächer von den Häusern, wirbelt Unterstes zuoberst. Die grauen Wassermassen holen auch Marie ein, ziehen ihr den Boden unter den Füßen weg, drängen Balken, ein ganzes Auto zwischen sie und das Kind, sie verliert die Hand. Etwas schlägt ihr gegen den Kopf, sie versinkt. Es wird völlig dunkel. Dann hellt sich das Bild wieder auf. Mit Marie sieht man in eine Welt unter Wasser, es ist lichtdurchflutet. Man kann nichts wirklich erkennen. Schemen zeigen sich allmählich weiter vorn. Verlangsamt bewegen sich eine erwachsene und eine kindliche Gestalt Hand in Hand. Sie weisen eine Richtung. Es wird immer lichter. Immer wieder verwackeln Stöße das Bild.

Als nächstes liegt Marie auf einem Bootssteg. Zwei Männer pumpen ihren Brustkorb, blasen ihr in den Mund. Es gelingt ihnen nicht, sie gehen schließlich weiter. Kurz darauf wird Marie gebeutelt und gibt einen riesigen Schwall Wasser von sich. Ganz allmählich kommt sie zu sich. Lebt. Muss sich orientieren. Wünscht sich zurück in die Schwerelosigkeit und das schwimmende Licht. Sie rappelt sich auf, findet Didier, der in seiner Hotelburg ziemlich sicher war, und sie gelangen zurück nach Frankreich. Marie ist nicht mehr spritzig, sondern still. Jeden Tag schweift sie mit ihren Gedanken weit ab, so auch bei der nächsten Sendung. Sie versäumt ihre Fragen, der Politiker kann sagen, was er will, die Crew verzweifelt hinter den Kulissen. Didier empfiehlt ihr eine Auszeit. Sie hatten doch ohnehin vereinbart, dass sie eine Biographie über Mitterand schreibt, das sollte sie nun am besten tun, und sich derweil wieder stabilisieren. Die Plakate mit Maries Konterfei werden abgehängt. Eine neue Moderatorin ist rasch aufgebaut.

Marie zieht sich zurück und schreibt. Aber nicht an einer Biographie über Mitterand, sondern über ihre Erfahrungen unter Wasser, an der Schwelle zum Tod. Und sie beginnt, Menschen zu suchen, die von ähnlichen Erfahrungen berichten können. So vergewissert sie sich, dass sie nicht vollkommen verrückt geworden ist. So erlangt sie aber auch zunehmend Verständnis für andere Menschen, solchen, die ähnliche Grenzerfahrungen machen und damit zu leben versuchen. Für die wird sie selbst zu einer Ermutigung.

Liebe Gemeinde,
dies ist eine Fantasiegeschichte, ein Teil aus Clint Eastwoods Film „Das Leben danach“. Aber sie füllt für unsere Zeit aus, was der Kolosserbrief skizziert. Eine Frau trachtet nach dem, was auf Erden ist, Umgang mit den Mächtigen, Berühmtheit, Verliebtheit, Trauminsel. Leicht und hell sind ihre Tage, nach üblichen Maßstäben. Und dann geht sie unter in den Wassern, erhält eine Ahnung von einer anderen Welt mit einem ganz eigenen Licht, und kommt wieder zum Leben – noch einmal zum Leben in dieser Welt, aber sie gehört nicht mehr dazu, nicht wie vorher. Sie hat etwas erlebt, was wir in der Taufe symbolisch feiern. Nun kann sie nicht mehr weiter machen wie zuvor, sich nicht mehr interessieren für den irdischen Glanz. Sie fragt nach dem, was sie innerlich bewegt, nach dem eigenartigen Licht, in dem sie hätte bleiben wollen, und nach dem, was sie am Leben erhält – über die Vergänglichkeit hinaus.

Trachtet nach dem, was Gottes Welt ist. Ihr werdet es sehen, was ihr jetzt schon ahnt – sobald Christus erscheint: dass ihr dort dazu gehört. Amen.

Vorschläge für das Predigtlied

EG 112, 1–3.6–8	Auf, auf, mein Herz mit Freuden
EG 117	Der schöne Ostertag

Fürbittengebet

Du rufst ins Leben, Gott, in den Lebensweg auf der Erde und ins unvergängliche Leben bei dir. Zur Etappe gemacht hast du den Tod, auf dem Weg an deine Seite. Christus, auferstanden, wendet uns dein leuchtendes Angesicht zu. Wir danken dir dafür!
Wir bringen vor dich die Menschen, für die deine Macht und das Leben bei dir besonders tief verborgen bleiben. Gemeinsam bitten wir: Lass ihnen dein Angesicht leuchten! Alle, die in der Frühe schlaflos liegen, in Schmerzen, in Sorgen, in Angst um ihr Leben – lass ihnen dein Angesicht leuchten! Alle, denen jemand nach dem Leben trachtet, im Krieg, in Gefangenschaft, in Geiselhaft, im Einsatz für Gerechtigkeit – lass ihnen dein Angesicht leuchten! Alle, die den Boden unter den Füßen verlieren, in Streit und Trennung, plötzlich verwitwet, verwaist, plötzlich schwer krank – lass ihnen dein Angesicht leuchten! Alle, die im Sterben liegen, die sich auf den Tod vorbereiten müssen – lass ihnen dein Angesicht leuchten!

Uns alle, die wir aus den Festtagen zurückkehren werden in die Woche, aus dem Vorschein der Herrlichkeit bei dir in die Zeit der Verborgenheit und der Suche nach dem, was droben ist – lass uns dein Angesicht leuchten!
Mit Jesu Worten rufen wir:

Vater unser

Isolde Meinhard

Ostersonntag

1. Korinther 15,1–11

[Lesung des Predigttextes]

I

Liebe Gemeinde!
„Und eine neue Welt, und eine neue Welt entspringt aus Gottes Wort.", so singt und jubelt der Chor in Joseph Haydns „Schöpfung". Nichts weniger als das feiern wir zu Ostern. Dass Gott noch einmal eine ganz neue Welt schafft, eine Welt, wie sie sein soll, in der alle Menschen gerettet werden. In dieser neuen Welt wird der Tod nicht mehr sein noch Leid, noch Geschrei, noch Schmerz.

„Der Herr ist auferstanden, er ist wahrhaftig auferstanden." Es hat schon begonnen. „Nun aber ist Christus auferstanden von den Toten", schreibt Paulus „Und erschien dem Kephas, danach den Zwölfen, darauf 500 Brüdern auf einmal, darauf Jakobus, darauf den Aposteln und zuletzt auch mir." Ostern ist der Schlüssel zur neuen Welt, der Schlüssel zum Himmel. Der Beginn eines Lebens, in dem die Mächte des Todes an ihr Ende kommen. Glauben Sie das? Was feiern Sie zu Ostern? Was bedeutet Ihnen die Auferstehung? Was würden Sie Mitchristen und Nichtchristen darüber erzählen, wenn Sie gefragt werden?

II

Von einem Pfarrer zur Zeit Friedrichs des Großen von Preußen wird erzählt, er habe das alles nicht glauben können und wollen mit Ostern und der Auferstehung. Die Gemeinde habe sich beschwert und um Absetzung des Pfarrers gebeten. Die Sache wurde dem König vorgelegt und er hätte entschieden: „Der Pfarrer bleibt im Amt. Wenn er am Jüngsten Tag nicht mit auferstehen will, dann soll er eben liegen bleiben." Soll und muss nicht jeder zur Frage von Auferstehung und über Ostern seine eigene Antwort finden? Sollte da „jeder nach seiner Fasson selig werden" können?

III

Für Paulus allerdings geht es beim Glauben an die Auferstehung um alles oder nichts. Darum, ob alles umsonst ist, vergeblich, sinnlos. „Es sei denn, ihr habt geglaubt ohne Grund, seid leerem Geschwätz aufgesessen, habt ins Blaue hinein geglaubt. Euer Leben, Hoffen und Vertrauen wäre vergeblich." Alles umsonst. Ohne Ostern. Ohne das Evangelium von Ostern, wie er es den Korinthern weitergegeben hat. Was er nun aufs Neue predigt und verkündet.

Damit steht und fällt alles: „Denn als erstes habe ich euch weitergegeben, was ich auch empfangen habe: Dass Christus gestorben ist für unsere Sünden nach der Schrift; und dass er begraben worden ist; und dass er auferweckt wurde am dritten Tage nach der Schrift. Und dass er erschien dem Kephas, danach den Zwölfen."

IV

Müssen, sollen wir das genau so glauben? Geht es nicht eine Nummer kleiner? Ist Ostern nicht das, was wir in diesem Leben auch erfahren können: Nach jeder Nacht kommt wieder ein Tag, nach jedem Winter wieder ein Frühling. Jedes Jahr gewinnt die Sonne wieder Kraft, beginnen die Vögel wieder zu singen. Die Tage werden länger. Und die ersten Frühlingsboten sind zu sehen. Unter dem Schnee ist das Grün verborgen, unter der Leb- und Reglosigkeit der Erde regt sich das Leben. Starre kann überwunden werden. Nach schlimmen Erfahrungen geht das Leben weiter. Und ist es nicht einfach so, wie es Goethe im Faust, im Osterspaziergang von den Menschen beschreibt:

Im Tale grünet Hoffnungsglück.
Jeder sonnt sich heute so gern,
sie feiern die Auferstehung des Herrn,
denn sie sind selber auferstanden.
Aus niedriger Häuser dumpfen Gemächern,
Aus Handwerks- und Gewerbesbanden,
Aus dem Druck von Giebeln und Dächern,
Aus der Straßen quetschender Enge,
Aus der Kirchen ehrwürdiger Nacht
Sind sie alle ans Licht gebracht.

Ich denke an einen Kindernachmittag, an dem es um den Himmel ging und was wir da erwarten. Und ein 11-Jähriger sagt: „Ich denke, wenn ich gestorben bin, dann komme ich als Tier wieder auf die Erde." Und ich höre: Die Erde ist sehr schön, so schön, dass ich gern lange, ja ewig leben würde, nur vielleicht mit weniger Anstrengung, nicht als Mensch, der lernen und arbeiten muss, sondern als Tier.

V

„Das alles wäre mir zu wenig", höre ich eine Frau sagen, die als Krankenschwester, aber auch in der Familie Menschen im Sterben begleitet hat. Da brauche ich eine Hoffnung, die größer ist als dieses Leben. Wirklich die Hoffnung auf eine Welt ohne Hass und Krieg, ohne Krankheit und Schmerzen, ohne Leid und Geschrei."

Ein Fünfzigjähriger erzählt von seinen Gedanken über das Leben. Erzählt, was für ihn jetzt anders ist als früher. Es bedeutet, dass er nun nicht mehr davon ausgehen kann, unbegrenzt Zeit zu haben. Dass er nicht noch einmal alles anders machen kann: „Und ich merke, wie viel in meinem Leben ich nicht zu Ende bringen werde, was fehlgelaufen ist, was ich nicht ändern kann. Endlich und bruchstückhaft ist das Leben. Und die einzige Hoffnung ist, dass Gott in diesen Bruchstücken schon das Ganze sieht, dass seine Liebe aus dem Unvollendeten das Ganze schafft. Sonst wäre alles umsonst. Sonst wäre mein ganzes Leben leer." Deswegen, so sagt er, ist ihm der Glaube an ein wirklich neues Leben, an die Auferstehung, so wichtig. Ist Ostern so wichtig.

Und der 11-Jährige erzählte an demselben Kindernachmittag: „Da waren Leute bei uns in der Schule im Religionsunterricht, und die haben gesagt: Im Himmel, da müssen wir erst mal all das Böse abarbeiten, das wir im Leben getan haben. Aber in der Grundschule habe ich es anders gelernt: Gott liebt mich, so wie ich bin und nimmt mich an. Und außerdem – wenn ich das alles abarbeiten müsste – da würde ich ja nie fertig."

VI

Was feiern Sie zu Ostern? Was sagen Sie Ihren Kindern und Enkeln? Nichtchristen? Was sagt Paulus? Er spricht nach, gibt weiter, was er auch empfangen hat. Ein Glaubensbekenntnis, das ihn mit anderen verbindet, das vielleicht bei Taufen gesprochen wurde. Was haben Sie empfangen? Wer hat Ihnen von Ostern erzählt, vom neuen Leben, das Gott schafft? Vielleicht sind da Eltern und Großeltern. Oder Sie erinnern sich an den Konfirmandenunterricht, an Dinge, die Sie aus Gottesdiensten, aus Predigten, aus Gesprächen mit anderen Christen mitgenommen haben.

Und dann ist da jedes Mal im Gottesdienst das Glaubensbekenntnis. Die Gemeinde steht auf, und lobt Gott, bekennt sich zu ihm, verbindet sich mit den Glaubenden der früheren und nachfolgenden Generationen, mit den Christen in der ganzen Welt. Und wir bekennen, was allein in diesem Leben hält und trägt, worauf wir vertrauen. „Ich gebe euch weiter, was ich auch empfangen habe", sagt Paulus, „dass Christus gestorben ist für unsere Sünden nach der Schrift; und dass er begraben worden ist."

Immer wieder haben Menschen versucht, diese Welt besser und friedlicher zu machen, haben von der „Erziehung des Menschengeschlechts" geträumt. Und sind gescheitert. Wer sollte es aufnehmen können mit den Mächten des Bösen, mit der Endlichkeit, mit der Dummheit, mit Neid und Hass? Wer sollte das ein für allemal überwinden? Außer Gott selbst? So ist er Teil dieser Welt geworden, hat in einem Menschen Gestalt angenommen. Hat den Tod erlitten. Ist begraben worden, also wirklich gestorben. Ist zugrunde gegangen an dem, was Menschen einander antun, hat erlitten, was als Fluch über dem menschlichen Leben hängt.

Und hat damit seine Kraft in den Tod, in den Fluch hineingegeben, sein Licht mitten ins Dunkel. Und das Dunkel konnte das Licht nicht verschlingen, der Tod das Leben nicht festhalten. „Denn als erstes habe ich euch weitergegeben, was ich auch empfangen habe", sagt Paulus, dass Christus gestorben ist für unsere Sünden nach der Schrift; und dass er begraben worden ist; und dass er auferweckt wurde am dritten Tage nach der Schrift." Gott hat sich zu ihm bekannt. Neues Leben geschaffen. Da ist kein wiederbelebter Leichnam, da ist nicht der Geist eines Toten, da ist ein ganz neues Leben, eine ganz neue Wirklichkeit. Gottes Welt. „Und eine neue Welt, und eine neue Welt entspringt aus Gottes Wort." Gott ist da, in Jesus, der gelebt hat unter Menschen, der gestorben ist. Er hat ihn auferweckt, sich zu ihm bekannt. Christus erscheint den Menschen. So wie es sonst nur von Gott selbst erzählt und beschrieben wird, begegnet er ihnen. Verwandelt sie und ihr Leben. Denn wer Gott, wer Jesus dem Christus begegnet, der bleibt nicht, wie er ist. Der kann gar nicht anders, als von dem neuen Leben, der neuen Wirklichkeit zu erzählen. In ihm wirkt Gottes Kraft, die Leben und Welt verändert.

Er erschien „dem Kephas, danach den Zwölfen, danach 500 Brüdern auf einmal, darauf Jakobus und allen Aposteln und zuletzt mir", sagt Paulus. Da ist die Grundlage, ein Glaubensbekenntnis, das alle verbindet. Aber darauf baut jeder seine Glaubensgeschichte. Jedem begegnet Gott auf seine Weise. Und das ist noch einmal Ostern. Der Beginn der neuen Wirklichkeit Gottes in meinem Leben. Gottes Kraft, die mein Leben radikal verändern will und verändern kann.

Paulus selbst sieht sich als bestes Beispiel: ein Wunder, das nicht zu erwarten war. Wie bei einer Frühgeburt, die damals kaum Chancen hatte, zu überleben. So war sein Leben eine Totgeburt, war verfehlt. Die Christusbegegnung eröffnet ihm neue Perspektiven, ein neues Leben. Gott macht ihn zu einem anderen Menschen. Er darf an Gottes neuer Welt mitbauen. Ohne ihn – so kann man heute sagen – und ohne das, was die Christusbegegnung aus ihm gemacht hat, wäre der Glaube wohl nicht nach Europa und durch die Jahrhunderte zu uns gekommen.

Was ist Ostern? Ein fester Grund, auf dem ich stehe, auf den ich mich stellen kann, etwas, was ich mit anderen gemeinsam habe, das mir andere weitergegeben haben, das ich weitergeben und bekennen soll. Und etwas ganz Individuelles: Eine ganz neue Möglichkeit und Wirklichkeit, die mich von Grund auf verändern kann und will.

„Und eine neue Welt, und eine neue Welt entspringt aus Gottes Wort." Gott schafft eine Welt, in der alle Menschen gerettet werden, eine Welt ohne Tod, ohne Leid, Geschrei und Schmerz. „Der Herr ist auferstanden, er ist wahrhaftig auferstanden." Es hat schon begonnen. Amen.

Vorschläge für das Predigtlied

EG 101,1–4+6	Christ lag in Todesbanden
EG 116,1+2+5	Er ist erstanden, Halleluja

Fürbittengebet

Lebendiger, Leben schaffender Gott.

Licht in der Dunkelheit, Trost in Leiden, Freude in Traurigkeit. Lass es Ostern werden unter uns, schenke uns dein neues Leben.

Sei mit deiner Welt und deinen Menschen, lass die Politiker Friedensträume träumen. Dass die Fantasie Blüten treibt, ungewöhnliche Gedanken Gerechtigkeit, Freiheit und Liebe wachsen lassen, wo keiner auch nur mit einem Wort daran gedacht hatte.

Sei bei den Menschen in unserem Land und den Fremden, die unter uns neue Heimat und Geborgenheit suchen. Sei ein starker Fels gegen die Angst. Sei das Wort, die Sprache, das Singen, das uns hilft, einander zu verstehen. Hilf, dass die Osterfreude und Vertrauen auf dich Türen öffnen, wo die Angst sie verschließen möchte.

Schenke den Einsamen Mut, den Telefonhörer in die Hand zu nehmen, die Tür zu öffnen, ein Wort zum anderen zu sagen und lass sie gute neue Erfahrungen machen. Lass Kinder und Jugendliche erleben, dass es auf sie ankommt, dass sie wichtig sind, dass andere hören wollen, was sie sich wünschen, was sie für wichtig halten. Hilf den Älteren, dass sie nicht bitter werden, wenn die Kräfte nachlassen, sondern erleben, wie sehr ihre Lebenserfahrung und Lebensweisheit, ihre Gelassenheit und ihr Gebet gebraucht werden.

Sei bei uns allen. Dass wir deiner Liebe, deinem Leben trauen. Wir danken dir, der du uns so wunderbar geschaffen hast und bitten dich: schaffe uns, dass wir Menschen werden, mit denen du deine Welt verändern kannst.

Herr, lebendiger Gott, Du bist die Auferstehung und das Leben. Du bist die Geborgenheit, die Freude und die Hoffnung. Lass es Ostern werden unter uns.

Amen.

Ulrike Magirius-Kuchenbuch

Ostermontag

1. Korinther 15,12–20

Der Predigttext wird erst im Verlauf der Predigt in der hier angegebenen Übersetzung verlesen. Die Zwischenüberschriften gliedern den Text, werden aber nicht vorgelesen.

[1. Alles steht auf dem Spiel!]

Liebe Gemeinde!
Alles steht auf dem Spiel! Liebe Ostergemeinde: Es geht um „Alles oder Nichts" – das ist dramatisch, entscheidend, ja eine Frage von Leben und Tod. Nur: Kaum einer hat's bemerkt. Sehen Sie sich um: Wir sind eine kleine Zahl. Von vielen, die heute nicht hier sind, wissen wir: Sie sind im Urlaub, im Ferienhaus in der Schweiz; ausgeflogen, in die Sonne – endlich Zeit für die Familie; für ein gutes Buch; zum Wandern oder Skifahren – zum Atemholen nach der hohen Beanspruchung im Alltag.

Ja: Es sei ihnen allen gegönnt! So viele gute Gründe sprechen dafür; die Möglichkeiten, die sich bieten, sind einfach zu verlockend – und das Leben so kurz: „carpe diem" – „Pflücke den Tag!" Aber Sie, liebe Schwestern und Brüder, die heute, am Ostermontag zum Gottesdienst gekommen sind: Sie sind hier, weil Sie das wissen, weil Sie diese Dringlichkeit spüren! Weil Sie wissen, worum es geht? [Kurze Stille]

Nun: Wahrscheinlich sind Sie irritiert; vielleicht ratlos? Vielleicht denken Sie: Der Blick auf unsere Welt gibt Anlass zu Bedenken, das stimmt; ist vielleicht sogar besorgniserregend. Aber auch morgen wird die Sonne wieder aufgehen – noch ist nicht aller Tage Abend! Was will er von mir?

[2. … die Elendesten unter allen Menschen!?]

Liebe Gemeinde! Paulus sieht das nicht so abgeklärt und gelassen, ich lese aus dem 15. Kapitel des Korintherbriefs:

Wenn Christus gepredigt wird, dass er von den Toten auferstanden ist, wie sagen dann einige unter euch: Es gibt keine Auferstehung der Toten!? Gibt es keine Auferstehung der Toten, so ist auch Christus nicht auferstanden. Ist aber Christus nicht auferstanden, so ist unsre Predigt vergeblich, so ist auch euer Glaube vergeblich. Wir würden dann auch als falsche Zeugen Gottes befunden, weil wir gegen Gott bezeugt hätten, er habe Christus auferweckt, den er nicht auferweckt hätte, wenn doch die Toten nicht auferstehen. Denn wenn die Toten nicht auferstehen, so ist Christus auch nicht auferstanden. Ist Christus aber nicht auferstanden, so ist euer Glaube nichtig, so seid ihr noch in euren Sünden; so sind auch die, die in Christus entschlafen sind, verloren. Hoffen wir allein in diesem Leben auf Christus, so sind wir die Elendesten unter allen Menschen.

Liebe Gemeinde: Vielleicht sind die anderen alle weg, weil sie das genau so sehen? Weil sie nicht die Elendesten unter den Menschen sein wollen? Urlaub von Ostern; eine Auszeit genau an der Stelle, wo die Leere spürbar wird, wo es richtig wehtut, dass da keine Hoffnung besteht? Auf eine Auferstehung – weil es ein Leben nach dem Tod nicht gibt!?

Dass darum auch die Osterbotschaft besser ungehört bleibt, weil sie nicht auszuhalten ist, diese Rede vom Leben aus dem Tod – angesichts des Leidens, der Qualen, des zahllosen, endlosen Sterbens; oder – wenn es denn tatsächlich keinen belastbaren Grund für solche Hoffnung gibt – einfach nur lächerlich!?

Und wir? Sind wir nur noch da, weil wir das noch nicht bemerkt haben? Weil wir einfach nicht den Mut dazu aufbringen, den Tatsachen ins Auge zu sehen? Ist unsere Mutlosigkeit am Ende der Grund unseres Zusammenkommens, dass wir uns nicht durchringen können, den alten Zopf abzuschneiden, diese so augenfällige Wahrheit zu akzeptieren? Und feiern wir Gottesdienst eher aus Gewohnheit, aus Angst vor der Einsamkeit angesichts dieser großen Leere? Wenn das stimmt, drückt unsere kleine Zahl heute nichts anderes aus: So sind wir die Elendesten unter allen Menschen!

[3. Nicht mutig!]

Nicht mutig
Die Mutigen wissen
Dass sie nicht auferstehen
Dass kein Fleisch um sie wächst
Am jüngsten Morgen
Dass sie nichts mehr erinnern
Niemandem wiederbegegnen
Dass nichts ihrer wartet
Keine Seligkeit
Keine Folter
Ich
Bin nicht mutig.

Liebe Ostergemeinde, liebe Schwestern und Brüder! Marie-Luise Kaschnitz hat dieses Bekenntnis formuliert. Im Gegensatz zu denen, die den Mut für sich vereinnahmen. Im Gegensatz zu den Nihilisten, die ungerührt behaupten: Da kommt nichts mehr – und das ist auch gut so! Im Gegensatz zu den Agnostikern, die sich für hart genug halten, dass sie den Glauben der Menschen, die an der Auferstehungshoffnung festhalten, nicht brauchen – als Krücke.

Ich bin nicht mutig! Liebe Gemeinde: ein großes Bekenntnis zur Auferstehung – und für diese Worte liebe ich meine große, ältere Schwester im Glauben! Auch ich bin nicht mutig! Nein: Ich kann nicht leben mit dem Ausblick ins Nichts, ich will mich nicht abfinden, mein Christsein an den Nagel zu hängen, alle Erwartungen zu opfern, jede Hoffnung fahren zu lassen. Hart und kalt werden, gleichgültig und unberührbar – das will ich nicht!

Und darum bin ich heute hier! Nicht mutig vielleicht – aber aus guten Gründen. Nicht im Urlaub, keine Auszeit in diesen Tagen! Mein Bekenntnis: Ich will nicht leben in einer Welt, die leer ist – ohne die Hoffnung auf Auferstehung. Da setze ich alles auf die eine Karte! Und vielleicht ist es eine offene Frage, wer am Ende mutiger ist! Und feiere Ostern, die Auferstehung Jesu!

[4. Durch Gottes Gnade bin ich, was ich bin]

Das 15. Kapitel des ersten Korintherbriefs ist wohl der älteste Text zur Auferstehung im Neuen Testament – und die bedeutendste Auseinandersetzung von Paulus mit diesem Thema. Die Argumentation, die wir heute gehört haben, setzt sich mit den Vorstellungen auseinander, die unter den Christen in Korinth viele Anhänger hatten – für die nämlich die Auferstehung eine unvorstellbare Sache war, ja eine Zumutung!

Sie waren gebildet, ihre Weltanschauung war philosophisch fundiert. Wer Epikur anhing, für den war mit dem Tod alles aus – das „Ich", ja die ganze Person löst sich mit dem Tod in die Atome auf und verlöscht. Ganz anders Platon und seine Anhänger: Für ihn war der Tod das Ende der Gefangenschaft der unsterblichen Seele im Gefängnis des Leibes: Eine Erlösung! Ob man jedoch Platon folgte oder Epikur: Den griechischen Bildungsbürgern fiel es sehr schwer, den biblischen, jüdisch-urchristlichen Glauben an eine leibhafte Auferstehung zu begreifen, noch schwerer, ihn zu akzeptieren: Wer so etwas glaubte, setzte sich unweigerlich dem spöttisch-mitleidigen Kopfschütteln der gebildeten, maßgeblichen nichtchristlichen Kreise aus (und dazu gehörten ja auch viele der korinthischen Gemeindeglieder bis vor kurzer Zeit): Was für ein törichter Wahn! Wie kann man nur! Einem so unvernünftigen, elenden Aberglauben folgen?!

Verständlich, dass die Christen in Korinth sich zu arrangieren versuchten. Etwa über die Idee, dass das „Ich" des Menschen in der Taufe mit Jesus stirbt und aufersteht – und so schon zeitlebens mit dem himmlischen Christus vereinigt ein ewiges Leben angetreten hat. Andere Zeiten – andere Versuchungen! Wir erleben, wie viele, die sich für gebildet halten, zu Verächtern der Religion werden. Wir sind Zeugen, wie fundamentalistische Extremisten die Wahrnehmung der Religion in der Öffentlichkeit prägen und wie in der Folge der Glaube mit simpelsten, ja einfältigen Gegenargumenten als Illusion abgetan wird. Wir leiden an der Sprachlosigkeit von Kirche und Theologie, dagegen argumentativ Stellung zu beziehen; den Wert, die Substanz, die Wahrheit des Glaubens einsichtig zu machen – nicht zuletzt auch bei uns selbst!

Nun aber ist Christus auferstanden von den Toten als Erstling unter denen, die entschlafen sind. Der entscheidende Punkt, von dem her Paulus die Welt aus den

Angeln hebt, ist eine existentielle Erfahrung: In den Versen vor unserem Predigttext listet Paulus die Zeugen auf, die eine Begegnung mit dem Auferstandenen hatten. Das letzte Glied dieser Kette: Kein anderer als er – Saul von Tarsus, der eben im Begriff ist, in der Synagogengemeinde in Damaskus die Mitglieder, die Jesus als den von Gott gesandten Erlöser bekannten, heimzusuchen, zu konfrontieren.

Diesem Saul von Tarsus begegnet der Auferstandene – das wird für diesen zur Lebenswende – aus Saulus wird ein Paulus. Diese persönliche Erfahrung begründet die Entschiedenheit, mit der er, der in pharisäischer Schriftgelehrsamkeit geschult ist, die Auferstehung gegen die korinthischen Verächter ins Recht setzt. Die Wirklichkeit der Auferstehung Jesu steht außer Zweifel – und aus diesem Grund auch die allgemeine Hoffnung auf die Auferstehung aller Menschen.

Dass er einer der Zeugen ist, der letzte und geringste, darauf bildet sich Paulus nicht viel ein: Die Jünger waren ja viel näher an Jesus dran. Erstaunlich ist für mich vor allem die unbeirrbare Selbstgewissheit, die hier zu Wort kommt: „Durch Gottes Gnade bin ich, was ich bin!"

[5. Das Oster-Ich – Alles aus dem Nichts]

„Durch Gottes Gnade bin ich, was ich bin." Liebe Schwestern und Brüder, hier hören wir unseren großen, älteren Bruder reden – von der Wirklichkeit der Auferstehung. Gottes Kraft ruft aus dem Tod ins Leben. Gottes Kraft trifft den Verfolger in seinem Gewissen; sie konfrontiert ihn, stellt seine bisherigen Lebensziele in Frage, entlarvt den Irrweg und führt Saulus zur Umkehr, durch die Taufe zum neuen Leben eines Apostels Jesu Christi.

Das, liebe Schwestern und Brüder, ist nicht das Osterevangelium selbst. Aber was für eine große Freiheit, was für eine tragende Gewissheit spricht aus dem Auferstehungszeugnis des Apostels Paulus! „Ich bin nicht mutig" – „durch Gottes Gnade bin ich, was ich bin!" Dieses „Ich" – ich möchte es das „Oster-Ich" nennen. Gebe Gott, auch mein „Ich" könnte so fest und überzeugend sein!

Kraft des Heiligen Geistes!? „Die Osterpredigt ist letztlich weder darauf aus, dass wir sie ‚verstehen'. Noch dass wir sie ‚verifizieren'. Ihr antwortet allein das Bekenntnis. Sie *weiterzusagen ist die einzige Form* … ihrer Bewahrheitung. Die Auferweckung Jesu von dem Tode will gelebt werden. In spes futurae vitae, brennender Hoffnung einer neuen Welt, eines neuen Lebens beantworten wir sie.“[1]

Liebe Schwestern und Brüder: auf die Osterbotschaft antworten, „Ich“ sagen. Nicht mutig, wie Marie-Luise Kaschnitz, aber darin so gewiss und sicher, wie es Paulus tun kann – weil wir Gottes Schöpfermacht im Rücken haben – und weil wir auf seine Zukunft hin unterwegs sind. „Der Herr ist auferstanden“ – [Gemeinde: „Er ist wahrhaftig auferstanden!“] Amen.

Vorschläge für das Predigtlied

EG 112	Auf, auf mein Herz, mit Freuden
EG Württemberg, 522,4+5	Weil du vom Tod erstanden bist

Fürbittengebet[2]

Guter Gott: heute sollen sich alle Menschen freuen und ein neues, frohes Lied anstimmen über dich: Du hast Jesus auferweckt von den Toten. Du hast denen, die traurig waren, die Tränen abgewischt und sie wieder froh gemacht. Die, die Angst hatten, ganz allein und verlassen zu sein, hast du ermutigt mit dem Versprechen, dass Jesus immer bei ihnen ist. Ja, Gott, ich bin froh, dass ich von dir höre. Du tröstest auch mich und bist immer bei mir. Deine Liebe ist größer, tiefer und weiter als ich mir das vorstellen kann. Durch Deine Liebe, dank Deiner Gnade bin ich, was ich bin: Spüre meinen Atem in meiner Brust; freue mich meines Lebens und der Zeit, die mir zugemessen ist – schmecke, fühle, rieche die Fülle Deiner Gaben: Das und die Summe der Begegnungen und Erfahrungen formen miteinander mein Ich – dafür danke ich von Herzen! Du bist wunderbar, Gott. Zu dir will ich gehören – ich mit allen anderen hier!
[Stille]
Mit Jesu Worten beten wir weiter:

Vater unser

Jochen Maurer

1 Marquardt (, Friedrich Wilhelm: Was dürfen wir hoffen, wenn wir hoffen dürften? Eine Eschatologie. Band 3, Gütersloh 1996, S. 161ff i.A.) zitiert bei: Kruse, W. (Hrsg.): Predigtmeditationen im christlich-jüdischen Kontext. Zur Perikopenreihe II. Köthen, 2003, 150.

2 Unter Verwendung eines „Gebets der Woche“ von S. Bukowski vom April 2014, http://www.reformiert-info.de/12952-0-84-9.html.

Quasimodogeniti

1. Petrus 1,3–9

[Lesung des Predigttextes]

Liebe Gemeinde!
Unvergänglich – unbefleckt – und unverwelklich, diese drei Adjektive sind mir als drei besonders starke Worte gleich beim Lesen unseres Bibeltextes im Gedächtnis haften geblieben. Sie erinnern sich: „Gelobt sei Gott, der Vater unseres Herrn Jesus Christus, der uns nach seiner großen Barmherzigkeit wiedergeboren hat zu einer lebendigen Hoffnung durch die Auferstehung Jesu Christi von den Toten, zu einem unvergänglichen und unbefleckten und unverwelklichen Erbe, das aufbewahrt wird im Himmel für euch."

Bei Werner Bergengruen, einem der großen Dichter des vergangenen Jahrhunderts, tauchen diese Worte wieder auf, in einem Gedicht, das er zum Ende des 2. Weltkrieges geschrieben hatte, eingekleidet in Zeilen, die unser Ringen und Suchen nach Antwort, unser menschliches Nicht-Begreifen-Können beschreiben – aber auch unsre Hoffnung – angesichts des großen Elends, das Menschen über Menschen bringen können, damals wie heute:

Wolle, Engel, den Weg mir weisen,
wo das harte Gefüge bricht.
Eingeschmiedet in starrendes Eisen,
Engel, ich lasse dich nicht!

Ja, ich ahne schon die Stelle,
wo die Wand sich spalten lässt,
ahne einer fremden Helle
unermessnes Sternenfest.

Die verborgne Schrift wird leslich,
und der Meerstern hebt sich groß.
Unvergänglich, unverweslich
blüht die Rose Jerichos.

Da kommen also noch die „Rose Jerichos“ dazu als Sprachbild mit tiefem Hintergrund und der „Meerstern“, der besonders unseren katholischen Schwestern und Brüdern viel bedeutet: „Meerstern, ich dich grüße“, heißt eines der Lieder aus dem katholischen Gesangbuch. Der Meerstern ist der Polarstern, für die Seeleute die genaue Ausrichtung auf den Norden, aber auch Symbol für die Mutter Maria, an der ausgerichtet unser Leben Richtung und Halt finden soll. An der Küste gibt es eine Reihe von Kirchen, die diesen Namen tragen: „Stella maris“ – Meerstern.

Und dann ist da noch die Wand, die undurchdringlich scheint, vor die wir rennen mit unserem Kopf – und plötzlich entdecken wir *doch* die Stelle, „wo die Wand sich spalten lässt“ und *ahnen* zumindest die unermessene Herrlichkeit, die dahinter auf uns wartet.

Wir sehen, man braucht nur ein klein wenig an der Oberfläche zu kratzen, da fallen einem schon eine Fülle von Bedeutungen und Erinnerungen in den Sinn, wie z.B. auch bei der „Rose Jerichos“ die Erinnerung an ein kleines, zusammengeknülltes Pflanzenbündel, das, legt man es nur in Wasser, ganz schnell sich entfaltet zu vorher nicht vermuteter Größe.

Und ganz und gar „der Seelen Seligkeit“ vom Ende unseres Predigttextes: „Ihr werdet euch freuen mit unaussprechlicher und herrlicher Freude, wenn ihr das Ziel eures Glaubens erlangt, nämlich der Seelen Seligkeit.“

Wie viel bedeuten uns heute noch solche Sprachbilder? Wo in ein zwei Worten etwas gesagt ist, das im entscheidenden Moment sich entfaltet und eine Fülle von Trost, Freude, Kraft bereithält: unvergänglich, unbefleckt, unverweslich.

Bertolt Brecht schreibt in einem Gedicht: „Was sind das für Zeiten, wo ein Gespräch über die Schönheit von Bäumen fast ein Verbrechen ist, weil es ein Schweigen einschließt über so viele Untaten!“

Ist das so? Verbieten sich die großen, unvergänglich schönen Sprachbilder, die zum Reichtum unseres Glaubens gehören? „Hoffnungsbilder gegen die Resignation“ hat sie ein Zeitgenosse genannt. Verbieten sie sich, wenn von allen Seiten schlimme Nachrichten auf uns hereindrängen, die doch auch einen Anspruch haben, mit Gedanken, Worten und Werken vorrangig behandelt zu werden?

Bertolt Brecht hat ja ein „fast“ eingefügt in seine Gedichtzeile: „wo ein Gespräch über Bäume *fast* ein Verbrechen ist …“, weil er gut weiß, dass wir die Herausforderungen und Aufgaben einer bedrückenden Gegenwart nicht annehmen können, wenn nicht auch unser innerer Mensch Nahrung bekommt und Ermutigung und Kraft. Wenn wir überhaupt *wahrnehmen* können, was um uns herum solche Kraft und Ermutigung schenken kann.

Und das genau ist auch das Ziel des Briefschreibers unserer heutigen Epistel, dass er in die Anfechtungen und Widrigkeiten hinein, die die junge Christengemeinde erdulden muss, solche leuchtenden und glaubensgewissen Worte schickt. Das ist kein „Vertrösten auf das Jenseits“, sondern eine Stärkung für den diesseitigen, heutigen Alltag, eine Stärkung aus der Gewissheit, dass Gott Trost und Kraft dazu schickt, wo wir sie nötig haben. Und dass auf die Herrlichkeit seines Reiches unser Leben zuläuft.

Ulrich Wilckens, Bischof und Theologieprofessor, schreibt in einem Kommentar zu unseren Versen: „Die gehobene Sprache des Briefeingangs zeigt die Herkunft aus der geprägten Sprache des urchristlichen Gottesdienstes. Die ersten Verse muten an wie die feierliche Begrüßung neu getaufter Christen, zumindest sind die Verse 3–5 wohl als Anfang eines Taufliedes zu verstehen. So spricht der Verfasser die gegenwärtig bedrängten Christen an in der jubelnden Sprache der Taufliturgie. Wer getauft ist, weiß sein Geschick in der Zukunft Gottes wohl verwahrt; er lebt gegenwärtig in der Hoffnung auf diese Zukunft und vermag darin alle Widerwärtigkeiten der Gegenwart kraftvoll durchzustehen.“

Mutter Teresa, einmal befragt, ob sie ihren Schwestern nicht wenigstens das frühe Aufstehen für den morgendlichen Gottesdienst ersparen könne, wenn sie dann doch in ihr schweres und kräftezehrendes Tagwerk in den Straßen von Kalkutta aufbrechen müssen – Mutter Teresa hat geantwortet: „Wenn wir die allmorgendliche Vergewisserung nicht hätten, dass unser tägliches Mühen ein Stück der unbegreiflichen, unermesslichen Herrlichkeit Gottes ist, dann würden wir die Arbeit des Tages mit ihren vielen unbeantworteten Fragen nicht bewältigen.“

Das Elend, das uns umgibt, ist anderer Natur als das Elend in den Straßen von Kalkutta. Ein Mönch unsrer Tage hat es einmal so auf den Punkt gebracht: „Die einen sind unglücklich, weil sie zwar ein großes Auto haben, ein Haus usw., aber Glück und Harmonie, die sie damit quasi festnageln wollten, stellen sich nicht ein. Stress und Neid und Misstrauen sind ihre ständigen Begleiter geblieben. Und die andern sind unglücklich, weil sie denken: Wenn sie nur das große Auto, das eigene Haus usw. hätten, dann wären sie wohl wunschlos glücklich, aber so bleiben ihnen halt nur Neid und Misstrauen und Stress." Gefragt, ob es aus solchem Teufelskreis denn keinen Ausweg gäbe, antwortet er: „O doch! Es gibt zunehmend Menschen, die begreifen, dass nicht das Raffen und Für-sich-behalten zum Lebensglück führt, sondern das Teilen und Einander-Anteil-geben, ganz wie Jesus schon vor 2000 Jahren gesagt hat: ‚Wer sein Leben für sich behält, der hat's eigentlich schon verloren. Wer's aber drangibt und teilt, der wird's gewinnen.' Das ist auch kein ganz einfacher Weg, aber er ist viel einfacher, als die meisten glauben. Und der Dank eines Mitmenschen ist immer ein Mosaikstein zu unserem Lebensglück, egal, in welcher ‚Reichtums-Zone' unser Leben angesiedelt ist."

Solche klaren, ermutigenden Worte, bestätigt durch die eigene Art zu leben – warum sind sie so selten geworden? Wenn so viele der Kirche den Rücken kehren, müssen wir fragen: „Sind wir die *ermutigende Kraft des Evangeliums*, die unser Leben doch immerhin begleitet, der Welt zu oft schuldig geblieben? Freilich ist die Gefahr groß, Hoffnungsbilder zu beschwören und große Worte zu gebrauchen – und mit unserem eigenen kleinen Leben weit dahinter zurück zu bleiben. Aber Vergebung bedeutet: Auch nach vielfachem Versagen sind wir es Gott noch immer wert, seine Werkzeuge zu werden in unseren Taten, Boten seiner unvergleichlichen Herrlichkeit in unseren Worten – und Zeugen seiner schützenden und ermutigenden Nähe mit unserem ganzen Leben. 2 ½ Tausend Jahre alt ist der Satz, der uns in solches Leben ruft: „Mache dich auf und werde Licht, denn dein Licht kommt, und die Herrlichkeit des Herrn geht auf über dir." Amen.

Und der Frieden Gottes, der höher ist und mehr vermag als alles, was Menschen sich vorstellen können, der bewahre unsere Herzen und Sinne in Jesus Christus, damit wir Menschen seiner Liebe bleiben – und immer wieder werden. Amen.

Vorschläge für das Predigtlied

EG 235,1–4	O Herr, nimm unsre Schuld
EG 428,1–5	Komm in unsre stolze Welt

Fürbittengebet

Herr Gott, lieber Vater im Himmel, wir müssen dir nicht Hunger und Armut klagen, eher die Vergeudung und Vernichtung von Lebensmitteln in unserem Land, aber vor allem das große Ungleichgewicht zwischen unseren Schwestern und Brüdern in den Ländern der Armut und uns im reichen Europa. Wir haben von strahlenden Lobgesängen gehört und Hoffnungsbildern, die unseren Müttern und Vätern im Glauben Kraft gegeben haben, dürre Zeiten durchzustehen und solidarisch zu sein mit den Bedürftigen. Und wir sehen betroffen, wie schwach und bedeutungslos unsre Stimme geworden ist in einer Welt, die zu versinken droht in Terror, Hochmut, Unrecht und Krieg.

Wir bitten dich, vergib, was wir versäumt und falsch gemacht haben, und mach uns, wie dein Wort es uns heute verspricht, zu neuen Menschen, neu geboren aus dem Vertrauen in deine Macht und Güte, zu deren Boten du uns machen willst über all unser bisheriges Versagen hinweg. Als deine Kinder vertrauen wir uns dir an:

Vater unser

Arnd Morgenroth

Misericordias Domini

1. Petrus 2,21b–25

Der Predigttext wird erst im Verlauf der Predigt in der hier angegebenen Übersetzung (Zürcher 1942) verlesen. Die Zwischenüberschriften gliedern den Text, werden aber nicht vorgelesen.

[1. Schafe blicken auf]

Liebe Gemeinde!
Diese Worte, die gut zum heutigen Hirtensonntag passen, hatte ich eine Zeit lang täglich vor Augen. Auf dem Weg in die Uni musste ich nämlich durch eine Unterführung. Und dort waren diese Worte an die Wand gesprüht: „Schafe blicken auf!" Einer der Buchstaben tränte. Die Farbe war nicht schnell genug getrocknet und an der Wand hinuntergelaufen. Schafe blicken auf. Was sollte das bedeuten? Ich stellte mir meistens vor, dass wir, die Gesellschaft, lauter Schafe seien und dass es darauf ankomme, aus dem dumpfen Trott herauszukommen, eben aufzusehen. Ich las die Worte wie: „Schafe, blickt auf!"

Später bekam ich heraus, dass es ein Buch von John Brunner gab, das so hieß. Ein komplexes Werk der Science-Fiction-Literatur, das in einem großen Panorama die Welt schilderte, wie sie langsam ein Opfer der Umweltkatastrophen wurde. Zeichen, die zuerst nur dem Aufmerksamen ins Auge fielen, wurden schließlich unübersehbar, Dinge, die erst nur als gelegentliche Belästigung erschienen, wurden dann eine unerträgliche Last und eine Lebensgefahr. So schilderte es der Autor im Jahre 1972, also vor knapp 40 Jahren, einer biblischen Generation. Erst sehen nur die Achtsamen, dann blicken auch die Schafe auf.

Die Epistel des heutigen Sonntags, unser Predigttext, endet ebenfalls mit diesem Bild der aufsehenden Schafe. Und ich frage mich, was ist das für ein Aufsehen? Hören Sie selbst:

Wenn ihr aber für Rechttun leidet und es erduldet, das ist Gnade bei Gott. Denn dazu seid ihr berufen worden, weil auch Christus für euch gelitten und euch ein Vorbild hinterlassen hat, damit ihr seinen Fußstapfen nachfolgt. „Er hat keine Sünde getan, noch ist Trug in seinem Munde gefunden worden." Als er gescholten wurde, schalt er nicht wieder; als er litt, drohte er nicht; er übergab es vielmehr dem, der gerecht richtet. Er hat unsre Sünden an seinem Leibe selber an das Holz hinauf getragen, damit wir von den Sünden loskämen und der Gerechtigkeit lebten; „durch seine Wunden seid ihr geheilt worden." Denn ihr irrtet umher wie Schafe, aber ihr habt euch jetzt hingewandt zu dem Hirten und Hüter eurer Seelen.

[2. Der Hirt war selbst ein Schaf]

Ich stelle mir den ganzen Berg Gottes vor, ein grüner Hügel voller Schafe, keine Herde – sondern einzelne Tiere. Und plötzlich sehen alle auf. Der Hirte kommt, die Schafe blicken auf. Sie sind in Sicherheit. Ein zentraler Wert für ein Schafsleben. Es ist kein Protest in diesem Aufsehen, nur willige Unterwerfung, freudige Begrüßung des Hirten durch die Schafe. Und doch ist etwas Besonderes an diesem Aufsehen. Denn die Schafe begrüßen den Hirten – und zugleich einen der ihren!

Der Petrusbrief mutet uns einen rasanten Wechsel zu. Er schildert uns das Leben Jesu als das eines Lammes, das die Sünden der Gemeinde mit sich nimmt und auflöst: „Zum Kreuz hinauf getragen", heißt die drastische Formulierung. Machen wir uns das klar: Die Hände des Menschen, der gekreuzigt wird, werden an den Querbalken genagelt oder gebunden und dieser Querbalken wird mit dem Körper nach oben gezogen. Wenn der Petrusbrief formuliert: „Er hat unsere Sünden zum Kreuz hinauf getragen", dann sehen die Zeitgenossen dieses Hochziehen. Und meine Sünden machen ihn schwerer, meine Sünden vergrößern seinen Schmerz.

[3. Der leidende Gottesknecht]

Es gibt einen alttestamentlichen Text, der dieses Motiv vom stellvertretenden Leiden ausführt. Als die christliche Gemeinde nach der Kreuzigung Jesu ins Dunkle fiel, war es dieser Text, der sie tröstete und hoffen ließ, dass es so etwas wie einen leidenden Messias geben könne. Er eröffnete die Möglichkeit, dass der schändliche Tod Christi nicht das Ende der Jesusbewegung sei. In der Geschichte der Emmausjünger ist es der Auferstandene selbst, der die beiden Männer, die traurig nach Hause gehen wollen, mit dem Lied vom leidenden Gottesknecht vertraut macht:

> Wir hatten uns alle verirrt wie Schafe, jeder ging für sich seinen Weg. Doch der Herr lud auf ihn die Schuld von uns allen. Er wurde misshandelt und niedergedrückt, aber er tat seinen Mund nicht auf. Wie ein Lamm, das man zum Schlachten führt, und wie ein Schaf angesichts seiner Scherer, so tat auch er seinen Mund nicht auf.

In diesem Lied sind die Motive unseres Predigttextes versammelt. Die Bibelwissenschaftler sagen, der Petrusbrief zitiert hier ein ganz altes Lied, das in der Gemeinde bereits kursierte. In der Neudichtung des alten Liedes ist Jesus von Nazareth in der Rolle des Gottesknechtes. Das Lied ist ein Bekenntnis zu Christus. Er ist das Lamm, das unsere Sünden trägt. Er ist der erwartete Gottesknecht, der in der Schrift prophezeit wurde. Und dann gibt es noch eine entscheidende Neuerung in dem neuen Lied. Im alten Lied trug das Lamm die Sünden, und wir waren befreit davon. Im neuen Lied gibt uns das Lamm ein Vorbild, das wir nachmachen, wörtlich: nachschreiben sollen, so nachschreiben, wie die Mönche beim Kopieren alter Bücher die Buchstaben nachmalen:

> Wenn ihr aber für Rechttun leidet und es erduldet, das ist Gnade bei Gott. Denn dazu seid ihr berufen worden, weil auch Christus für euch gelitten und euch ein Vorbild hinterlassen hat, damit ihr seinen Fußstapfen nachfolgt.

So sieht es doch nicht so gut aus für die Sicherheit liebenden Schafe. Der Hirte kommt, aber er hat den Schafen gerade ein Vorbild gegeben, er leidet nicht nur für sie, sondern auch wie sie, er leidet, wie sie leiden sollen.

[4. Die neue Zeit und Wehen, die sie ankündigen]

Warum der Schreiber des Petrusbriefes das Gottesknechtlied aufnimmt und auf die Christen seiner Zeit bezieht, liegt nahe. Wieder kommen Leiden über die Gemeinde.

Der Schreiber spricht von diesen Bedrängnissen und Anfechtungen. Es sind die Leiden der Endzeit. Die Welt kommt unter Schmerzen an ihr Ende. Und wie Christus seinen Leiden nicht auswich, so soll auch die Gemeinde darauf setzen, dass diese läutern und verändern, dass Leiden verwandeln wie Gold, das im Feuer geläutert wird [1. Petr, 1,7]. Alle waren damals entsetzt und verblüfft, als der, den sie für den Messias hielten, leiden musste.

Aber nun wissen wir, das Leiden führt zur Verwandlung, es ist Teil des Weges, den Gott mit uns gehen will. Wenn wir leiden, gehen wir in seinen Fußstapfen. Wenn uns ungerechte Gewalt trifft, dann sind wir wie er. Und so wie er werden wir nicht verloren gehen. So tröstet sich eine verfolgte Gemeinde, indem sie sich bewusst macht, dass auch Jesus Christus diese ungerechte Gewalt litt.

[5. Leiden können oder Sicherheit suchen]

Wir Heutigen haben mit dieser Aufforderung: „Leidet, wie Christus gelitten hat!", gleich zwei Probleme: Wir haben ein Unbehagen bei dem Gedanken, dass wir wie Christus leiden sollen. Und wir haben ein Unbehagen bei dem Gedanken, dass Leiden zur Veränderung führt. Wir haben gelernt, das Leiden nicht zu verklären, nicht als Verdienst anzurechnen. Schrecklich die Mutter, die immer zurücksteckt und die Ihren mit Hilfe des schlechten Gewissens dirigiert. Schrecklich der Vater, der stumm leidet und seine Situation nicht verändert, bis der Alkohol seine Leiden erträglich macht. Schrecklich die Menschen, die alle möglichen Ausreden erfinden, nur damit sie in ihrer Sackgasse hocken bleiben können.

All dies zugegeben, möchte ich Sie auf eins aufmerksam machen: Schlecht geht es auch denen, die um jeden Preis das Leiden verhindern wollen. Wehe denen, die in allen ihren Beziehungen auf Sicherheit gehen, damit sie nicht verletzt werden, sie werden keine echte Nähe erleben. Wehe denen, die immer auf ihre Worte achten, so dass ihnen niemand etwas vorwerfen kann, sie werden keinen Kontakt finden. Wehe denen, die nichts wagen, weil sie kein Risiko eingehen wollen, sie werden eines Tages genau dort stehen, wo sie nie hin wollten. Wehe denen, die nichts Unvernünftiges tun wollen, damit alle ihre Schäfchen im Trockenen bleiben, ihre Schäfchen werden nass werden.

Kurzum: Das Leiden um jeden Preis zu vermeiden, ist der sicherste Weg, sich unglücklich zu machen. Denn glücklich kann nur der sein, der sich aufs Spiel setzt. Er kann scheitern, aber sein Leben kann auch gelingen. Wer sich dagegen panzert, der steht am Schluss alleine da. Er hat eine dicke Haut, aber die schließt ihn auch ein.

[6. Leiden können wie Jesus]

So wenig wir das Leiden suchen sollten, so wenig sollten wir versuchen, es mit allen Mitteln zu vermeiden: – Verletzungen zu riskieren, – Schmerz in Kauf zu nehmen, – Situationen durchzuhalten und nicht zu fliehen, auch wenn sie schwer erträglich sind, – bei einer Sache bleiben, auch wenn Gegenwind kommt, – lieber Ungerechtigkeit aushalten, als sich weg zu schleichen – das sind Tugenden, die auch Jesus von Nazareth auszeichneten. – Er blieb auf dem Punkt, auch wenn er wehtat, sich und anderen. – Er blieb bei seinem Gott und seiner Botschaft, auch wenn es ihn das Leben kostete. – Er blieb bei seinen Jüngerinnen und Jüngern, auch als er starb. Leiden können, ist eine Tugend der Gerechten. Im Leiden die Hoffnung zu behalten, ist eine Sache des Glaubens. Darum lasst uns aufsehen zu Jesus, dem Anfänger und Vollender des Glaubens. Amen.

Vorschläge für das Predigtlied

EG 81,1–4	Herzliebster Jesu
EG 97	Holz auf Jesu Schulter

Fürbittengebet

[Liturg(in):] Wir blicken auf zu dir, guter Hirte, und bitten dich für die Länder auf dieser Erde, die Naturkatastrophen und politische Misswirtschaft ins Leiden gestürzt haben. Lass sie neue Wege finden. Wir bitten dich:
[Liturg(in) und Gemeinde:] Herr, erbarme dich!

[Liturg(in):] Wir blicken auf zu dir, guter Hirte, und bitten dich für die Menschen unter uns, die sich in ihr Leid eingesponnen haben. Wir bitten dich:
[Liturg(in) und Gemeinde:] Herr, erbarme dich!

[Liturg(in):] Wir blicken auf zu dir, guter Hirte, und bitten dich für die Menschen, die den Mut haben, Verantwortung zu übernehmen. Hilf Ihnen, ohne dass sie es merken! Wir bitten dich: Herr, erbarme dich!

[Liturg(in):] Wir blicken auf zu dir, guter Hirte, und bitten dich für die Menschen, die aus ihren Dörfern und Städten fliehen mussten. Lass sie Frieden finden, an ihren neuen Orten. Wir bitten dich:
[Liturg(in) und Gemeinde:] Herr, erbarme dich!

Frank Hiddemann

Jubilate

1. Johannes 5,1–4

Der Predigttext wird zu Beginn nach der hier abgedruckten Übersetzung verlesen.

Wer glaubt, dass Jesus der Christus ist, der ist von Gott geboren; und wer den liebt, der ihn geboren hat, der liebt auch den, der von ihm geboren ist. Daran erkennen wir, dass wir Gottes Kinder lieben, wenn wir Gott lieben und seine Gebote halten. Denn das ist die Liebe zu Gott, dass wir seine Gebote halten; und seine Gebote sind nicht schwer. Denn alles, was von Gott geboren ist, überwindet die Welt; und unser Glaube ist der Sieg, der die Welt überwunden hat.

Liebe Gemeinde!
Sie hatte gelogen, die Schlange. Das heißt: Nicht *ganz* gelogen, sie hatte, wie jeder gute Lügner, die Lüge in ein Geschenkpapier aus Wahrheit eingewickelt. *Ihr werdet sein wie Gott und wissen, was gut und böse ist,* hatte die Schlange behauptet. Daraufhin bissen Adam und Eva herzhaft in die Frucht. Tragischerweise verstanden die zwei menschlichen Paradiesvögel nicht, dass sie schon längst als Gottes Ebenbilder geschaffen waren. In dem Moment, als sie in das verbotene Obst bissen, wurden sie nicht wie Gott, im Gegenteil, sie entfremdeten sich von ihrer Gottebenbildlichkeit.

Das war der Anfang vom Ende des Paradieses. Tatsächlich unterscheiden die Menschen seitdem zwischen Gut und Böse. Da sie das aber nicht aus göttlicher Perspektive können, lagen und liegen sie mit ihrer Einschätzung über Gut und Böse häufig ziemlich daneben.

Sie hatte gelogen, die Schlange. Die Strafe Gottes folgte auf dem Fuß: Ich setze Feindschaft zwischen die Frau und dich, zwischen ihrem Nachkommen und deinem Nachkommen, er soll dir den Kopf zertreten und du wirst ihn in die Ferse stechen.

Ein bisschen Leid kann sie einem trotzdem tun, wie sie da ihr Maul verzweifelt aufsperrt, während sich ein Fuß auf ihren Leib setzt. So haben Künstler das biblische Motiv dargestellt. Ein für alle Mal, illustrieren die Künstler, ist in Jesus Christus die Macht der Schlange zerstört. Gewiss, die Schlange wird ihn in die Ferse stechen, doch nach dem Karfreitag kommt Ostern, die Macht der Schlange ist gebrochen. Jubilate! Johannes kennt sie genau, die Geschichte von der Schlange und den ersten Menschen, die Geschichte vom Paradies, aus dem der Mensch vertrieben ist. In seinem Brief spielt Johannes mit den Motiven der alten Geschichte. Der Verführung der Schlange, der verlorenen Gottebenbildlichkeit, der elenden Sünde setzt er die Liebe, die Gotteskindschaft und die Hoffnung auf den Sieg des Glaubens entgegen. Damit hat sich übrigens auch die Frage nach Gut und Böse erledigt, denn die Menschen, die Gott lieben, die halten auch seine Gebote, einfach deshalb, *weil sie lieben.* Liebenden fallen die Gebote Gottes nicht schwer. Wenn Menschen Liebe erfahren und leben dürfen, dann leuchtet es ganz unmittelbar ein: Einem geliebten Menschen gönne ich alles, ich neide ihm nichts, weder das, was er besitzt noch sein Leben. Ich freue mich mit ihm! Das ist himmlisch.

Wie in der Paradiesgeschichte geht es auch bei Johannes um Erkenntnis, doch nicht um die Erkenntnis von Gut und Böse, sondern um die Erkenntnis Gottes, die jene haben, die Gott lieben und bei ihm bleiben. Erkenntnis braucht Kriterien, Johannes bietet sie: Wer glaubt, der liebt, und wer liebt, wird die Gebote halten. Diese Liebe scheut nicht das Tageslicht, im Gegenteil: Sie will offenbar werden. Was die Schlange fürchtet, dazu fordert Johannes geradezu heraus. Vertraut auf Gott! Vertraut auf seine Gebote! Das ist eure Natur! Denn ihr seid Kinder Gottes!

Johannes malt uns das Bild eines neuen Paradieses vor Augen. Ein Paradies, das schon da und zugleich noch nicht ganz offenbar ist. Ein Paradies, das angefeindet wird und auch gefährdet ist. Die Welt, das Reich der alten Schlange, ist ein großer Gegner, mächtig und gefährlich wie jedes Raubtier, das sich, schon tödlich verwundet, auf den Angreifer stürzt. Der Fuß ist auf die Schlange gesetzt, doch noch windet sie sich und beißt zu.

Ich spüre ihren Biss immer wieder ganz deutlich und merke zugleich, dass ich mit meinem verletzten Fuß den Halt verliere und aus dem Paradies hinauszugleiten drohe. Glaube und Liebe scheinen mir dann weit entfernt in einer gewalttätigen Welt, die mich in ihrer Bösartigkeit fassungslos macht. Da gibt es viel, was mich ermüdet, ich bin viel zu erschöpft, um dagegen anzukämpfen. Es klingt so schön, was Johannes schreibt, aber ich frage mich: Wo ist dieser Sieg? Ich sehe andere Kräfte siegen, sehe Dummheit triumphieren, sehe Fanatismus und Gewalt, Unglauben und Trägheit und werde nicht froh, sondern bitter: wo ist der Sieg über die Welt? Nicht zuletzt bin ich auch angewidert von meinen eigenen Abgründen, abgestoßen von meinem eigenen Kleinmut. Das scheint mir näher zu liegen als die siegreiche Liebe, von der mir zart erzählt wird. Wo ist denn die Welt überwunden? In den Krisengebieten dieser Welt? In verstörten, entsetzten Herzen? Johannes gibt nicht auf, erhebt Einspruch: *Unser Glaube ist der Sieg, der die Welt überwunden hat.* Fröhlich, schlicht, auch sanft stellt er sich meiner Müdigkeit entgegen. Die Welt ist schon überwunden, so sehr sie sich auch machtvoll gebärdet. Die Welt weiß es viel besser als ich: sie hat den Kampf schon längst verloren. Da kann sie bomben und terrorisieren, morden und zerstören wie sie will. Da kann sie Dummheit, Ignoranz und Gewalt ins Spiel bringen. *Sie ist besiegt.*

Ich bleibe skeptisch. Unser Glaube ist der Sieg? Von meinen Glaubenskräften kann ich nicht viel entdecken. Nun, in der Tat, wenn es auf mich ankäme, auf meine Möglichkeiten, dann wäre es schlecht bestellt ums Universum. Doch auch mein kleiner Glaube ist mehr als das, was ich sehen und spüren kann. Denn in meinem Glauben kämpft und siegt Christus. Er kämpft auf seine Weise. Er ist ein sanfter Kämpfer, liebevoll. Eigentlich kein Wunder, dass das auf rasenden Widerstand des Bösen stößt, wenn einer gegen die Logik der Schlange anliebt, dass nur der Stärkere gewinnt.

Johannes wirbt in seinem Brief um mich, um die angefochtenen Schwestern und Brüder seiner Gemeinde, ja, er schmeichelt mit seinen Worten, auch hier das Gegenbild zur Schlange, die ja auch warb und verführte. Zärtlich schreibt Johannes, regelrecht triumphierend, so wie die Liebe auch triumphieren kann, wenn sie sich erwidert fühlt und sicher: Unser Glaube ist der Sieg, der die Welt überwunden hat! Da tritt der Fuß fest auf die Schlange, da kann sie stechen, wie sie will, hinter diesen Sieg kann sie nicht zurück.

Manchmal, wenn ich mein Herz ganz weit werden lasse für diese Erkenntnis, dann ist mir das auch beglückend klar. Es ist nicht jeden Tag so. Aber es gibt Augenblicke. Und in diesen Augenblicken bin ich wie im Paradies. Dann verwandelt sich mein Blick auf diese Welt. Mein Fuß schmerzt noch vom Biss der Schlange, aber ich erkenne Gottes Gegenwart und mit ihr entdecke ich mich als Gottes geliebtes Kind.

Alles um mich ist seine gute Schöpfung und lobt ihn. Dann merke ich, auch ein bisschen beschämt, dass die Natur Gott viel inständiger lobt, als ich es tue. Ich gewahre den Jubel der Schöpfung über ihren Schöpfer in jedem frischen grünen Blatt, im Lied des Rotschwänzchens, im Duft des Flieders und der Maiglöckchen in meinem Garten, in einem Kuss meines Liebsten, in einem freundlichen Wort und einem offenen Blick. Im 1. Brief des Johannes. Dann ahne ich Gottes Gegenwart und spüre, wie mein ganzer Mensch einstimmen will in den Jubel über diesen paradiesischen Sieg der Liebe. Amen.

Vorschläge für das Predigtlied

EG 396	Jesu, meine Freude
EG 499	Erd und Himmel sollen singen

Fürbittengebet

Gott, vor dich bringen wir unseren Jubel und unser Klagelied, alles, was unser Herz vor Freude weitet und auch das, was es ängstlich schlagen lässt. Wir bringen vor dich unsere Lust am Leben und unsere Traurigkeit, unser Erschrecken vor der Gewalt der Welt und unsere Sorge um deine Kirche.

Nimm uns hinein in den Jubel, der aus deiner Schöpfung erklingt, öffne unsere Ohren für den Lobgesang der Vögel und unsere Augen für die Schönheit jeder Blüte, lass uns den Duft des Frühlings atmen und in allen Wundern deine Spuren erkennen.

Wir bitten dich für alle, deren Sinne stumpf geworden sind, für alle, die taub sind für dein Wort, stumm vor Leid, blind gegenüber der Herrlichkeit der Natur. Wir bitten dich um Empfindsamkeit unseren Mitmenschen gegenüber und um Nachsicht – auch um Barmherzigkeit mit uns selbst.

Wir bitten dich für alle, die ihre Hoffnung auf tote Götter setzen und an tote Dinge glauben, wir bitten dich für alle, die einen bösen Lebensweg eingeschlagen haben – rette sie vor sich selbst und andere vor ihnen.

Sei mit deiner Kirche, mit deiner Gemeinde, mit uns, damit hier dein Wille bekannt und getan wird, erneuere uns durch deinen Heiligen Geist und wecke – in jedem von uns – den Jubel über dich, unseren wunderbaren Gott. Amen.

Angela Rinn

Kantate

Kolosser 3,12–17

Der Predigttext wird erst im Verlauf der Predigt verlesen.
Die Zwischenüberschriften gliedern den Text, werden aber nicht vorgelesen.

Liebe Gemeinde!
„Singt dem Herrn ein neues Lied!" – so ist dieser Sonntag Kantate programmatisch überschrieben, und die Gottesdienste in unserem Land nehmen diesen Auftrag heute ganz wörtlich: Es wird gesungen und musiziert, neues und altes Liedgut wird zum Klingen gebracht. Dieser Sonntag ist der Sonntag der Kirchenmusik. Aber er ist noch viel mehr. Es geht heute nicht nur um die Lieder, die wir als Gemeinde miteinander singen, sondern auch um das Lebenslied, das jeder Einzelne von uns singt. Es geht heute nicht nur um die Musik, die in unseren Gottesdiensten erklingt, sondern auch um die Musik, die in unserer Gesellschaft, in unserem Land gespielt wird. Es geht heute nicht nur um Töne und Harmonien, sondern auch um Glaubenstöne und Lebensharmonien.

So verstanden hält der programmatische Aufruf *„Singt dem Herrn ein neues Lied!"* einiges an Sprengstoff parat. Denn wenn wir in die Welt hinaushören, dann hören wir häufig kein neues, sondern allzu oft nur das selbe alte Lied: Militärs und Politiker missbrauchen ihre Macht auf Kosten der Menschen in ihren Ländern; humanitäre Tragödien schaffen es in die Schlagzeilen, zumindest für einige Wochen, bis etwas Interessanteres auf die Tagesordnung tritt; das Interesse an nachhaltigem Umweltschutz wird schnell fallen gelassen, wenn die Umsatzzahlen nicht mehr stimmen. Und auch wenn wir in uns selbst hineinhören, erklingen dort nicht immer die neusten Melodien: Die gegenseitig versprochene Verhaltensänderung der Ehepartner hat nicht lange gehalten, man macht längst schon so weiter wie vorher; der Studientag zum Cyber-Mobbing ist kaum vorüber, da wird im Netz schon wieder kräftig über die Mitschülerin hergezogen, sie ist ja auch selbst schuld daran; vor einigen Wochen haben wir Ostern gefeiert, aber mit den Dekorationen in unseren Häusern ist auch die Osterstimmung aus unseren Herzen gewichen.

Irgendwie ist das so eine Sache mit dem neuen Lied: Alle sehnen sich danach, jeder versucht auf den unterschiedlichsten Feldern seines Lebens eine neue Melodie anzustimmen, aber die alten Disharmonien und verinnerlichten Tonfolgen verfolgen uns und lassen uns schnell in die alte Tonart zurückfallen. Wie kommen wir heraus aus dem Auseinanderklaffen von Anspruch und Wirklichkeit, von gutem Vorsatz und tatsächlicher Umsetzung, von dem Wunsch nach Neuem und der Macht des Alten?

Mit genau dieser Frage, einer in ihrem Kern österlichen Frage, beschäftigt sich der Kolosserbrief, aus dem unser heutiger Predigttext stammt, und er hält eine spannende Antwort parat. Ich lese aus dem dritten Kapitel:

[Lesung des Predigttextes]

Der Kolosserbrief antwortet auf unsere Frage mit einer doppelten Blickrichtung: Er blickt darauf, was jeder Einzelne tun kann, und darauf, was wir als Gemeinschaft von Christinnen und Christen tun können. Folgen wir dieser Blickrichtung und beginnen bei uns selbst.

[1. Das christliche Zwiebelschalenprinzip]

Der Kolosserbrief versucht mithilfe eines eindrücklichen Bildes zu verdeutlichen, was jeder Einzelne von uns dazu beitragen kann, damit aus einem alten Lebenslied ein neues wird: mit dem Bild des Anlegens von Kleidungsstücken im Zwiebelschalenprinzip. Diese Prinzip kennen wir in diesen Tagen des unbeständigen und schnell wechselnden Wetters nur allzu gut: Ein Kleidungsstück wird über dem anderen getragen, wenn es zu warm wird, wird eins ausgezogen, wenn es zu kalt ist, kommt eins hinzu. Was bei uns T-Shirt, Hemd, Bluse, Strickjacke, Pulli, Regenjacke oder Sakko sind, sind in der Analogie des Kolosserbriefes herzliches Erbarmen, Freundlichkeit, Demut, Sanftmut, Geduld, Toleranz, Vergebung und Liebe. Wie beim Zwiebelschalenprinzip wollen diese ethischen Ratschläge angezogen, d. h. angeeignet, zu eigen gemacht werden. Wie gute Kleidungsstücke wollen sie eingetragen werden, wollen den

Geruch und die Wärme der betreffenden Person aufnehmen, wollen sich ihrem Körper anpassen. Und wie bei Kleidungsstücken gibt es auch in der Reihe dieser guten Ratschläge Begriffe, die wir näher an uns heranlassen, weil wir sie schon viele Jahre getragen haben und wissen, dass sie zu uns passen, und wir uns in ihnen wohl fühlen. Und es gibt andere, die uns fremder sind, die wir vielleicht lieber auf einer weiter von unserem Körper entfernten Schicht tragen, weil sie kratzen, oder deren Anlegen uns einiges an Überwindung kostet wie z. B. bei einem ungeliebten Schlips oder einem schicken, aber völlig unbequemen Kleid.

Wie beim Zwiebelschalenprinzip gibt es auch im Bild des Kolosserbriefes ein Kleidungsstück, das die oberste Schicht bildet. Dieses Kleidungsstück bestimmt die darunter liegenden. So wie beispielsweise unter einer nicht atmungsaktiven Regenjacke auch der leichteste Stoff bei entsprechender Bewegung schnell klamm wird, so hat auch im Bild des Kolosserbriefes die äußerste Schicht einen entscheidenden Einfluss auf die darunter liegenden. In unserem Predigttext ist es die Liebe. Sie wird als „Band der Vollkommenheit" bezeichnet, also als eine Kraft, die alle anderen Begriffe zusammenhält, oder, um beim Thema des heutigen Sonntags zu bleiben, als eine Art Grundtonart, an der sich alle Harmonien orientieren. Das ist von entscheidender Bedeutung, denn Freundlichkeit oder Demut allein stellen noch keine Werte dar: Ich kann auch aus Verlegenheit oder Erziehung freundlich sein, nicht aber weil es mir wirklich um die Person geht, mit der ich es gerade zu tun habe. Ich kann aus Konfliktscheue sanftmütig und aus Feigheit demütig sein. Ich kann aus Selbstsucht anderen vergeben, weil ich mir dadurch Vorteile erhoffe. Ich kann tolerant gegenüber anderen sein, weil ich meine, dass es von mir erwartet wird, aber nicht, weil ich darin einen tieferen Sinn sehe. Alle vom Kolosserbrief vorgeschlagenen Ratschläge müssen ins Leere laufen, wenn sie nicht von der Liebe aus gedacht und betrieben werden. Erst die Liebe macht in Verbindung mit dem Anziehen und Eintragen der angesprochenen ethischen Ratschläge ein neues Lebenslied nachhaltig möglich.

[2. Das Wort Gottes als Mitbewohner]

Der zweite Blick des Kolosserbriefes gilt den Dingen, die wir als Gemeinschaft von Christinnen und Christen tun können. Die unter dieser Perspektive gemachten Ratschläge laufen alle darauf hinaus, das Wort Gottes konsequent als unseren Mitbewohner zu begreifen: nicht als Untermieter, nicht als Pächter, nicht als Feriengast auf Zeit, sondern als Mitbewohner: *„Lasst das Wort Christi reichlich unter euch wohnen!"*

Ich weiß nicht, ob sie schon einmal einen Mitbewohner oder eine Mitbewohnerin hatten: vielleicht während des Studiums oder der Ausbildung oder in einer Wohngemeinschaft für Senioren. Die entscheidende Herausforderung im Zusammenleben mit einem Mitbewohner ist die Tatsache, dass da jemand mit den gleichen Rechten in derselben Wohnung lebt, aber u. U. mit einer völlig anderen Schmerztoleranz im Blick auf Lautstärke und Sauberkeit, einem ganz anderen Lebenskonzept, einem anderen Verständnis von Verlässlichkeit. Und das alles nicht, weil man keine andere Wahl gehabt hat, sondern weil man sich irgendwann einmal für genau diesen Mitbewohner entschieden hat. Die Kunst besteht nun darin, so unterschiedlich wie man ist, nicht nur einfach irgendwie zusammen zu leben, sondern gut zusammen zu leben.

Etwas ganz Ähnliches schlägt uns auch der Kolosserbrief mit dem Wort Gottes vor. Das Wort Gottes konsequent als unseren Mitbewohner zu betrachten, würde bedeuten, es nicht aus bestimmten Bereichen unseres Lebens auszuklammern, sondern ihm überall Raum zu gewähren – auch dort, wo es einfacher wäre, auf es zu verzichten, wo wir uns von seiner Anwesenheit gestört fühlen oder vielleicht seine Abwesenheit nicht einmal bemerken: in der Presbyteriumssitzung, in der es oberflächlich betrachtet erst einmal nur um Sachfragen geht; im Gespräch mit den Kollegen am Arbeitsplatz, wo unser Glaube auf den ersten Blick nichts verloren zu haben scheint; in dem Gespräch mit der Nachbarin, die zwischen den Zeilen von ihrer Trauer um den verstorbenen Sohn erzählt. Das Wort Gottes konsequent als unseren Mitbewohner zu betrachten, bedeutet, das gesamte Leben mit ihm zu gestalten, nicht nur dann, wenn es uns begeistert und mitreist, sondern auch dann, wenn es uns schwerfällt, wenn es uns nervt und wir gerne auf seine Gemeinschaft verzichten würden.

Dabei muss das Wort Gottes bei Weitem nicht immer und ausschließlich als geschriebenes Wort begegnen. Der Kolosserbrief betont, dass es uns auch und gerade im geistlichen Gesang begegnet, – sei er laut in die Welt hinaus gesungen oder still in der Seele jedes Einzelnen, sei es im Gottesdienst oder auf dem Fahrrad auf dem Weg zur Schule. Und auch in der gegenseitigen Ermahnung, d. h. im geschwisterlichen Gespräch, das einen neuen Blick von außen auf das eigene Leben wagt, kann es gefunden werden.

Liebe Gemeinde, der Kolosserbrief baut uns zwei Brücken zu einem nachhaltigen neuen Lebenslied: Das christliche Zwiebelschalenprinzip hilft uns, herzliches Erbarmen, Freundlichkeit, Demut, Sanftmut, Geduld, Toleranz, Vergebung und Liebe wie Kleidungsstücke anzuziehen und zu tragen, bis sie zu uns passen; und das Wort Gottes als Mitbewohner hilft uns, unser Leben bewusst mit dem Wort Gottes zu gestalten, es als einen Mitbewohner zu erleben, den man mal mehr und mal weniger um sich haben will, der mal nervt, mal begeistert, mit dem man aber zusammen lebt, weil man sich an einem bestimmten Punkt in seinem Leben dafür entschieden hat. „Und der Friede Christi, zu dem ihr auch berufen seid in einem Leibe, regiere in euren Herzen." Amen.

Vorschläge für das Predigtlied

EG 243	Lob Gott getrost mit Singen
EG 624	Singt dem Herrn

Fürbittengebet

[Liturg(in):] Himmlischer Vater, hilf uns durch die alten Töne unseres Lebens hindurch zu dringen zu einem neuen Lebenslied, das dir gefällt. Gemeinsam rufen wir:
[Liturg(in) und Gemeinde:] Herr, erbarme dich.

[Liturg(in):] Lass uns nicht resignieren vor der immer alten Leier von Politik und Gesellschaft, sondern schenke uns Mut und Kreativität durch unseren Glauben neue Melodien einzubringen. Gemeinsam rufen wir:
[Liturg(in) und Gemeinde:] Herr, erbarme dich.
[Liturg(in):] Lass nicht diejenigen obsiegen, die nur ein Lied vom Tod spielen können und Massen von Menschen ins Elend stürzen, sondern lass dein Lied des Lebens laut werden und verzaubere die Menschen mit der Schönheit seiner Melodie. Gemeinsam rufen wir:

[Liturg(in) und Gemeinde:] Herr, erbarme dich.

[Liturg(in):] Begeistere auch uns immer wieder neu mit dem Wohlklang deines Lieds vom Leben, denn dein Sohn Jesus Christus, unser Herr, ist von den Toten auferstanden und will auch uns auferstehen lassen von allem, was in unserem Leben tot ist. Dir gebührt unser Lob und zu dir singen wir mit Dankbarkeit und Freude unser Lied. Amen.

Christian Plate

Rogate

1. Timotheus 2,1–6a

Der Predigttext wird zu Beginn nach der hier abgedruckten Übersetzung verlesen.

Das Erste und Wichtigste, wozu ich die Gemeinde aufrufe, ist das Gebet, und zwar für alle Menschen. Bringt Bitten und Fürbitten und Dank für sie alle vor Gott! Betet für die Regierenden und für alle, die Gewalt haben, damit wir in Ruhe und Frieden leben können, in Ehrfurcht vor Gott und in Rechtschaffenheit. So ist es gut und gefällt Gott, unserem Retter. Er will, dass alle Menschen zur Erkenntnis der Wahrheit kommen und gerettet werden. Denn dies ist ja unser Bekenntnis: Nur einer ist Gott, und nur einer ist auch der Vermittler zwischen Gott und den Menschen: der Mensch Jesus Christus. Er gab sein Leben, um die ganze Menschheit von ihrer Schuld loszukaufen.

I

Liebe Gemeinde!
In Berlin an der Gedächtniskirche bearbeitete ein Straßenmusiker Gitarre und Schlagwerk. Ich legte zwei Euro in seinen Gitarrenkasten. Da unterbrach er sein Spiel und sprach mich an. Offenbar wollte er jemandem seine Geschichte erzählen. Noch vor zwei Jahren hätte er nie in der Nähe einer Kirche auftreten können. Er war Jahrzehnte lang sauer auf Vadder! ‚Vadder' – das war seine Privatbezeichnung für Gott. Als er noch ein kleiner Junge war, habe er ständig weinend und auf den Knien zu ‚Vadder' gebetet: ‚Wenn du da bist, warum lässt du das alles zu? Bitte hilf mir, hol mich hier raus, egal, wohin …'

Eines Tages, als er mal wieder spielte, kamen zwei Typen auf ihn zu, Jungs, vielleicht 15, gaben ihm fünf Euro und fragten, ob sie für ihn beten dürften. Er sagte ja. Er spürte körperlich, dass jetzt irgendwas mit ihm geschah. Das war der Tag, an dem er endlich spüren konnte, wie sich Trost und liebevolle Fürsorge anfühlen. Die beiden Jungs wissen gar nicht, wie wirksam ihre Gebete für diesen Straßenmusiker waren. Letztlich haben ihm diese – fast noch Kinder – den Weg zu Gott wiedergeschenkt. ‚Vadders' Wege seien manchmal merkwürdig!

Er sei sehr weit davon entfernt, ‚Vadders' Wege zu verstehen, aber jeden Tag sehe er ihn – wenn er einkaufen gehe und die aufblühenden Pflanzen sehe. Ja, sogar wenn er einen Stein sehe, dann sei ihm absolut klar, dass ‚Vadder' das alles erschaffen hat – ebenso ihn – den Straßenmusiker – als kleines Teil einer unendlichen Kette. Für ihn sei es das Wichtigste, dass er jetzt wisse und spüre, dass ‚Vadder' ihn wahrnimmt, ihn sieht und beschützt!

II

Nachdem sich diese Begebenheit in mir ein wenig gesetzt hatte, wurde mir langsam deutlich, dass man den gleichen Vorgang normalerweise anders beschreibt. „Da rufen irgendwelche Leute beim ‚Chef' an, machen ihn auf dich aufmerksam. Dann wirst Du vom Chef angesprochen und – dein ganzes Leben hat sich verändert! Und was du dann bekommst, das hast du dir nie gewünscht oder erbeten, aber es ist auf jeden Fall das Beste für dich!" Als der Berliner Straßenmusiker als Kind in bedrohlich empfundener Lage flehentlich betete, waren die beiden Teenager noch lange nicht geboren.

Eine Fehlhaltung beim Beten ist es offensichtlich, die Situation, in der ich mich befinde, als mir unangemessen zu erklären, selber zu wissen, was für mich viel besser und gerechter ist. Den kindlichen Satz: „Wenn du da bist, warum lässt du das alles zu!?" wird der Straßenmusiker nie mehr ausstoßen. Sondern er wird sagen: „So, wie meine Lage momentan ist, ist sie mir angemessen. Ich werde angespornt, etwas zu tun und – zu beten.

III

Als junger Mensch hatte ich noch keine Erfahrung mit Fürbittengebeten aus der Agende. Für wen da nicht alles gebetet wird: Für Ärzte, Richter, Lehrer, Politiker, Krankenschwestern, Alte und Sterbende, Müde und Ratlose, Geistliche und für wer weiß noch wen. Das fand ich sehr pauschal und anonym. Müssen diese Aufzählungen denn derart vollständig sein? Was sollen sie bewirken, nach dem Gießkannenprinzip? Mit dem Text vom Sonntag Rogate hätte ich da meine Probleme bekommen.

Bringt Bitten und Fürbitten und Dank für sie alle vor Gott!" Betet für die Regierenden und für alle, die Gewalt haben, damit wir in Ruhe und Frieden leben können, in Ehrfurcht vor Gott und in Rechtschaffenheit.

Beten für die „Regierenden" und für „alle, die Gewalt haben"? Nehmen wir einmal als Vergleich die Vorgänge und Vorwürfe um Abhör- und Geheimdienstgeschichten – der Amerikanische Geheimdienst hört deutsche Politiker und Konzernspitzen ab und deutsche Dienste helfen den Amis, europäische Politiker – incl. Frau Merkel – abzuhören.

Der Witz ist ja, dass die „Regierenden" und die, die „Gewalt haben" wissen, dass sie abgehört werden. Da sagen sie nichts Mutiges, Neues, besprechen keine echten Lösungen mehr, denn da hört ja jemand mit.

IV

Und all das, damit wir in Ruhe und Frieden leben können, in Ehrfurcht vor Gott und in Rechtschaffenheit. Der Berliner Straßenmusiker würde diese Worte in der Gebetslogik, die er für sich aufgedeckt hat, etwas anders sagen. „Ehrfurcht vor Gott" kann sich erst entwickeln, wenn deutlich geworden ist, dass schwierigste Probleme nicht gelöst werden können ohne die spezielle Energie, die man zur Lösung braucht – wie auch ein Auto nicht ohne Treibstoff fahren kann. Bei den Problemen, die sich nicht von selber lösen, braucht man Gotteskraft. Wer das weiß, behandelt diese Quelle „ehrfürchtig". „Rechtschaffenheit" bedeutet: es ist „recht geschaffen", handwerklich richtig gemacht, Gottes Kraft mit einzuberufen. Logisch, dass mich dieses Handeln durch Beten in „Ruhe" und „Frieden" leben lässt: Ich weiß doch jetzt, dass an den Problemen nicht irgendwie nur mit Viertelkraft gearbeitet wird, sondern mit mindestens 200%iger Energie.

Der Berliner Straßenmusiker hat es am eigenen Leib erlebt. Man muss beten. Gott ist dann bei seinem Namen und bei seiner Ehre gepackt, seine Energie zu denen zu schicken, deren Namen und Adressen in den Fürbittengebeten angegeben wurden. Amen.

Vorschläge für das Predigtlied

EG 344	Vater unser im Himmelreich
EG RWL 664	Wir strecken uns nach dir

Fürbittengebet

Wenn deines Geistes Kraft uns trifft, Herr, werden wir mit Wärme und Segen erfüllt. Dann können wir beten.

Dann geht uns ein Licht auf, wie gefährdet und brüchig unser Leben ist, wenn wir zu denken und zu handeln beginnen ohne Kraft von dir.

Wir bitten dich für alle Menschen: Um Kraft und Segen von dir, denn alle sind wir Teil deiner Schöpfung und für das Leben verantwortlich.

Wir bitten dich heute besonders für alle, die wir nicht kennen und von deren schwierigen Aufgaben wir nicht wissen: Sei bei ihnen! Verstärke ihre Vorhaben – oder verändere sie. Gib ihnen Sicherheit im Denken und Urteilen, oder sporne sie an zur Umkehr.

Herr, du siehst in der Welt, was richtig ist und was falsch. Wecke Menschen zum Gebet! Erwecke uns! Amen.

Rüdiger Siemoneit

Himmelfahrt

Apostelgeschichte 1,3–4.8–11

[Lesung des Predigttextes]

Liebe Gemeinde!

Das Blau des Himmels: Für Astronomen gehört es zum Faszinierendsten, nachts in einer Sternwarte den dunklen Himmel zu beobachten und mit einem Teleskop nach Kometen oder Galaxien zu suchen. Wenn sie nach durchwachter Nacht von ihrem Beobachtungsposten zurückkehren, dann erklären sie Studenten und Interessierten die wissenschaftlichen Geheimnisse des Nacht- und des Taghimmels bis hin zur Entstehung der Welt im Urknall. Aber alle astronomischen Erklärungen können das Staunen der Menschen über die Weite des Himmels nicht zu Fall bringen. In den Sehnsüchten der Menschen hat der Himmel ein festes Zuhause gefunden. Er hat sich in ihre Pläne und Nachtgedanken eingeschlichen.

Wir wissen genau Bescheid, wie die blaue Tagesfarbe des Himmels physikalisch zustande kommt. Aber keinen Menschen hindert das daran, sich in die Sehnsuchtsorte des Himmels hineinzuträumen, sich spielerisch fliegend und schwebend zu bewegen zwischen Grenzenlosigkeit und Freiheit. Der bestirnte Himmel geht über allen Menschen auf, und er vereint den Flugzeugpiloten, die Astronomin und das dreijährige Kind in der Gleichzeitigkeit ihrer Sehnsucht.

Noch das leuchtendste Orange eines Sonnenaufgangs über dem Bergmassiv oder über den Wellen eines Meeres gibt davon ein anschauliches Zeugnis und ruft Bewunderung hervor. Die Farben, die Weite und die Unerreichbarkeit des Himmels machen den Augenblick unvergesslich. Der leuchtende Himmel wird zum Horizont des Selfies, das jeder aufmerksame Tourist in einem solchen Moment schießen wird.

Die Sonne geht am Himmel auf und unter, auch wenn jeder im Physikunterricht gelernt hat, dass sich in Wahrheit die Erde um den glühenden Stern dreht. Die wissenschaftliche Wahrheit der Physik bringt Empfindung und Erfahrung von Glaubenden, Touristen und Spaziergängern nicht zum Verschwinden.

Der unendliche Himmel bleibt ein Ort der Sehnsucht, ein Wunsch, ein Traum. Der Erzvater Jakob sieht im Traum die Himmelsleiter (Gen 28,10–22), auf der Engel herauf- und heruntergehen. Die Leiter, wie immer man sie sich vorstellen mag, verbindet den Himmel Gottes mit der Erde der Menschen. Über den Wolken muss die Freiheit wohl grenzenlos sein, sang der Liedersänger und begleitete sich dazu selbst auf der Gitarre. Der Blick in den weiten Himmel offenbart diesen brennenden Gegensatz zwischen den Zwängen dieser Welt und den Weiten jenseits der grauen Wolkendecken. Es geht jedem zu Herzen, wenn er in den Himmel blickt, während er im Auto zur Arbeit fährt oder nach der Arbeit den Briefkasten leert.

Wenn graue Wolken die Weite des Himmels lange verdeckt haben, rufen die einzelnen Sonnenstrahlen, die durch die aufreißende Wolkendecke brechen, umso mehr Bewunderung hervor. Wir bestaunen die Massen von Kumuluswolken, die sich am milden Frühlingstag vor blauem Hintergrund zu Burgen und Palästen, zu Kamelen, Elefanten und Flusspferden ballen. Und dieses Gefühl stockt selbst dann nicht, wenn die Spaziergänger abends die Fotos dieser Wolken auf Facebook betrachten.

Fahrstuhl in den Himmel: Und nun soll auch der auferstandene Jesus irgendwo zwischen Schäfchenwolken und Jetstream herumfliegen oder gar im Palast des Reiches Gottes wohnen? Bestimmt fliegt er nicht in dem Himmel, den der Wolkenatlas vermisst oder in dem sich das Ozonloch auftut. Vielleicht schon eher wohnt er in dem Himmel, den sich die Menschen als Sehnsuchtsort der Freiheit vorstellen.

Es ist eine ganz alte Erkenntnis: Der bestirnte Himmel über uns beeinflusst die Gedanken und Handlungen der Menschen. Auf läppische Weise führt das die Astrologie vor und verführt damit ihre zahlreichen Anhänger. Niemand scheint sich daran zu stören, dass sie ein Himmels- und Weltbild voraussetzt, das vormodern die Erde als Mittel- und Brennpunkt allen kosmologischen Geschehens annimmt. Ernsthafter und genauer haben sich Astronomie und Physik bemüht, den Einfluss des Himmels auf die Erde zu beschreiben, vom Mond, der an den Küsten Ebbe und

Flut verursacht, über die Sonnenflecken, die den Handyempfang stören, bis zur Geschwindigkeit des Lichts. Weil sie diese Geschwindigkeit berechneten, stießen kühne Naturwissenschaftler auf den Urknall, aus dem dieser Kosmos samt Himmel und Erde entstanden ist.

Die Bibel sagt: Gott wohnt im Himmel. Der auferstandene Christus fährt in den Himmel auf. Und der Himmel Gottes wirkt sich auf das Geschehen der Erde, auf den Lauf der Welt und das Denken der Menschen aus. Gleichzeitig ist es den glaubenden Menschen nicht möglich, diesen Einfluss zu steuern. Niemand beherrscht die Allmacht Gottes. Darum verortet die Bibel Gott im Himmel. Und darum erzählt Lukas von der Himmelfahrt des Auferstandenen.

Schaut man sich die Himmelfahrtserzählung des Lukas genauer an, so spürt man sofort, dass er nicht ein plumpes Luftwunder oder eine blendende Zaubernummer verbreiten will. Der Auferstandene „erscheint" den Frauen und den Jüngern. Jesus „lässt sich" sehen. Darin bleibt der intellektuelle Evangelist Lukas vorsichtig: Der Blick auf den Auferstandenen ist nicht für jeden verfügbar. Niemand wird in ihm einen wieder belebten Leichnam erblicken. Auferstehung begründet einen anderen Modus der Wirklichkeit, einen geistlichen Leib, von dem Paulus (1. Kor 15,35–49) spricht.

Himmelfahrt ist eine Schwelle. Sie erklärt, weshalb die Erscheinungen des Auferstandenen nach einer gewissen Zeit aufgehört haben. Himmelfahrt heißt: Der Auferstandene wird den Blicken der Glaubenden entzogen. Die Glaubenden aber spüren eine besondere Sehnsucht nach diesem Himmel Gottes. Dieser Raum des Glaubens zeichnet sich dadurch aus, dass er in eine besondere Nähe zu Gott führt. Und diesen Sehnsuchtsraum nennen Lukas und alle anderen biblischen Schriftsteller „Himmel". Und wer sich nach diesem geistlichen Himmel sehnt, der verändert die Richtung seines Lebens.

Die Frauen und die Jünger sahen vor seiner Hinrichtung den irdischen, lebenden Jesus. Sie konnten mit ihm reden, sie berührten ihn und sie aßen mit ihm zusammen. Himmelfahrt sagt: Der Auferstandene ist nun bei Gott. Auch für die glaubenden Menschen ist er nicht mehr zu sehen. Die Wahrnehmung Jesu wechselt vom Modus des Sehens und Erscheinens in den Modus des Glaubens. Das heißt: Der Auferstandene verschwindet nicht in den tief dunkelblauen Weiten des Kosmos. Himmelfahrt ist nicht als Fahrstuhlfahrt in die Unendlichkeit zu verstehen, wie das mancher barocke Maler in den Kuppeln oberschwäbischer Klosterkirchen meinte. Himmelfahrt ist eher ein Machtwechsel: Der auferstandene Jesus erhält Anteil an der Barmherzigkeit und Allmacht Gottes. Die Menschen sehen den Auferstandenen nicht, sondern sie vertrauen ihm.

Neue Gegenwart des Himmels: Himmelfahrt heißt: Der Auferstandene ist bei Gott. Er übt die Barmherzigkeit Gottes aus, wie er zu Lebzeiten Menschen geheilt hat und sich mit ihnen befreundete. Aber der Auferstandene ist den Menschen auch entzogen. Er erscheint nicht mehr in ihren Visionen. Er lässt sich nicht mehr sehen. Umso mehr verbinden sich die Menschen mit ihm in Glauben und Vertrauen. Daraus erwächst eine Kraft, welche die Gegenwart von Gemeinden und Glaubensleben wirksam prägt. Sie ist unverfügbar, sie lässt sich erbitten, aber nicht erzwingen. Sie ist zu spüren, aber nicht wie ein magischer Zaubertrank zu verwenden.

Himmelfahrt heißt: Der Auferstandene ist den Menschen entzogen – und doch gegenwärtig. Nach seiner Himmelfahrt verbindet der Auferstandene göttliche Unendlichkeit und menschliche Begrenzung. Die Verborgenheit über den Wolken und die Gegenwart des Glaubens kommen zusammen. In dieser Mischung aus Verborgenheit und Gegenwart entsteht ein Kraftfeld, das der Evangelist Lukas dem Heiligen Geist zuschreibt. Mit der Himmelfahrt ergibt sich eine neue geistliche Raumordnung. Denn erst jetzt bemerken die Jünger und ihnen folgend alle anderen Glaubenden, dass sie im Leben des Jesus von Nazareth den Himmel auf Erden erfahren haben. Sie bemerken, dass seine Auferstehung nichts anderes war als der Anfang seiner Rückkehr in den Himmel, seiner Rückkehr zu dieser besonderen Nähe Gottes, welche die Zuschauer und Zuhörer, die Blinden, die Lahmen, die Zöllner und alle anderen Verachteten spüren konnten, wenn er sprach, wenn er Gespräche über die Bibel führte, wenn er Leidende und Besessene heilte.

Himmelfahrt heißt: Jesus Christus ist gegenwärtig, aber es dauert noch, bis das Reich Gottes vollkommen hergestellt ist. In dieses Wechselspiel von Abwesenheit und Gegenwart passt sich auch der Heilige Geist ein. Er setzt unter den Glaubenden einen Prozess der Verständigung in Gang. Er überbrückt Sprachgrenzen und löst Verhärtungen und Verengungen auf. Mit der Himmelfahrt kommt die Unendlichkeit der Auferstehung und des Glaubens hinein in das begrenzte und verengte Leben der Menschen, welches gefesselt ist an Herkunft, Altwerden und die Begrenzung von Wahrnehmung, intellektuellem Vermögen und Gefühl. Der Heilige Geist bewirkt Wunder der Gegenwart: Grenzen lösen sich auf. Die Ewigkeit des Himmels ist plötzlich auf dem geerdeten Boden der Gegenwart zu spüren. Psychologische und politische Verkrustungen lösen sich auf, um eine angemessene Wahrnehmung der anderen zu ermöglichen.

Himmel und Erde: Der Blick auf den auferstandenen Christus im Himmel wird umgeleitet auf die Erde. Der Auferstandene verweist auf den Heiligen Geist: Glauben und Vertrauen auf ihn sind das Band zwischen Menschen. Nur dieses Band des Heiligen Geistes lässt Gemeinden wachsen.

Lukas erzählt: Nachdem der Auferstandene von einer Wolke verhüllt wurde, stehen plötzlich zwei Männer in weißen Gewändern vor den Aposteln. Sie stellen sich nicht vor, wir wissen ihre Namen nicht. An den Männern haftet etwas Geheimnisvolles. Sie verstellen den Blick nach oben, dorthin, wo jetzt statt des Auferstandenen nur noch eine Wolke zu sehen ist. Sie lenken den Blick zurück auf die Erde. Der Auferstandene ist im Heiligen Geist gegenwärtig, und er wird wiederkommen. An die Stelle des Sehens treten das Spüren und das Hoffen. Der Auferstandene ist gegenwärtig, weil wir seinen Geist spüren, manchmal an Orten, an denen das niemand erwartet hat: in der Turnhalle, die zum Flüchtlingslager umgewandelt wurde, im Speisesaal des Pflegeheims, wo demente Menschen nicht mehr kauen können, im Kinderhospiz oder in der bedrückenden Enge einer Gefängniszelle.

Der Auferstandene kommt. Wir hoffen, dass er aus dem verheißenen Himmel auf die Erde zurückkehrt und sein Reich aufrichtet. Himmelfahrt ist die Schwelle, an der sich Jesu Anwesenheit und Abwesenheit miteinander verbinden. Er lebte als Prediger, Rabbi und Heiler, aber er starb auch einen elenden Tod am Kreuz. Als Auferstandener erschien er den Jüngern in Visionen, die ihnen neue Hoffnung gaben. Irgendwann hörten diese Visionen auf. Und die Jünger fingen an, auf die Wiederkehr des Auferstandenen zu hoffen. An die Stelle der Anwesenheit Jesu tritt die Gegenwart des Heiligen Geistes. Glauben rechnet mit der Gegenwart des Geistes und hofft auf den kommenden Himmel der Herrlichkeit Gottes. Wer glaubt, rechnet mit der Gegenwart des abwesenden Auferstandenen. Wer glaubt, der vertraut darauf, dass sich in der Himmelfahrt Christi Himmel und Erde verbinden.

So bleibt beides: das Vertrauen auf die Gegenwart des Geistes und seine vielfältigen Auswirkungen und die Hoffnung auf den Sehnsuchtsort des geistlichen Himmels, der den Glaubenden noch verborgen ist. In der Himmelfahrt kehrt der Auferstandene in die besondere Nähe zu Gott zurück. Gleichzeitig kommt der Himmel Gottes den Menschen auf der Erde ein gutes Stück näher. Der Auferstandene verbindet Himmel und Erde. Amen.

Vorschläge für das Predigtlied

EG 121	Wir danken dir, Herr Jesu Christ
EG 153	Der Himmel, der ist

Fürbittengebet

Barmherziger Gott, wir bitten dich um die Gegenwart des Heiligen Geistes. Zeige uns und denen, die um uns herum sind, deinen Himmel und dein Reich. Sei du bei denen, die auf Erden die Hölle erleben: bei denen, die unschuldig gefangen sind, bei den Gefolterten, bei den Zivilisten, die unschuldig unter einem Bürgerkrieg leiden. Gib denen, die es brauchen, ein kleines Stück vom Himmel, ein Zeichen der Gegenwart deines Geistes: Sei du bei den Leidenden, den Kranken, den greisen und pflegebedürftigen Menschen, bei den Sterbenden. Heile du Streit, übermäßigen Konflikt. Schreite ein, wo sich Gewalt und Gleichgültigkeit ausbreiten. Befördere du den Frieden zwischen Menschen. Vor Gott denken wir in der Stille an diejenigen, denen wir einen neuen Blick auf den Himmel wünschen. [Stille]

Vater unser

Wolfgang Vögele

Exaudi

Epheser 3,14–21

Der Predigttext wird erst im Verlauf der Predigt verlesen.

Liebe Gemeinde!
Neuerdings kann man große Gebäude, z. B. Kirchen auf einfache und ökonomisch sinnvolle Weise untersuchen, nämlich mit Hilfe eines „Microcopters" – manchmal nennt man diese flachen Minihubschrauber auch „Drohnen". So ein kleines Fluggerät hat eine Kamera bei sich. Man kann den Microcopter vom Boden aus genau steuern und auf dem Laptop überwachen, wo er gerade fliegt und was er fotografiert. Während des Fluges kann die Spezial-Kamera mehr als 500 hochauflösende Fotos machen, so haben mir die Mitarbeiter eines Ingenieursbüros erzählt, die sich auf diese Arbeit spezialisiert haben. Danach kann man alle Daten, die dabei gesammelt wurden, zu einem Computermodell z. B. der Kirche zusammenfügen. Wie das der Computer macht, das haben mir die Ingenieure auch erklärt. Da passiert in etwa folgendes: Gewissermaßen bedeutet jedes der Fotos mit seinen digitalen Daten einen Berechnungspunkt in einer Punktwolke. Mit Hilfe einer Berechnung, die auf dem Prinzip der Triangulierung beruht, kann dann der Computer ein dreidimensionales Bild mit unglaublich genauen Details der Oberfläche der fotografierten Kirche erstellen. Man kann sich am Bildschirm bis auf 10 cm an beliebige Stellen der Oberfläche heranzoomen. Und man kann in Ecken und Winkel gucken, die man von unten oder vom Turm aus nie zu sehen bekommt. Wollte man z. B. oben in den Dachkonstruktionen einer hohen mittelalterlichen Kirche nachprüfen, wie es sich dort mit dem Zustand des Daches verhält, hätte man sonst ein teures Gerüst errichten müssen. Nun kann man das am Computerbild nachprüfen. Was mich neben den technischen Möglichkeiten so an einer kleinen Drohne fasziniert, ist, dass die Begriffe dieser Technik auch theologisch interessant sind. Sie können helfen, einen etwas komplizierten biblischen Text zu verstehen. Dieser Predigttext aus dem Epheserbrief ist nämlich keine an-

schauliche Geschichte aus dem Leben Jesu oder der Apostel, sondern ein langes und sehr vielschichtig aufgebautes Gebet. Der Briefschreiber des Epheserbriefes will die Gemeinde in Ephesus ermutigen durch seine Fürbitte für die Christen dort. Das war am Ende des ersten Jahrhunderts nach Christus, als die Gemeinde schon auf eine gewisse christliche Tradition zurückblicken konnte. Jesus und seine Jünger kannten diese Christen, so wie wir nur aus den Texten der Evangelien und anderer Überlieferungen. Der Apostel, der ihnen nach Ephesus schrieb, war ein gebildeter christlicher Grieche, der verschlungen und sprachlich aufwendig formuliert, was er sagen will:

[Lesung des Predigttextes]

Vor Gott fällt der Apostel auf die Knie, um für alles zu beten, was ihm am Herzen liegt. Manchmal allerdings, das lehrt die Erfahrung, kann man sich im eigenen Gebet verlieren und verirren. Hier in diesem Gebet überlagern sich die Wünsche, die der Beter vor Gott bringen will. Alles hängt mit allem zusammen. Wie kann der Apostel seine Gemeinde ermutigen? Wie würde man heute denn beten, wenn es darum geht, unsere Gemeinden im Gebet vor Gott zu bringen? Das wichtigste ist und bleibt für jede Gemeinde durch die Zeiten hindurch bis heute, dass *Christus durch den Glauben in unseren Herzen wohnt und wir in der Liebe eingewurzelt und gegründet sind.* Und außerdem muss deutlich werden, dass Gott uns mit seinem heiligen Geist innerlich stärkt und dass wir uns als seine Kinder verstehen lernen.

Die Gemeinde, die Kirche, setzt sich aus den Menschen zusammen, die sich als Kinder Gottes verstehen. Jede Gemeinde, so wird plötzlich klar, bildet gewissermaßen eine unglaublich große Punktwolke, bestehend aus den Menschen, die im Laufe der Zeit sich selbst als Kinder Gottes auf dieser Erde verstanden haben. Der Begriff Punktwolke aus dem Berechnungsschema der Ingenieure macht deutlich, dass sich von da aus ein ganz anderes Bild der Kirche ergeben kann. Nicht einzelne Menschen, die gerade die Gemeinde Jesu Christi in der Gegenwart bilden, tragen die ganze Last der Verantwortung, sondern sie sind nur ein Teil eines großen Ganzen. Das große Ganze wächst durch die Zeit und wird erst langsam sichtbar. So wie auf dem Computer langsam ein dreidimensionales Bild aus einer Punktwolke herausgerechnet werden kann. Der Raum, den die Liebe Gottes umfängt, ist breiter, länger, tiefer und höher, als wir es erfassen können. Erst, wenn man alle Gläubigen aller Zeiten mit ins Bild nimmt, kommt man dem großen Ganzen irgendwie nahe.

Liebe Schwestern und Brüder, so ähnlich wie damals in Ephesus, brauchen auch wir Ermutigung und ein tiefes und vielschichtiges Gebet, um uns als Gemeinde wieder neu zu sehen. Wie können wir uns heute als Gemeinde angemessen verstehen, ohne das Alte, unsere Traditionen und die Geschichte zu verlieren? Wie können wir neue Traditionen entwickeln, gegenwärtige Formen der Gemeinsamkeit finden? Wie können wir uns gegenseitig begeistern und einander mitnehmen in die Zukunft?

Der Apostel des Epheserbriefes hat schon Recht, das Gebet füreinander ist sehr wichtig, Es drängt sich der Eindruck auf, wenn man für eine Gemeinde und ihren neuen Weg betet, dann tut man etwas, was der Triangulierungsmethode vergleichbar ist, die es möglich macht, aus unzähligen Einzelfotos und ihren Daten ein tiefenscharfes, dreidimensionales Bild zu entwickeln, das auch Kleinigkeiten nicht verschwinden lässt. Triangulierung – da geht es um Dreiecke. Und, theologisch gesprochen, wird auch *das Bild von Gott selbst* für uns Menschen erst durch Triangulierung wirklich tiefenscharf. Da geht es immer um Gott Vater, Sohn und Heiligen Geist. Man nennt das die Dreieinigkeit Gottes oder auch aus anderer Perspektive, seine Dreifaltigkeit. Gott selbst ist für uns der Vater, dessen Kinder auf Erden wir sind. Er ist Jesus Christus, unser Bruder, dessen Liebe uns zu Schwestern und Brüdern macht. Und Gott ist auch der Heilige Geist, die Kraft Gottes, die in uns ist und uns beseelt mit dem, was Gott mit uns vorhat.

Liebe Gemeinde, in diesem Gottesdienst geht es um die Dimensionen nicht nur eines Kirchengebäudes, sondern der Kirche im Sinne einer lebendigen Gemeinde. Der Apostel des Epheserbriefes nennt die lebendigen und engagierten Christen Heilige. So kommen wir uns selten vor, aber das ist auch keine Eigeneinschätzung. Das ergibt sich aus einer Perspektive des Gebets. „Gemeinschaft der Heiligen“, das glauben wir, ist die Kirche – und damit hier und jetzt, auch wir. Ich hoffe und bete, dass wir auch in Zukunft weiter die vielen Dimensionen unserer Gemeinde kennen- und schätzen lernen. Ich hoffe und bete, dass uns Gott auch weiterhin erfüllt mit seiner Gottesfülle. Dass wir uns treffen in den Gottesdiensten, in den Kreisen und Gruppen, in den Chören bei Gospel oder Kantate, beim gemeinsamen Essen und Feiern in jeder Lebenslage, auch beim Abschiednehmen und Trauern und letztlich, wenn wir miteinander beraten in den Sitzungen der Gemeindeausschüsse. So wachsen wir hoffentlich immer weiter hinein in die Zukunftsperspektiven der Gnade Gottes in unserer Gemeinde. Amen.

Vorschläge für das Predigtlied

EG 140	Brunn alles Heils, dich ehren wir
EG 410	Christus, das Licht der Welt

Fürbittengebet [Mit Gebetsruf EG 170]

[Liturg(in) und Gemeinde:] EG 170, 1

[Liturg(in):] Lebendiger, naher Gott, wir sorgen uns um diese Welt. Wir bitten dich: Hilf uns, sie als deine Schöpfung zu ehren und verantwortlich mit ihren Gaben umzugehen. Hilf uns, Zerstörung und Schaden zu heilen. Hilf uns, der Zukunft unserer Welt gerecht zu werden.

[Liturg(in) und Gemeinde:] EG 170, 2

[Liturg(in):] Jesus Christus, Bruder und Heiland, wir sorgen uns um diese Welt. Wir bitten dich: Bleib den Menschen nahe, die niemanden mehr haben und nur noch ihr Ende sehen. Sei den Menschen nahe, die fliehen müssen und deren Wege in die Verzweiflung führen. Komm den Menschen nahe, die schuldig werden, aber sich nach Umkehr sehnen.

[Liturg(in) und Gemeinde:] EG, 170, 3

[Liturg(in):] Heiliger Geist, Energie unserer Hoffnung, wir sorgen uns um diese Welt. Wir bitten dich: Mach uns zu Menschen, die ruhig und furchtlos handeln, wo andere versagen. Mach uns zu Menschen, die ihren Mut mit anderen teilen. Mach uns zu Schwestern und Brüdern auf dem Weg in deine Herrlichkeit.

[Liturg(in) und Gemeinde:] EG 170, 4 oder Vater unser

Wiebke Köhler

Pfingstsonntag

Apostelgeschichte 2,1–18

[Lesung des Predigttextes]

Liebe Gemeinde!
Pfingsten ist alles grün. Draußen grünt und blüht es. Hier drinnen sind wir einander grün. Und viele Gemeinden feiern bei Mutter Grün: „Gottesdienste im Grünen". Pfingsten hat der Heilige Geist grüne Welle. Gott kommt an unsere grüne Seite. Und die Kirche auf den grünen Zweig.

Sogar in Jerusalem sind sich alle grün, einmal – damals. Beim Pfingstwunder, als sich alle verstehen. Menschen aus dem heutigen Iran und Irak, der heutigen Türkei und dem heutigen Griechenland, aus Syrien, Ägypten, Libyen und Arabien, Israel und dem Westjordanland. Wo sich derzeit kaum jemand grün ist. Leute aus all diesen Ländern haben damals in Jerusalem gelebt. Sie stammten zwar alle aus der jüdischen Diaspora. Sie hatten also alle den gleichen jüdischen Glauben. Und sie konnten vermutlich alle Griechisch sprechen. Trotzdem war es absolut überraschend, als sie sich plötzlich alle verstanden fühlten in ihren unterschiedlichen Muttersprachen und Dialekten.

Normalerweise sind wir Menschen einander nicht sehr grün. Und verstehen einander oft schlecht. Die Nachrichten sind jeden Tag voll davon – und unsere Leben auch. Da können Frauen und Männer sich einfach nicht verstehen. Kleiner Scherz: „Warum sind Blondinenwitze so kurz? – Damit auch Männer sie verstehen."[1]

Nachbarn streiten sich um Maschendrahtzäune und Knallerbsen. Kinder kämpfen um Spielzeug und später um das Erbe. Unter Kollegen oder im Internet wird gemobbt. Patienten verstehen ihre Ärzte manchmal nicht. Und in Kirchengemein-

1 Vgl. http://witze.net/verstehen.html.

den sind sich Ehrenamtliche und Hauptamtliche auch nicht immer besonders grün. „Du kannst mich einfach nicht verstehen!" Wer diesen Satz sagt, fühlt sich einsam dabei und im Extremfall sogar gottverlassen. Das ist dann, als ob man hinter dicken Mauern des Schweigens im Gefängnis seiner Gefühle eingesperrt ist und nicht heraus kann.

Denn wir sprechen fast immer verschiedene Sprachen. Nicht nur unterschiedliche Muttersprachen und Mundarten. Auch Generationen haben eigene Sprachen. Wer von Ihnen benutzt das Jugendwort des letzten Jahres: „Läuft bei Dir" (=„Du hast es drauf")? Wer jetzt nur Bahnhof versteht, d.h. nullkommanix, versteht in der Jugendsprache: „Null Komma Josef"[2].

Wir sprechen nicht nur oft nicht die gleiche Sprache. Jeder Mensch hat dazu seine Eigensprache[3]. Wortschatz, Aussprache und Ausdruck jedes Menschen sind genauso unverwechselbar wie der Fingerabdruck. Und darum verstehen wir uns oft schwer. Eigentlich bräuchten wir oft auch Dolmetscher für unsere Eigensprachen.[4]

Wie damals in Jerusalem, als die vielen zugereisten Bewohner plötzlich alle ihre eigene Sprache hörten. Unfassbar war das. Nicht bloß weil sich auf einmal alle verstanden fühlten. Außergewöhnlich war, dass ausgerechnet Jesu Jünger aus dem ärmlichen Galiläa plötzlich sämtliche Sprachen konnten. Die waren eigentlich keine großen Redner vor dem Herrn.

Stadtmenschen scheinen manchmal zu denken, dass „Landeier" noch grün hinter den Ohren sind. Und Nachhilfe brauchen wie im Musical „My fair lady". Da bemüht sich ein Professor um das Sprachwunder einer Floristin. Als Eliza Doolittle endlich fehlerfrei singt: „Es grünt so grün, wenn Spaniens Blüten blühen!", seufzt Professor Higgins erleichtert: „Bei Gott, jetzt hat sie's!"[5] Die Jerusalemer dagegen jubeln über die Galiläer nicht: „Bei Gott, jetzt haben sie's!" Nein, die gebildeten Städter fragen sich völlig ratlos: „Was will das werden?" (Apg 2,12). Und die ganz Eingebildeten halten die armen Galiläer sogar für betrunken. Erst Petrus kann das wundersame Geschehen aufklären.

---

2 Vgl. http://www.jugendwort.de/.

3 Vgl. http://de.wikipedia.org/wiki/Idiolekt.

4 Vgl. http://www.idiolektik.de/.

5 Vgl. https://www.youtube.com/watch?v=u2Uyip04e6Q.

Das Wunder ist nicht, dass Jerusalemer Städter ihre verschiedensten Sprachen von ländlichen Galiläern hören. Das Wunder ist, dass Gott sich so wieder zu Wort meldet. Dass keine Funkstille mehr herrscht, nachdem Jesus fort ist. Gott sendet! Die Galiläer sind genau wie die Jerusalemer nur die Empfänger dafür. Und der Kanal, auf dem Gott sendet, erfüllt die alte Weissagung des Propheten Joel (Joel 3,1–5): Gott gießt seinen Geist aus, die Kraft aus der Höhe. Die Jesus zum Abschied versprochen hat (Lk 24,49).

Gott sendet! Darum gehört das alles zusammen: Das jüdische Fest Schawuot, das christliche Pfingsten und das Grüne. Schawuot ist das jüdische Erntedankfest. (Zu dieser Jahreszeit wird in Israel Getreide geerntet.) Gleichzeitig feiern Juden zu Schawuot, dass Mose am Berg Sinai die Zehn Gebote empfangen hat.[6] Schawuot ist das jüdische Fest für alle gute Gabe, die von Gott herkommt. Und dieses Fest wird nicht zufällig zum christlichen Pfingsten. Gott meldet sich auch nicht zufällig wieder im Feuer wie bei Mose auf dem Berg Sinai (2. Mose 19,18; 5. Mose 4,11). Sondern weil das Brot des Menschen Herz stärkt (Ps 104,15). Und weil sich die Menschen Gottes Gebote zu Herzen nehmen sollen (5. Mose 11,18). Darum kommt Gott an unsere grüne Seite. Wenn der Heilige Geist grüne Welle hat.

Gott macht nach Christi Himmelfahrt keine Sendepause. Der große Menschenflüsterer meldet sich wieder. Und vollbringt durch seinen Geist, dass sich plötzlich alle so grün sind. Das Sprachwunder verändert die Realität. Etwas, was wir nicht denken und uns nicht vorstellen können. Sondern höchstens davon träumen. Weil es in der Wirklichkeit der Nachrichten und des Lebens so nicht existiert. Dass sich die Menschen gegenseitig verstehen. Und dass die Menschen sogar Gott verstehen.

Alle sollen von Gott in ihrer eigenen Sprache hören können, egal in welcher Muttersprache, welchem Dialekt und welcher Eigensprache. Weil der Geist auch in die sogenannten Laien fährt, bewahrt er alle anderen davor, nur noch Kirchenlatein zu verstehen. Es gibt nicht die eine Fachsprache für Gottes Wort. Es gibt unendlich vielfältige Sprachen dafür. Auch die Sprache der Stille, der Musik, der Kunst, der Natur und die Sprache der Farben. Gottes Geist hebt die Unterschiede nicht auf – ganz im Gegenteil. So verschieden es jetzt draußen grünt und blüht, so bunt bleibt

6 Vgl. http://de.wikipedia.org/wiki/Schawuot.

die Mischung, auch wenn Menschen einander ganz grün sind. Zu Pfingsten bewundern wir die Ökumene der Farben. Dafür gibt ja auch extra noch einen zusätzlichen Feiertag am Pfingstmontag. So kommt die Kirche auf den grünen Zweig. Wenn wir die Barrieren zwischen uns überwinden können. Und uns trotzdem in unserer Eigenheit verstanden fühlen, ob wir schwarz oder weiß, jung oder alt, christlich oder jüdisch sind.

Pfingsten ist alles grün. Draußen grünt und blüht es. Hier drinnen sind wir einander grün. Und viele Gemeinden feiern bei Mutter Grün: „Gottesdienste im Grünen". Pfingsten hat der Heilige Geist grüne Welle. Gott kommt an unsere grüne Seite. Und die Kirche auf den grünen Zweig. Amen.

Vorschläge für das Predigtlied

EG 135	Schmückt das Fest mit Maien
EG BT 564	Komm, Heilger Geist

Fürbittengebet[7]

Herr, wir bitten dich um deinen Geist des Friedens: überall dort, wo Krieg herrscht, wo Menschen einander bekämpfen, wo Kinder das Töten lernen, wo unterschiedliche Kulturen und Religionen einander begegnen.
Herr, wir bitten dich um deinen Geist der Freiheit: für jene, die gefangen sind, die unterdrückt werden, die nicht frei denken dürfen, die keine Fragen stellen sollen, die in Angst leben.
Herr, wir bitten dich um deinen Geist der Liebe: zu denen, die gehasst werden, die sich selbst nicht ausstehen können, die keine Liebe kennen, die sich einsam fühlen, die nach dir suchen.
Herr, wir bitten dich um deinen Geist der Barmherzigkeit: für jene, die kein Dach über dem Kopf haben, die ihre Heimat verlassen mussten, die ihre Arbeit verloren haben, die in der Kälte unserer Gesellschaft erfrieren, die auf unsere Zuwendung warten.
Amen.

Martina Berlich

7 Vgl. http://www.windesheim-guldental.de/fuerbitten-pfingstsonntag-2006.html.

Pfingstmontag

1. Korinther 12,4–11

[Lesung des Predigttextes]

I

Lieber Paulus,
heute feiern wir Pfingsten und als Grundlage für die Predigt dient uns dein Brief an deine Gemeinde in Korinth. Du hast diesen Brief vor vielen, vielen Jahren abgefasst. Wahrscheinlich hast Du nicht im Traum daran gedacht, dass deine Worte beinahe 2000 Jahre später noch Brisanz haben und auch irgendwie aktuell sind.

Zu allererst muss ich mir mal deine Situation vor Augen führen. Du bist damals von Dorf zu Dorf, von Stadt zu Stadt gereist und hast den Menschen von Jesus Christus erzählt. Das unterscheidet uns doch ziemlich. Heute gibt es – wenn es gut läuft – für eine Gemeinde einen festen Pfarrer oder Pfarrerin oder Lektorinnen und Lektoren, die uns Gottes Wort auslegen. Wir kennen keine wirklichen Wanderprediger mehr. Du jedoch warst auf Reisen und wenn irgendetwas in einer Gemeinde nicht mehr geklappt hat, war es schwer für Dich, dort einzugreifen. Es gab für dich nur zwei Möglichkeiten: entweder wieder hinreisen – was mit viel Mühe verbunden war – oder einen Brief schreiben. Oft hast du Letzteres gemacht und da deine Position noch mal genau dargestellt. Genauso hast du es auch mit der Gemeinde in Korinth getan. Dir wurde zugetragen: Paulus, in Korinth läuft das Gemeindeleben schief. Die Menschen dort streiten sich. Sie haben Parteien und Gruppen gebildet. Und jeder gibt mit dem an, was er kann. Und so soll es doch nicht sein.

Das Geschehen in Korinth hat dich schwer getroffen. Das merkt man deinen Worten an. Aber dennoch gehst du sehr sensibel auf das Geschehene ein. Du stellst noch einmal klar: Gottes Geist begabt Menschen und schenkt ihnen ganz unterschiedliche Talente. Diese Talente sollen natürlich nicht verkümmern, sondern zum Einsatz kommen. Aber genau hier liegt das Problem in Korinth. Hier findet ständig ein Vergleich der Talente statt. Frei nach dem Motto: Ich kann das viel besser als du. Deswegen bin ich besser und wichtiger als Du.

Du schreibst dann deiner Gemeinde, dass dies falsch ist. Dass es so nicht weitergehen kann. Alle Gaben und Talente sind wichtig, gleich wichtig für das Gemeindeleben.

Aber genau da liegt das Problem. Gleich wichtig. Das ist so schwer zu akzeptieren. Denn, lieber Paulus, da gibt es so ein Gefühl, dass auch ich nicht wirklich abstellen kann: Neid!

Achje, wie oft bin ich neidisch auf andere. Auf ihre Begabungen und Talente. Auf all das, was sie können. Und dann fange ich an, zu vergleichen. Ich schaue auf mich und denke: Ja, was ich gut kann, ist mit der Gemeinde ins Gespräch kommen. Es macht mir Freude, Gottes Wort weiterzusagen und ich glaube, ich mache das auch gut. Jedenfalls bekomme ich gute Rückmeldungen. Es fällt mir leicht, meine Zeit in den Dienst der Gemeinde zu stellen. Das liegt mir. Da habe ich meine Begabung. Aber wenn ich dann höre, wie ein Konfirmand Gitarre spielt, dann werde ich richtig neidisch. Das würde ich auch gerne so gut können. Ach überhaupt ein Instrument spielen können.

Und beim letzten Klassentreffen haben einige meiner ehemaligen Mitschüler über ihre Karriere berichtet, davon wie bekannt und wie wichtig sie sind. Ich muss sagen: Da überkam mich manchmal schon der Neid. Da habe ich gedacht: Haben die es weit gebracht! Und ich? Wo stehe ich? In solchen Momenten fühle ich mich richtig klein, so unbegabt, so nichtig.

Paulus, dazu schreibst du leider nichts. Hier lässt du mich wirklich hängen. Natürlich weiß ich, dass ich nicht vergleichen soll, dass ich auch talentiert bin. Aber der Neid zerfrisst mich in solchen Situationen und ich vergesse, was ich kann. Und dass ich doch begabt bin. Nicht von irgendjemanden, sondern vom Geist Gottes.

II

Und noch etwas, Paulus, liegt mir am Herzen. Wie können wir in der Gemeinde dafür sorgen, dass die Begabungen gleich gefördert werden? Weißt du, das ist gar nicht so einfach. Ich stelle immer wieder fest: es gibt Menschen, die stehen von Natur aus mehr im Vordergrund und die werden immer gefördert. Eben, weil ich sie zum

Beispiel auch ganz anders wahrnehme als die Stillen und Leisen. Vor allem: Ich nehme sie wahr und die anderen oftmals gar nicht. Das gefällt mir nicht. Ich hätte gerne, dass alle die gleiche Förderung bekommen. Denn vor Gott sind wir auch alle gleich. So hast du selbst einmal einer anderen Gemeinde geschrieben. Vor Gott zählt nicht, ob wir Juden oder Griechen, Sklaven oder freie Menschen, Männer oder Frauen sind.

Das hast du wunderbar formuliert. Und ich finde, dass es wirklich wichtig ist, dass wir uns daran orientieren. Auch gerade dann, wenn wir innerhalb der Gemeinde Talente und Begabungen fördern. Aber einfach ist das nicht. Denn es gibt immer so ein paar stille, schüchterne Menschen, die sich nicht trauen zu sagen, was sie können und wo sie noch ein wenig Unterstützung brauchen. Das ist so schade. Da wünsche ich mir, dass dieser Geist, von dem du schreibst, uns hilft. Und zwar denen, die so still und schüchtern sind, etwas mutiger zu werden und sich selbst mehr zuzutrauen. Aber auch uns, dass wir sie sehen und wahrnehmen.

Was ich beeindruckend finde, ist, dass du nichts in Bezug auf Männer und Frauen schreibst. Gut, das war zu deiner Zeit kein Thema. Da war die Rollenverteilung klar geregelt. Bei uns heute ist das anders. Und von daher ist es gut, dass du in deinem Brief nicht schreibst: Die Männer sollen dies tun. Die Frauen aber nicht. Da hast du eventuellen Diskussionen um Gleichberechtigung indirekt vorgebeugt.

So bleibt es uns heute überlassen, mit einem freundlichen Blick die verschiedenen Gaben und Talente in unserer Gemeinde in den Blick zu nehmen. Und uns selbst von unseren Klischees zu lösen. Warum sollen die Männer immer nur führen und leiten und die Frauen die Aufgaben ausführen? Wenn eine Frau den besseren Überblick hat, was gerade ansteht, dann soll sie doch koordinieren und führen und leiten. Manche Männer sind begnadete Kuchenbäcker. Warum sollten sie dann nicht den Kuchen für unser Gemeindefest backen?

Du siehst, lieber Paulus, vieles von dem, was damals in deiner Gemeinde in Korinth für Streit und Missverständnisse sorgte, ist auch heute noch nicht ganz aus der Welt geräumt. Irgendwie drehen wir uns als Menschen im Kreis. So wirklich lernen wir nicht von unseren Vorfahren, vieles ignorieren wir, probieren es lieber immer wieder neu aus anstatt mal zu sagen: Das hat noch nie funktioniert; das lassen wir lieber mal.

III

Und noch eine Frage habe ich: Wie lange hat es eigentlich in Korinth gedauert, bis die Gemeindeglieder verstanden haben, was du meinst? Ich frage das aus wirklichem Interesse. Denn ich neige dazu, schnell ungeduldig zu werden. Am liebsten hätte ich ja gestern schon meine Ideen von heute verwirklicht. Ich weiß, dass dies nicht geht. Scheinbar habe ich keine Begabung, geduldig zu sein. Aber es interessiert mich brennend.

Vielleicht gibt es darauf auch keine Antwort. Denn du schreibst ja auch, dass Gottes Geist jedem eine Fähigkeit zuteilt. Und ich vermute mal, es dauert manches Mal seine Zeit, bis jeder diese auch bei sich entdeckt hat. Gibt es da vielleicht eine Möglichkeit, nachzuhelfen? Ich meine, wenn jemand wirklich eine Begabung in einem ganz bestimmten Bereich hat und dies nicht kapiert, weil er meint, in einem anderen Bereich talentiert zu sein, wie kann ich da helfen?

Ich mach das Ganze mal an einem Beispiel fest: Ich kenne da jemanden, einen jungen Mann, der verzweifelt versucht, gut Fußball zu spielen. Aber er kommt ständig an seine Grenzen, wird kaum eingewechselt, sitzt meistens auf der Bank. Ich sage mal: Fußball ist nicht wirklich sein Ding. Aber er kann so wunderbar zuhören. Das ist echt eine Begabung. Wenn ich mit ihm erzähle, fühle ich mich bei ihm wirklich aufgehoben, geborgen sogar. Wie kann ich ihm denn sagen, dass er sein Talent besser im Besuchsdienstkreis als im Fußballverein einbringen soll?

IV

Und wenn wir schon dabei sind: Was mache ich eigentlich, wenn ich mal nicht mehr kann? Also, wenn ich krank sein sollte oder alt, keine Zeit habe oder ausgebrannt bin? Dann schaffe ich es nicht mehr, meine Gaben in den Dienst der Gemeinschaft zu stellen. Das geht beim besten Willen nicht.

Bin ich dann nichts mehr wert? Ich hoffe nicht. Ich hoffe, dass dann die anderen für mich einspringen, meine Aufgaben übernehmen, so dass ich mich dann beruhigt ausruhen darf. Das ist schon problematisch. Denn wenn ich die Strukturen meiner Gesellschaft heute mit deiner Zeit vergleiche, dann gibt es sehr viele Unterschiede. Heute arbeiten viele Menschen im Schichtdienst, haben zum Beispiel dann frei, wenn andere arbeiten müssen. Oder wiederum andere haben viele kleine Jobs, um über die Runden zu kommen. Die Schüler heute sind oft bis nachmittags in der

Schule und wenn sie dann müde nach Hause kommen, müssen sie noch Hausaufgaben machen. Da fällt es schon schwer, alle Gaben in der Gemeinde zu vereinen, gemeinsam etwas zu machen. Das war zu deiner Zeit ganz anders. Nicht unbedingt besser. Aber anders. Aber es stellt das Gemeindeleben heute schon vor so manche Belastungsprobe.

V

Nicht, dass du denkst, ich wäre nur am Jammern. Nein, Paulus, das bin ich ganz gewiss nicht. Ich habe mir eben nur beim Lesen deines Briefes einige Fragen gestellt. Ich denke, das ist auch legitim.

Eigentlich bin ich dir sehr dankbar für deine Zeilen. Zum einen, weil du dir die Mühe gemacht hast, noch ganze Briefe zu schreiben, während ich heute meistens Kurznachrichten in mein Handy tippe. Und zum anderen, weil du mich zum Nachdenken gebracht hast. Ich habe mich nun selbst kritisch in den Blick genommen – das sollte man ja ab und an mal tun. Dabei habe ich meine eigenen Talente und Begabungen, meine Gaben und Fähigkeiten hinterfragt. Das war auch mal wieder nötig.

Und außerdem habe ich bei einem Blick in die Gemeinde gemerkt: Ja, es stimmt. Jede und jeder hat ganz bestimmte Fähigkeiten. Die teilt der Geist zu, so wie er will. Talente kann man sich nicht raussuchen, die hat man. Und du schreibst ja, dass jeder mindestens eine Fähigkeit zugeteilt bekommen hat.

Nun schaue ich in die Gemeinde. Sehe freundliche Gesichter, aufmerksame Menschen. Und weiß genau: Viele überlegen nun, wo sie ihre Begabungen haben und wie sie diese in den Dienst der Gemeinde einbringen können. Manche lachen und freuen sich, dass sie diese schon entdeckt haben. Andere gehen gerade in sich, überlegen, was noch alles in ihnen schlummert.

Paulus, was wir aber bei allen Gaben und Fähigkeiten nicht vergessen sollten, ist eines: es ist Gottes Geist, der sie in uns wirkt. Der uns die Kraft gibt, diese zu entdecken und zu entfalten und zum Wohl vieler zu nutzen. Aber dass wir auch dann etwas wert sind, wenn wir nicht mehr können, wenn die Kraft zu Ende geht und wir einfach eine Pause brauchen. Gottes Geist gibt uns dann die Fähigkeit, auch mal nichts zu tun. Auch wenn uns das manchmal schwerfällt.

Heute feiern wir Pfingsten. Dieses Fest kennst du so nicht. Das wurde erst viel später als Erinnerung an ein ganz besonderes Ereignis eingeführt. Damals hat Gottes Geist den Menschen gezeigt, dass jeder die Fähigkeit hat, anderen die frohe Botschaft zu verkündigen. Aber dass dies am meisten Freude macht, wenn wir dies in Gemeinschaft tun. Nicht jeder für sich, sondern alle zusammen. So wie Gottes Geist uns zusammenführt und so wie Gottes Geist in uns wirkt.

Wir feiern heute Pfingsten und freuen uns, dass dieser Geist, der schon dich bewegt hat, auch uns heute noch begeistert. Ich grüße dich, dein/e … Amen.

Vorschläge für das Predigtlied

EG 268,1–5 Strahlen brechen viele

EG 432,1–3 Gott gab uns Atem

Fürbittengebet

Gott, wir bitten dich um deinen Heiligen Geist, den Geist der Kraft, der Liebe und der Besonnenheit, dass er uns vereine, motiviere und stärke.
Allen, die traurig hierher gekommen sind, weil sie sich nichts zutrauen, weil andere ihnen nichts zutrauen, sende deinen Geist der Zuversicht und lass sie spüren, dass du alle Menschen begabt hast.
Allen, die stark von sich selbst überzeugt hierher gekommen sind, weil ihnen vieles gelingt, weil sie denken, sie könnten Bäume ausreißen, sende deinen Geist der Erkenntnis und lass sie spüren, dass du ihnen eine Hilfe bist.
Allen, die manchmal nicht wissen, wie sie an deiner Kirche mitbauen können, weil sie ihre Begabungen nicht kennen, weil sie nicht wissen, wie vielfältig kirchliches Leben sein kann, sende deinen Geist der Weisheit und lass sie spüren, dass du jeden Mitarbeiter brauchst.
In unsere Welt voll Streit sende deinen Geist der Versöhnung. In unsere Welt der Gewalt sende deinen Geist des Friedens. In unsere Welt der Gleichgültigkeit sende deinen Geist der Liebe. In unsere Welt voll Kälte sende deinen Geist des Mitgefühls. In unsere Müdigkeit sende deinen Geist voll neuer Kraft.
Gott, du machst alles neu in der Kraft deines Geistes. Gott, du verbindest uns alle durch deinen Geist. Dafür loben wir dich, dafür danken wir dir. Gott Vater, Sohn und Heiliger Geist, heute und in Ewigkeit. Amen.

Sabine Schwenk-Vilov

Die besondere Predigt
Jona

Jona 3–4

Der Predigttext wird erst im Verlauf der Predigt verlesen.

I

Liebe Gemeinde!
Jona ist der mit dem Wal. So ist er bekannt. Weniger bekannt ist: Jona ist anders als andere Propheten. Er bekommt einen Auftrag – und verdrückt sich erst einmal.

Eher wie die ersten Menschen im Paradies. Er versteckt sich vor Gott. Jona rennt fort, kommt an den Hafen in Jafo, flüchtet auf ein Schiff nach Tarsis, kauft sich ein Ticket und fährt los. Als könne man Gott per Schiff entkommen. Die Geschichte geht weiter, märchenhaft. Der Sturm kommt, die Matrosen haben Angst um ihr Schiff und um ihr Leben, werfen Ladung über Bord, bitten alle, zu ihren diversen Göttern zu beten. Jona, selbst- und gottesbewusst, wie er ist, sieht sich gemeint. Mein Gott ist der Größte. Ich bin hier der Feigling. Durch mich seid Ihr in Seenot. Und, gar nicht feige: Werft mich über Bord. Mein Gott und ich, wir stehen gerade nicht so gut miteinander. Das soll nicht Euer Schaden sein.

Erst rudern sie noch – als ob man vor Gott davon rudern könnte. Dann werfen sie ihn tatsächlich über Bord. Und sofort wird das Meer still. Die anderen an Bord verstehen: Das ist ein großer und mächtiger Gott. Wie in einem Märchen geht es weiter. Heran schwimmt ein Fisch. Von Gott geschickt, natürlich. Er verschlingt Jona. Jona ist geborgen im Fisch. Drei Tage und drei Nächte. Und der ganze Fisch war voll Gesang. Jona singt einen Psalm, er lobt Gott, er dankt. Er ist Gott nahe, spricht mit ihm. Im Fisch im Meer ist er bei Gott geborgen, wie ein Kind. Am Ende der drei Tage hat er es eingesehen: Ninive wartet. Am Auftrag führt kein Fisch vorbei. Er muss raus. Er muss es tun. Gott weist den Fisch an. Der spuckt Jona an Land. Geläutert und einsatzbereit.

II Lesen: Jona 3,1–9

Alles auf Anfang: Gott spricht noch einmal zu Jona. Und Jona geht los und tut, was er tun soll. Den Leuten von Ninive ihr sicheres Ende ansagen. Und, siehe da, sie hören ihm zu. Und ihr Schluss ist nicht: Jetzt erst recht, lasst uns essen und trinken, denn morgen sind wir tot. Sondern: Sack und Asche, Buße und Reue. Für Mensch und Tier. König und Hirte. Für alle. Und Gott? Dem wurde das Herz weich. Der sah ihre Mühe. Sie taten ihm leid. Und tat's nicht. Und Jona? Dem wurde das Herz hart. Der sah seine Mühe. Der tat sich leid. Und sagte zu Gott: Das hab ich befürchtet. Genau das. Ich weiß ja, wie Du bist. Ich wusste ja, dass Du genau das bist: gnädig, barmherzig, langmütig und von großer Güte. Du, ja, Du lässt Dich auch noch erweichen, natürlich tust du das. Deshalb bin ich ja zuerst weggelaufen. Weil ich genau das befürchtet habe. Dann lass mich sterben. Nimm meine Seele von mir. Ich will das nicht mit ansehen. Gott fragt nach, langmütig eben: Bist Du sicher, dass Du da gerade Recht hast? Jona knallt die Tür. Setzt sich in den Rang. Bislang war er Hauptdarsteller. Jetzt will er Zuschauer sein. Sollen die doch sehen, wie sie klarkommen.

III Lesen Jona 3,10–4,11

IV

Jona sitzt vor den Toren der Stadt. Ihm ist heiß. Drei Bretter sind unnütz gegen die Stech-Sonne. Gott bleibt an ihm dran. Lässt einen Strauch wachsen, der ordentlich Schatten gibt. Das wirkt. Jona entspannt sich. Aber nur eine Nacht. Gott schickt wieder ein Tier, diesmal ein kleines, einen Wurm. Der geht an die Wurzel des Strauchs. Der Strauch verdorrt – so schnell, wie er gewachsen ist. Und Jona? Der bleibt sich treu. Keine Zwischentöne, er kennt nur schwarz-weiß, kann nur radikal sein. Jona will schon wieder sterben. Diesmal wegen drohenden Sonnenstichs. Gott bleibt geduldig: Meinst Du, du verhältst Dich verhältnismäßig? Und Jona knallt wieder die imaginäre Tür: Ja. Ich habe Recht. Bis in den Tod. Gott argumentiert, will, dass Jona versteht: Du, Jona, magst die Staude und vermisst sie schon jetzt. Dabei hast Du sie nicht einmal gepflanzt, Dich nicht um sie gekümmert. Du hast sie erst gestern bekommen. Und ich, Gott, soll Ninive nicht mögen und einfach aufgeben? Eine Stadt mit 120.000 Menschen und vielen Tieren?

120.000 Menschen, die nicht wissen, was rechts und links ist – so beschreibt Gott die Niniviten. Sind das Menschen ohne Überblick, wie kleine Kinder, die einfach auf die Straße laufen, ohne nach rechts und nach links zu sehen?

Tiere sind wichtig im Jonabuch. Fisch und Wurm spielen zentrale Rollen. Auch bei dem Bußfasten, was der König von Ninive ausruft, machen sie mit. Tiere und Menschen leben zusammen in Ninive – und all die möchte Gott nicht missen. Deshalb gibt er sie nicht auf. Aber er will offenbar, dass Jona das versteht – aus Erfahrung versteht, während ihm die verdorrte Staude noch in den Rücken piekt und die Sonne sticht und sticht.

Ob Jona wirklich versteht, bleibt offen. Vielleicht will er nun erst recht sterben. Bleibt trotzig wie ein Pubertierender und setzt weiter darauf, dass Gott da ist und sich kümmert, in guten und in schweren Tagen. Zugleich scheint mir: Jona steht in direktem Kontakt zu Gott, auch wenn er flieht und auch wenn er trotzt. Er kennt Gott (Ja, ja, ich weiß schon, Du bist gnädig und barmherzig, langmütig …). Und er weiß, wie Gott sein soll: Gerecht und klar. Die Maßstäbe hat er: Was Gott angedroht hat – Unheil für Ninive – das muss er auch einlösen. Sonst ist er ungerecht. Denn: So geht das mit der Gerechtigkeit, entweder konsequent oder inkonsequent, aber nicht beides.

V

Wer mit Kindern lebt, also mit Kindern im Plural, kennt solche Debatten schon vom Frühstückstisch. Sie hat die größere Hälfte vom Brötchen gekriegt. Du bist so ungerecht. Oder abends: Er darf Bier trinken und ich nicht!

Manchmal fügen die großen Leute sich dann, schon um die Debatte zu beenden.

Dabei: Diese Forderung nach Gleichheit ist ja auch Zeichen von Unsicherheit. Werde ich gesehen? Bin ich geliebt genug? Sieht Papa mich, wie ich bin, oder sieht er die anderen mehr?

So kommt mir Jona vor. Er rangelt mit Gott. Er sucht die Kraftprobe.

Auf der Suche nach sich selber. Auf der Suche nach der Grenze, wo er selbst endet und wo der Rest der Welt anfängt.

Zugleich, auch das typisch für eine Person auf der Suche nach ihrer Grenze, kann er wunderbar leiden. Gleich zweimal wünscht er sich den Tod, zürnt, wie er findet, zu Recht. Kämpft an den Extremen. Auf dem Schiff bei den Matrosen war er ganz sicher: er hat den stärksten Gott. Er ist natürlich schuld. Ohnehin dreht sich alles um ihn. Weil er weggelaufen ist, tobt die See. Und wenn er über Bord fliegt, kehrt Ruhe ein. Er ist schuld, sein Gott ist der größte, wenn der auf den Tisch haut, dann ist wieder alles, wie es war.

Das Erstaunliche nur: Gott ist gar nicht so. Zuerst schon: Die Matrosen werfen Jona ins Meer. Sofort beruhigen sich die Wellen. Aber als Jona dann seinen Auftrag erfüllt, als er gegen Ninive ruft und sagt, was kommt – da kommt es nicht. Da „lässt Gott sich gereuen“, da lenkt er ein. Vielleicht ist Jona auch darüber beleidigt: Sein Gott ist nett. Nicht stark und heftig im Streit, sondern einer, der die Menschen versteht. Ein Tier-Schützer.

Gottes Sprache sind die Elemente. Er kann Sturm, er kann Wind und Hitze, er mag die Welt. Gott spricht mit Menschen und Tieren. Sie tun, was er sagt, und er mag sie. Nur Jona stört.

VI

Was soll das heute? Ich finde in der Jonageschichte einen Gott, der einfach nicht macht, was seine Leute erwarten. Diese Geschichte hat Biss. Nicht die Kinderbuchvariante mit dem Wal und der wunderbaren Rettung. Sondern die Trotzgeschichte am Schluss. Ein Versuch über die menschliche Natur. Eine der alttestamentlichen Miniaturen darüber, wie der Mensch so ist. Menschen wollen einen starken Gott, könnte die Geschichte sagen. Einen konsequenten, harten Gott. Der die Bösen bestraft und die Guten belohnt und seine Lieblinge hat. Aber: es ist eine feine, göttliche Eigenschaft, anders zu sein. Der Auftrag an Jona war nicht: Sag den Leuten von Ninive, wenn sie sich benehmen, wird alles gut. Sondern der Auftrag war: Sag ihnen, noch 40 Tage, und dann geht Ihr unter. Ausrufungszeichen.

Jona, der Mann Gottes, macht das – und dann ist er beleidigt. Worüber ist Jona eigentlich beleidigt? Er hätte die Staude gern behalten, das ja, aber er war ja schon vorher gekränkt. Er ging weg aus der Stadt – weil Gott den Untergang nun nicht mehr wollte. Sein Gott macht einfach nicht, was er gesagt hat. Und Gott? Er haut auch bei Jona nicht auf den Tisch und sagt, was geht's Dich an. Sondern er wirbt um sein Verständnis. Gott sagt: Ich bin wie Du. Ich will etwas behalten. Verstehst Du das nicht? Gott sagt nicht: Du kennst mich doch, ich bin langmütig und von großer Güte. Er sagt: Alle Niniviten und die Tiere. Ich will die behalten.

Gott verschont Ninive nicht deshalb, weil Menschen und Tiere in Sack und Asche gehen. Nicht weil sie so überzeugend Reue zeigen. Jedenfalls nicht nur. Er verschont sie, weil er sie mag. Und braucht. Gott hat Vorlieben. Und Jona hält das nicht aus. Vielleicht sollte Gott zu Jona einfach sagen: Ich mag die Niniviten. Und ihre Tiere. Und Dich, Jona, mag ich auch.

VII

Die Stadt Ninive gibt es heute nicht mehr. Gegenüber auf der anderen Seite des Tigris, da ist Mossul, eine Stadt mit fast 3 Millionen Einwohnern. Da ist Bürgerkrieg und jeden Tag sterben Menschen. Autobomben reißen Kinder in Stücke. Häuser gehen in die Luft. Kultstätten werden brutal und für immer zerstört. Für Christen ist es da besonders gefährlich. Die meisten sind in den letzten Jahren geflohen. Jeden Tag ist da Untergang. Und trotzdem ist da jeden Tag auch Leben. Bedrohtes Leben, aber trotzdem Leben, Leben in dem armen reichen Irak.

Ein Blick auf die Geschichte von Jona und Ninive könnte auch so sein: Dieser Gott ist so ganz anders, dass Jona sich zu Recht wundert und trotzig ist und nicht mitspielen möchte. Und auch heute können Menschen oft nur staunen. Wenn etwas gut ausgeht. Aber auch dann, wenn es so wirkt, als ließe Gott die Menschen einfach machen. Dieser ganz andere Gott, der ist Jona zwischendrin fremd. Mir manchmal auch.

Die Jonageschichte erzählt bis heute vom vergebenden und verzeihenden Gott, langmütig und von großer Güte. Aber den unkomfortablen, anderen Gott, den trägt sie auch in sich. Und die innere Zerrissenheit, die es bedeuten kann, im Namen Gottes unterwegs zu sein. Ihm sind wir ausgeliefert und der schützt und hält uns – auf seine Art, und nicht auf unsere. Amen.

Vorschläge für das Predigtlied[1]

EG 528	Ach wie flüchtig, ach wie nichtig
EG 171	Bewahre uns, Gott

Fürbittengebet [Mit Gebetsruf Refrain EG 171]

[Liturg(in):] Gott, du bist groß. Größer als alles, was ist. Wir bitten dich: Menschen glauben, sie kennen dich. Für die bitten wir dich. Schenk ihnen Staunen. Lass sie deine Fragen hören.
[Liturg(in) und Gemeinde:] Sei Hilfe, sei Kraft, die Leben schafft, sei um uns mit deinem Segen.

[Liturg(in):] Gott, du hast die Welt geschaffen. Vor uns allen warst du da. Wir bitten dich: Menschen meinen, sie können alles selber machen. Für die bitten wir dich. Halte sie auf. Zeig dich ihnen.
[Liturg(in) und Gemeinde:] Sei Hilfe, sei Kraft, die Leben schafft, sei um uns mit deinem Segen.

[Liturg(in):] Gott, du siehst die ganze Welt. Du bist überall. Wir bitten dich: Sei bei den Menschen im Nahen und Fernen Osten. Am Tigris und am Euphrat. Schütze die Menschen in Syrien und im Irak. Bleib bei ihnen, wenn sie fliehen müssten.
[Liturg(in) und Gemeinde:] Sei Hilfe, sei Kraft, die Leben schafft, sei um uns mit deinem Segen.

[Liturg(in):] Gott, du siehst junge und alte Menschen. Du siehst unser Zusammenleben. Wir bitten dich: Lass uns verstehen. Lass uns in die Schuhe der anderen steigen. Die Welt aus dem Blick sehen von jemandem, der ich nicht bin. Bleib bei uns, Gott, mit Deiner Liebe.
[Liturg(in) und Gemeinde:] Sei Hilfe, sei Kraft, die Leben schafft, sei um uns mit deinem Segen.

[Liturg(in):] Gott, danke. Wir dürfen zu dir beten. Du hörst uns. Amen.

Anne Gidion

---

1 Als Psalm dazu z. B. in der Fassung von Huub Oosterhuis: Psalm 90 (Huub Oosterhuis, Psalmen, Freiburg 2014, 176–177).

Verzeichnis der Autorinnen und Autoren

Pfr. i.R. Manfred Bauer
Theresienstraße 14
01097 Dresden
manfred.bauer@onlinehome.de

Pfn. Martina Berlich
Paul-Schneider-Str. 21
99423 Weimar
MartinaBerlich@web.de

Pfr. Matthias Blume
Theologischer Vorstand des
Evangelischen Diakonissenhauses
Berlin Teltow Lehnin
Lichterfelder Allee 45
14513 Teltow
matthias.blume@diakonissenhaus.de

Pfr. Michael Dorsch
Herweghstrasse 9
07749 Jena
michaeldorsch@freenet.de

Pastorin Anne Gidion
gottesdienst institut nordkirche
Königstraße 54
22767 Hamburg
anne.gidion@gottesdienstinstitut.nordkirche.de
www.gottesdienstinstitut-nordkirche.de

Pfr. Steffen Groß
Kapellengasse 1
69181 Leimen
pfarrer.gross@kirche-leimen.de

Rektor Professor Eberhard Harbsmeier
Fasanvej 21
DK6240 Løgumkloster
ebh@km.dk

Dekan Rainer Heimburger
Scheffelstraße 4
69469 Weinheim
rainer.heimburger@kblw.de

Pfn. Miriam Helmert
Döinghauser Str. 4
58332 Schwelm
miriamhelmert@gmx.net

Pfr. Dr. Frank Hiddemann
Biermannplatz 4
07548 Gera
hiddemann@gmx.de

Ass. i.A. Mag. Bernhard Kirchmeier
Universität Wien
Institut für Praktische Theologie
und Religionspsychologie

Schenkenstraße 8–10
1010 Wien
bernhard.kirchmeier@univie.ac.at

Pfr. Dietmar Koenitz
An der Försterei 23
04463 Großpösna
dietmar.koenitz@web.de

Pastorin Dr. Wiebke Köhler
Langer Wall 16A
37574 Einbeck
wiebke.koehler@email.de

Dr. Sebastian Kuhlmann
Götte 1, 48683 Ahaus
sebastian.kuhlmann@uni-muenster.de

Dr. Ulrich Löffler
Evangelischer Oberkirchenrat
– Religionspädagogisches Institut –
Blumenstr. 1–7
76133 Karlsruhe
Ulrich.Loeffler@ekiba.de

Prof. Dr. Frank M. Lütze
Institut für Religionspädagogik
Martin-Luther-Ring 3
04109 Leipzig
frank.luetze@uni-leipzig.de

Pfn. Ulrike Magirius-Kuchenbuch
Pfarrgasse 1
07613 Königshofen
pfarramt-koenigshofen@gmx.de

Pfr. Jochen Maurer
Am Zipfelbach 12
71336 Waiblingen
jochen.maurer@web.de

Pfn. Dr. Annette Mehlhorn
DCGS, Hamburg Liaison Office, 2F.
399, Baotun Lu
200011 Shanghai. PR China
mail@annette-mehlhorn.de

Pfn. Dr. Isolde Meinhard
Burgschmietstr. 12
90419 Nürnberg
isolde.meinhard@fau.de

Pfr. Arnd Morgenroth
Kirchplatz 3
98660 Themar

Prof. Dr. Jörg Neijenhuis
Mombertstr. 11
69126 Heidelberg
jn@neijenhuis.de

Pfn. Kathrin Oxen
Leiterin des Zentrums
für evangelische Predigtkultur
Markt 4
06886 Wittenberg
kathrin.oxen@wittenberg.ekd.de

Pfr. Dr. Christian Plate
Dirk-von-Merveldt-Str. 47
48167 Münster

Dr. Hanna Reichel
Franckeplatz 1/26
06099 Halle (Saale)
hanna.reichel@theologie.uni-halle.de

Pfr. Dr. Sebastian Renz
Bgm.-Schoene-Str. 1
28213 Bremen
renz@kirche-bremen.de

Pfn. PD Dr. Angela Rinn
Eleonorenstr. 31
55124 Mainz

Prälat Prof. Dr. Traugott Schächtele
Kurfürstenstraße 17
68723 Schwetzingen
traugott.schaechtele@ekiba.de

Pfn. Ruth-Elisabeth Schlemmer
Andreasstraße 16
99084 Erfurt
r.e.schlemmer@gmx.de

Pastor Christian Schoberth
Hartwig-Hesse-Straße 28
20257 Hamburg
c.schoberth@freenet.de

Pfn. Sabine Schwenk-Vilov
Breitenbacher Str. 1
66903 Altenkirchen
sabine.schwenk@gmx.net

Prof. Dr. theol. Helmut Schwier
Lehrstuhl für Neutestamentliche
und Praktische Theologie
Universitätsprediger
Theologisches Seminar der Universität
Heidelberg
Kisselgasse 1
69117 Heidelberg
helmut.schwier@pts.uni-heidelberg.de

Pfr. Dr. Rüdiger Siemoneit
Weidenbrede 20a
48137 Drensteinfurt

PD Dr. Wolfgang Vögele
Erzberger Str.98
76133 Karlsruhe
wolfgangvoegele1@googlemail.com

Pastorin Christine Voigt
Am Kirchberg 8
99826 Bischofroda
christine-d.voigt@web.de

Pastorin Dr. Christiane de Vos
Projekt zur Förderung von
pastoralem Nachwuchs
Jakobikirchhof 9
20095 Hamburg
Christiane.devos@nachwuchs.nordkirche.de

Helmut Schwier (Hrsg.)

Ethische und politische Predigt

Beiträge zu einer
homiletischen Herausforderung

Eine Veröffentlichung des
Ateliers Sprache e.V., Braunschweig

196 Seiten | 14,5 x 21,5 cm | Paperback
ISBN 978-3-374-04184-8
EUR 24,00 [D]

Wie kann man heute ethisch predigen? Welche Formen politischer Predigt gibt es? Wo liegen Chancen, wo Gefahren? Das Internationale Bugenhagen-Symposium 2014 am Atelier Sprache e.V. in Braunschweig erkundete diese Fragen aus praktisch-theologischer, neutestamentlicher und systematisch-theologischer Perspektive und bietet in den hier publizierten Beiträgen neue Zugänge zu einer im homiletischen Diskurs der letzten Jahre wenig berücksichtigten Fragestellung. Erfahrungen und Reflexionen zur politischen Predigt in Südafrika in den Jahren der Apartheit und in der Gegenwart sowie Erinnerungen an unterschiedliche politische Kanzeln in Braunschweig ergänzen das Bild.

Tel +49 (0) 341/ 7 11 41-16 vertrieb@eva-leipzig.de